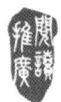

阅读推广人系列教材

图书馆阅读推广基础理论

丛书主编：王余光　霍瑞娟
本册主编：吴　晞
本册副主编：王　媛

CIPG 中国国际出版集团 China International Publishing Group
朝華出版社 BLOSSOM PRESS

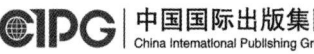

图书在版编目 (CIP) 数据

图书馆阅读推广基础理论 / 吴晞主编 .—北京：朝华出版社，2015.9（2016.8重印）
阅读推广人系列教材 / 王余光，霍瑞娟主编
ISBN 978-7-5054-3791-3

Ⅰ . ①图… Ⅱ . ①吴… Ⅲ . ①图书馆—读书活动—理论—教材 Ⅳ . ① G252.17

中国版本图书馆 CIP 数据核字 (2015) 第 219922 号

图书馆阅读推广基础理论

主　　编	吴　晞
选题策划	张汉东
责任编辑	武　瑾
责任印制	张文东　陆竞赢

出版发行	朝华出版社		
社　　址	北京市西城区百万庄大街 24 号	邮政编码	100037
订购电话	（010）68995593　68996050		
传　　真	（010）88415258（发行部）		
联系版权	j-yn@163.com		
网　　址	http://zhcb.cipg.org.cn		
印　　刷	三河市百盛印装有限公司		
经　　销	全国新华书店		
开　　本	710mm×1000mm　1 / 16	字　　数	200 千字
印　　张	14		
版　　次	2015 年 12 月第 1 版　2016 年 8 月第 2 次印刷		
装　　别	平		
书　　号	ISBN 978-7-5054-3791-3		
定　　价	39.80 元		

版权所有　翻印必究·印装有误　负责调换

阅读推广人系列教材编委会

主　编　王余光　霍瑞娟
编　委　（按姓氏音序排列）
　　　　邓咏秋　霍瑞娟　金德政　李东来
　　　　李俊国　李世娟　李西宁　邱冠华
　　　　汪　茜　王　波　王丽丽　王　玮
　　　　王余光　王　媛　吴　晞　许　欢
　　　　张　岩　张　章　仲　岩

总 序

全民阅读、阅读推广，是立足中国文化、提高中华民族素质与竞争力的重要举措，近年来受到政府与社会的广泛关注。党的十八大报告在关于"扎实推进社会主义文化强国建设"的论述中明确表示要"开展全民阅读活动"。2014年和2015年李克强总理两度在《政府工作报告》中提及要"倡导全民阅读，建设书香社会"。

开展全民阅读活动是一项社会文化系统工程，需要集合全社会的力量推行。图书馆承担着传承社会文明、传播知识信息的重要职责，尤其在推动全民阅读、提高人民群众思想道德素质和科学文化素质，推动社会进步中发挥着重要作用。其实，图书馆界开展阅读推广工作由来已久，甚至可以说，提供阅读场所和读本的图书馆自诞生之时就以阅读推广为自身的天然使命。2006年，作为我国图书馆界及相关业界最有影响力的社会组织，中国图书馆学会成立了科普与阅读指导委员会，这标志着中国图书馆学会在推动全民阅读上有了专门的组织机构。2009年，科普与阅读指导委员会更名为阅读推广委员会，下设15个专业委员会。近年来，中国图书馆学会依托图书馆行业自身优势，联合社会力量，积极倡导全民阅读，指导和推动全国图书馆界开展阅读推广活动，加强阅读文化和阅读服务的研究，集聚了一批从事全民阅读与阅读推广研究和教育培训等方面的专家，形成了开展阅读推广活动的长效机制。

图书馆员是图书馆阅读推广活动的策划者、组织者和实施者，其相关能力直接影响着图书馆阅读推广活动的成果与实效。图书馆阅读推广活动的开展离不开高素质的"阅读推广人"。为了更加规范有效地开展阅读推广活动，进而从根本上促进我国全民阅读事业的发展，中国图书馆学会于2014年底在江苏常熟举办的全民阅读推广峰会上，正式启动了"阅读推广人"培育行动，计划通过未来几年的努力培育一大批专业的"阅读推广人"。通过培育行动，将有更多职业的"阅读推广人"在图书馆、学校以及更广阔的空间里发挥更大的作用，为推进全民阅读工作和书香社会建设做出更大的贡献。

为了配合"阅读推广人"培育行动的开展，中国图书馆学会组织编写了"阅读推广人"培育行动系列教材，目前先期出版六种。希望这套教材的出版能对"阅读推广人"的培育和图书馆界及相关业界阅读推广工作的开展有所助益。由于编者水平有限及出版时间仓促，书中错误之处在所难免，敬请同行及读者指正。

中国图书馆学会理事长、国家图书馆馆长：

目 录

> 总 序

> 第一讲 全民阅读与图书馆阅读推广导论

　　第一节　全民阅读的由来与发展 / 1
　　第二节　图书馆的历史使命 / 5
　　第三节　图书馆在全民阅读中的作用 / 9
　　第四节　全民阅读、图书馆与阅读推广活动 / 11
　　第五节　关于阅读推广理论研究 / 14

> 第二讲 国内图书馆阅读推广研究举要

　　第一节　国内图书馆阅读推广研究的前期发展历程 / 21
　　第二节　国内图书馆阅读推广研究的现状 / 24
　　第三节　国内图书馆阅读推广研究的不足与展望 / 42

> 第三讲 国外及中国港澳台地区图书馆阅读推广的历史与现状

　　第一节　国外图书馆阅读推广的历史演变 / 47
　　第二节　中国港澳台地区图书馆阅读推广的历史 / 54
　　第三节　国外及中国港澳台地区阅读推广的启示 / 57

> 第四讲 我国图书馆阅读推广的历史、现状及发展

　　第一节　我国图书馆阅读推广的历史与现状 / 61
　　第二节　中国图书馆学会在图书馆阅读推广中的行业指导 / 66
　　第三节　对我国图书馆开展阅读推广的展望 / 70

第五讲　阅读立法综述

第一节　阅读立法的背景和意义 / 77
第二节　国内外阅读立法概况 / 79
第三节　阅读立法的范畴与特点 / 82
第四节　阅读立法的规范与保障 / 90

第六讲　残障群体的阅读推广

第一节　残障群体阅读推广 / 96
第二节　阅读障碍读者的阅读推广 / 107
第三节　残障群体阅读推广的未来发展 / 113

第七讲　阅读推广的民间力量

第一节　民间图书馆 / 119
第二节　民间阅读组织 / 129
第三节　民间阅读力量的未来发展 / 136

第八讲　图书馆阅读推广活动的专业研究与论文撰写

第一节　图书馆阅读推广活动研究的参考建议 / 142
第二节　阅读推广工作研究的期刊论文撰写 / 147

延伸阅读

阅读：最好的时代，最坏的时代 / 155
阅读推广的理论特征 / 161
阅读推广研究的主要内容 / 167
图书馆阅读推广——循证图书馆学（EBL）的典型领域 / 172
台湾地区的阅读推广活动考察分析 / 186
我国公共图书馆视障阅读推广案例精选 / 201
2008年以来大陆民间阅读公益组织发展报告（节选）/ 209

后　记

第一讲
全民阅读与图书馆阅读推广导论

吴 晞[*]

第一节 全民阅读的由来与发展

随着时代的发展、社会的进步，以及各种新技术在阅读领域的应用，阅读的概念越来越宽泛，阅读的内涵和外延日益扩大。因此，我们可以称之为"大阅读时代"，也就是我们通常所说的"全民阅读时代"。

一、什么是全民阅读

什么是"全民阅读"，什么又是"全民阅读时代"呢？我们平常所说的读书也好，阅读也好，包括个人阅读、图书馆阅读、学校阅读等，都不能等同于全民阅读。我们今天所说的全民阅读是有其特定的含义和特定的时代特点的。

一般说来，今天的全民阅读有如下几个特征：

第一，动用国家和政府的力量，促进社会阅读活动。很多国家政府及一些有影响力的非政府组织都大力推动公众阅读活动。

---

[*] 吴晞，深圳图书馆，研究馆员，曾任深圳图书馆馆长，现任深圳市图书情报学会名誉理事长、中国图书馆学会阅读推广委员会主任。曾主持文化部科研项目"城市街区24小时自助图书馆系统"、国家社科基金课题"公共图书馆开展全民阅读活动与建设学习型社会研究"。出版《图书馆史话》《清话书林》等多部论著。

第二，具备制度的保证。在国外，主要指制定相关的法律、法规；在国内，有政府的红头文件及其他公认有效的成文的制度。

第三，具有社会联动作用。全民阅读不囿于小范围、小团体，也不局限于某个单位、某个行业，而是具有社会整体性的联合行动。

第四，形成全社会范围的影响力，其效果是长久的、全社会性的，而不是一时一地的。

具备这些特征，就大体符合我们今天所说的"全民阅读"的概念了。

二、全民阅读的由来

全民阅读不是自古就有的，而是时代的产物。

从历史发展看，人类阅读的历史源远流长。但当代社会的阅读潮流，即我们今天所说的"全民阅读"的兴起，则肇始于20世纪90年代前后，其标志性事件就是联合国教科文组织在1995年建立的"世界读书日"（即4月23日"世界图书与版权日"）。这一旨在鼓励人们多读书、读好书的日子已演变成为世界性的读书盛会。每年这一天，世界上100多个国家都会举办多种多样的阅读促进活动，美、英、法、日、俄、新加坡等诸多国家都设立了全国性的读书节，而举办相应读书节庆祝活动的城市更是数不胜数。许多国家和城市都把促进阅读上升到法律高度，建立了一系列法律法规，使之成为不折不扣的国家工程、全民工程。这就是当代意义上全民阅读的由来。

国内的全民阅读兴起并蔚成风气，也始于20世纪末，与世界潮流基本同步。其标志就是1997年1月《关于在全国组织实施"知识工程"的通知》的颁发。这个通知是九个部委联合发出的，包括中宣部、文化部、原国家教委、原国家科委、原广播电影电视部、原新闻出版署、全国总工会、共青团中央、全国妇联等，可谓声势浩大，各界动员，发动了一场以倡导读书、传播知识、推动社会文明与进步为目的文化系统工程。九部委中牵头的实际上是文化部，具体操作是文化部图书馆司。2004年4月23日，全国知识工程领导小组和文化部联合主办、中国图书馆学会和国家图书馆承办的以"倡导全民阅读、建设阅读社会"为主题的"世界读书日"宣传活动拉开序幕，算是正式与国际接轨。此后每年的"世界读书日"前后,全国各地都会开展丰富多彩的阅读推广活动。

此后,国家其他部委和各地方政府也积极推行全民阅读,出台了一系列文件、法规和政策。党中央和国务院已明确把推动全民阅读列为重要的社会活动,包括党的十七届六中全会决议、党的十八大报告、习近平总书记的讲话、李克强总理的政府工作报告等,都明确地提倡全民阅读。原新闻出版总署牵头的"全民阅读促进条例"已经列入立法日程,各地方也在积极促进阅读立法。据不完全统计,现在全国已经有400多个城市开展了读书日、读书节、读书周、读书月、读书季等活动。

再看图书馆界,开展全民阅读活动已经在国内外图书馆界形成高度共识。《公共图书馆宣言》(1994年)将开展阅读活动列为图书馆的重要使命,是"公共图书馆服务的核心"之一。国际图联(IFLA)等国际组织的相关宣言、文件,都把全民阅读放到重要和突出的位置。2009年,中国图书馆学会出台的《中国图书馆服务宣言》则表述得更为明确:"图书馆努力促进全民阅读。图书馆为公民终身学习提供保障,促进学习型社会的建设。"

正是在全民阅读的潮流下,2006年中国图书馆学会成立了"科普与阅读指导委员会",2009年换届时更名为"阅读推广委员会"。多年来委员会做了大量的图书馆阅读推广工作,现在已经成为全国图书馆进行阅读推广活动的中坚力量,也是从事有关学术研究的主力军。

由此而来的问题是,我们为什么要搞全民阅读,我国和世界诸多国家的政府,以及各个国际组织,为什么要下这样大的气力和成本推动全民阅读,其原因何在?

大家都知道,佛兰西斯·培根有句名言:知识就是力量。而知识是什么?知识最为主要的来源就是阅读,或者说,知识的主要载体是文献,获取知识的主要方式是阅读。阅读是人们接受教育、发展智力、获取信息的根本途径,事关整个社会的文化品质和可持续发展能力。所以我们也可以说:阅读就是力量。一个人阅读的力量,决定个人学习的力量、思考的力量、实践的力量,那么所有人阅读的力量加在一起,就决定国家文化的力量、精神的力量、创造的力量。[1]

---

[1] 杨芳,李国新.张家港市"书香城市"建设指标体系(试行)解析[M].南京:凤凰出版社,2013.

20世纪90年代之后,经济、文化、科技的发展对公民素质提出了更高的要求。无论是推动经济发展和社会进步,还是推行政治民主、维护社会稳定、增强国民竞争力,公民的自我学习能力都是十分重要的因素。

为此各个国际组织、各国政府以及名人政要们都把通过阅读提高国民素养提升到前所未有的重要位置。联合国前秘书长、诺贝尔和平奖获得者科菲·安南有一句脍炙人口的名言:"知识是力量,信息即解放,教育是每个社会和每个家庭发展的前提。"全国政协副秘书长、著名阅读倡导人朱永新先生曾经这样概括阅读的社会作用:"一个人的精神发育史就是他的阅读史;一个民族的精神境界取决于她的阅读水平;一个没有阅读的学校不可能有真正的教育;一个书香充盈的城市才能成为美丽的精神家园;共读、共写、共同生活才能拥有共同语言、共同价值、共同愿景。"[1]

这是理想的社会阅读愿景。那么现实的社会阅读状况又如何呢?

三、推进全民阅读的必要性

有人曾经这样形容当下的社会阅读:"最好的时代,最坏的时代"。[2]这里借用的是英国大文豪狄更斯的名言。这句名言也适用于今天的阅读。

关于"最好的时代",上文已经阐述过,现在已经形成了世界范围内的全民阅读潮流。但现在也是阅读"最坏的时代"。其表现是多方面的:社会阅读风气的萎靡、低落,乃至消失,不读书或是极少读书的人群仍有相当的数量;信息攫取"碎片化",缺少系统的阅读学习;以治学为主的知识分子,急功近利,读书浅尝辄止,热衷于制造学术垃圾……为此,有人提出了"伪阅读"的概念,意谓许多人不是真的在读书,而是假读书,尤其是一些大部头书、古文书、外文书,不愿意下功夫,只是走捷径,浅尝辄止,或是看一些零星的二手资料。因此,现在既是"大阅读时代",又是"伪阅读时代"。

更深刻的危机还来自各种新技术的涌现及其在阅读领域的普遍应用。新技

---

[1] 朱永新.我的阅读观[M].北京:中国人民大学出版社,2012.
[2] 吴晞.阅读:最好的时代,最坏的时代[J].图书馆论坛,2014(8).

术是一把双刃剑。新技术拓展了阅读的领域，但也给图书馆及社会阅读带来了冲击。读者阅读习惯改变，社会信息渠道日益多样化，读者对图书馆依赖程度的降低甚至流失，致使图书馆面临众多挑战，也给整个社会的阅读带来了诸多的冲击和困惑。

这种危机不是现在才开始的。早在20世纪七八十年代，美国著名的图书馆学家兰卡斯特就提出了一个"无纸社会"（Paperless Society）的著名预言："我们正在迅速地不可避免地走向无纸社会""图书馆主要是处理机读文献资源，读者几乎没有必要再去图书馆""再过20年，现在的图书馆可能完全消失"。[1] 尽管兰卡斯特的预言没有如期应验，但新技术给图书馆及社会阅读带来的冲击是确实存在的，而且日渐明显、急迫。

因此推进全民阅读，既是图书馆界及社会各界的迫切需要，也是各国政府、各类国际组织和广大民众的共同要求。

第二节 图书馆的历史使命

无论阅读的形势、形态如何变化，图书馆依然是全民阅读的主体。这里仅从公共图书馆的历史发展的角度来审视这一论题。

一、现代公共图书馆的诞生及兴起

现代公共图书馆起源于西方。西方图书馆的历史虽然悠久，但西方古代和中世纪的图书馆和我们今天意义上的现代图书馆是有很大差异的，其中公共图书馆及其理念的出现是重大的标志。

尽管"公共图书馆"这一名称在西方古代文明中早已出现，但真正意义上的公共图书馆只能出现于现代社会，是社会发展到一定阶段的产物。此前，所

---

[1] 兰卡斯特. 通向无纸情报系统 [M]. 庄子逸, 许文霞, 译. 北京：科学技术文献出版社, 1988.

有的图书馆，包括一些冠之以公共图书馆名义的图书馆，都有特定的服务对象，或是皇家成员、达官贵胄，或是神职人员、学院师生，或是有特定身份的市民，而非社会所有成员。新型公共图书馆的产生实际上是社会民主、公民权利、社会平等和信息公正等现代人文意识成熟的结果。

19世纪中期的英国首先具备了这样的社会基础。1852年，英国曼彻斯特公共图书馆成立，其创建者是被称为"现代公共图书馆之父"的英国图书馆学家爱德华·爱德华兹。学界普遍认为，曼彻斯特公共图书馆是世界上首座现代意义上的公共图书馆，它的问世是公共图书馆诞生的标志。1850年，英国下议院通过了一个法案，授权地方议会为免费图书馆征税，这就是人们常说的世界第一部公共图书馆法，它标志着公共图书馆制度的正式确立。曼彻斯特公共图书馆就是依照此法率先建立的，首任馆长就是爱德华兹。因此，可以说公共图书馆是在近现代公民社会建立的过程中应运而生的。

曼彻斯特公共图书馆的诞生，当时并不是轰动一时的事件，除了大文豪狄更斯参加了曼彻斯特公共图书馆开幕式，并没有多少引人注目的地方。但是爱德华兹和曼彻斯特公共图书馆为后世留下了有关公共图书馆的基本精神和制度，可以归纳为：依据政府立法建立、公费支持、免费服务，以及社会成员无区别服务。这些理念堪称经典，为其后各国公共图书馆的建立及后来《公共图书馆宣言》的产生，奠定了基本的精神内核。

在曼彻斯特公共图书馆问世之后，即19世纪后期至20世纪初期，欧美各国公共图书馆迅速兴起。这一时期，仅美国钢铁大王安德鲁·卡内基就在美国、加拿大、英国捐办了2500余座公共图书馆，揭开了西方尤其是美国公共图书馆发展史上极为波澜壮阔的一幕。自此，新兴的公共图书馆逐渐成为数量最多、藏书最丰富、服务面最广、影响最为广泛的图书馆类型，并成为社会图书馆事业的主流和支柱。我们今天讲现代图书馆的理论、观念和宗旨等，首先是由公共图书馆而发，针对公共图书馆而行的。

二、《公共图书馆宣言》的问世

继爱德华兹之后，诸多知名图书馆学家和图书馆专业工作者，如杜威、普勒、谢拉等，均对公共图书馆的理论和制度做出过深入的阐述。美国图书馆协会发布了《图书馆员伦理条例》（1929年）和《图书馆权利宣言》（1939年），使得公共图书馆的理念日渐深入人心，逐渐成为世界各国人民所普遍接受的价值观。1948年，联合国大会通过并颁布了著名的《世界人权宣言》，其中关于人人享有信息自由权利的主张，直接催生了《公共图书馆宣言》。

1949年，联合国教科文组织通过了《公共图书馆宣言》，正式表达了世界文化知识界和图书馆界对公共图书馆的基本立场。概括起来，《公共图书馆宣言》重点阐明了三个观念：其一，公共图书馆是现代民主政治的产物，也是民主制度的保障和民主信念的典范；其二，要立法保障公共图书馆事业发展，完全或主要由公费支持；其三，对社区所有成员实行平等的服务，全部免费开放。《公共图书馆宣言》在1972年和1994年又做了两次修订，内容虽然有所补充、修正，但其主要精神是一以贯之的。现在通行的为1994年版，其正式名称为"国际图联/联合国教科文组织：公共图书馆宣言（1994）"（IFLA / UNESCO：Public Library Manifesto [1994]）。[①]

《公共图书馆宣言》的问世是世界公共图书馆发展史上的重大事件。它既是有关公共图书馆思想理论的集大成者，又是指导公共图书馆建设的利器，对世界各国公共图书馆的发展起到了重大的推动和指导作用。自1996年国际图联第62届大会在北京召开之后，《公共图书馆宣言》才开始为国内图书馆界及社会各界所认识，并广为传播。

三、中国现代公共图书馆事业的发展

中国第一次"新图书馆运动"兴起于19世纪末20世纪初，与世界潮流基本同步，也与国内大变革时代的洪流同起同落。如"戊戌变法"中创建了京师大学堂藏书楼，"清末新政"催生了各省官办公共图书馆和京师图书馆。这一时期奠定了现代中国公共图书馆事业的基础，并使其形成了良好的发展势头。

遗憾的是，中国图书馆的发展并未由此进入坦途，而是有着太多的弯路和起伏。

---

① 程焕文，张靖. 图书馆权利与道德 [M]. 桂林：广西师范大学出版社，2007.

民国时期是中国图书馆发展和成熟的阶段，也有斐然的成就，却不幸而逢多事之秋。频仍的兵燹战乱和政治动荡给图书馆事业带来了无法克服的障碍，尤其是日本侵略者悍然发起侵华战争，生生扼断了图书馆正常发展之路。诸多图书馆学者和有识之士虽有真知灼见，却难免有"空留纸上声"之憾。

新中国成立后，图书馆有了长足的进展，提出了诸如"向科学进军""为工农兵服务"等裨益事业发展的方针。但由于时代所限，图书馆发展亦难逃历次政治运动的强烈干扰。而且这种关起门来的发展方略日渐与国际主流脱节。国际上通行的理念、方法、技术无法为国内图书馆界所知晓、所应用，国内人为地设立了种种禁区和壁垒。

"文革"结束后，图书馆事业进入复苏和繁荣的新时期，出现了欣欣向荣的局面。与此同时，随着市场经济的深入，图书馆事业也出现了经营创收、"以文养文"等现象。于是"有偿服务"盛行，各种收费和变相收费成了图书馆的重要经济来源，还为读者设立了形形色色不平等的门槛。这一时期，馆舍设备条件的极大改善和办馆方针上的乱象丛生，形成了鲜明的对比。

中国图书馆历史上的第二次"新图书馆运动"，即"公共图书馆运动"，或称之为"图书馆现代化的进军之旅"，就是在这样的背景下起步的。没有官方的授意，也没有人蓄意发起，一切都是瓜熟蒂落，水到渠成。这是我们这一代图书馆人亲身经历和亲手创造的历史。

21世纪初，国内图书馆界倡导图书馆的基本精神和核心价值。与此同时，一些敢为天下先的城市图书馆大胆探索践行，提出了"开放、平等、免费"等拨乱反正的办馆方针，锐意改革，勇除弊端，走出了一条新型的、符合国际发展趋势的道路，即现代化图书馆之路。

这些先进的理念和做法最终演变成为业界的共识和国家的方针政策，其标志体现为两个重要文件的出台。

一是《图书馆服务宣言》的问世，标志着行业共识的形成。2008年10月，中国图书馆学会正式发布了《图书馆服务宣言》。这是中国图书馆人历史上第一次向世人传达了现代图书馆的理念，在业界内外引起很大反响。这一文件虽然名为"服务宣言",但其思想内涵远远超越了图书馆服务工作的范畴,宣示了公共与公益、平等与自由、共享与合作、人文关怀等图书馆核心价值观和职业精神,也体现了图书馆界对根本性指导思想和办馆方针的认同和共识。

二是《关于推荐全国美术馆、公共图书馆、文化馆(站)免费开放工作的意见》的颁布,标志着政府政策方针的形成。2011年2月,文化部、财政部联合下发了这个文件。文件明确提出了公共图书馆保障公益、免费开放的要求,从此全国图书馆,尤其是公共图书馆进入了全面免费的时代。公共图书馆被定性为公益文化单位,图书馆的基本服务实行公益化、普遍化、均等化。

正是这场源于业界精英、起自基层、自下而上的运动,改变了中国图书馆的轨迹,使其走上了正确的发展道路。恰如有识之士所言,业界通过努力,将现代图书馆的精神、理念变为国家的政策方针,使全国图书馆朝着正确的方向发展,是21世纪中国图书馆事业的最大成就。①

第三节 图书馆在全民阅读中的作用

如前所述,今天的社会阅读是个很宽泛的概念。正襟危坐,"红袖添香",固然是阅读,但在路边买份报刊翻阅也是阅读,打开手机刷微博、看微信同样是阅读。全民阅读活动并不是图书馆一家的事情。但当前还是要强调图书馆是全民阅读的主体,要在全民阅读中承担起独有的社会责任,完成他人不可替代的历史使命。

图书馆在全民阅读中的作用体现在以下四点。

其一,从理论上看,图书馆尤其是公共图书馆作为"天下公器",其核心就是人文关怀的精神,具体说来,就是开放、平等、免费,政府创建,公费支持。这是曼彻斯特公共图书馆的首创,也是《公共图书馆宣言》的基本原则。一个

---

① 吴晞.青山遮不住,毕竟东流去——回眸"开放、平等、免费"[J].图书馆建设,2015(1).

图书馆如果具备了这些特征，就可以称之为现代意义上的图书馆了；反之，则不是现代图书馆，或者说不是合格的现代图书馆。现代社会中，人文关怀、人本主义、以人为核心的社会价值观，在现代图书馆中可以得到充分体现，普天下的读书人在此可以不受阻碍地汲取知识、健康成长。[①]这些理念正是全民阅读的理论基础和社会根基。

其二，从历史发展看，现代图书馆尤其是公共图书馆是社会发展到一定阶段的产物，负有特殊的历史责任。在现代社会，我们兴办图书馆，不仅仅是办一个机构，而是在履行一种社会责任，完成一个历史使命。图书馆存在的意义超过了图书馆机构本身。图书馆的存在，使每一社会成员具备了自由、平等、免费地获取和利用知识信息的权利，象征着知识信息的公平分配，从而维护了社会的民主和公正，向全社会宣示了现代民主、公民权利和人人平等的价值观念。[②]这也正是全民阅读产生的基本前提、中心内容与核心目标，与图书馆的核心价值观是一致的。

其三，从阅读本身看，图书馆也有其不可替代的作用。阅读虽然多种多样，但我们还是要提倡深入的、学习型的阅读，通过阅读全面系统地掌握知识，而知识就是力量，"穷"则丰富人生，"达"则改造社会。即使是大众型、消遣性的阅读，也要提倡多读书、会读书、读好书，通过有计划、有系统地读书，创建健康有益的文化生活。要进行深入系统的阅读，完整全面地掌握知识，图书馆是最好的场所，甚至是唯一的场所。只有图书馆，才具有完备的文献资源保障体系，才能为读书人提供全面系统的文献服务；也只有在图书馆，才能领略到完整的科学知识体系和全部的人类文化遗产，从而站在巨人的肩膀上来看这个世界。所谓"巨人肩膀"，实际上就是前人成果，就是文献，就是图书馆。目前还没有任何社会机构在阅读这一功能上可以取代公共图书馆。

其四，从未来发展看，随着网络化、数字化时代的技术进步，图书馆独特的、不可替代的社会作用非但不会减弱，反而会更强化。图书馆为我们提供了

---

① 吴晞.天下之公器——论公共图书馆精神 [J].深图通讯，2006（2）.
② 范并思.公共图书馆精神的时代辩护 [J].中国图书馆学报，2004（2）.

丰富实用的数字资源。图书馆收藏和提供的各种数据库，如同图书馆的藏书一样，是经过精挑细选和专业化整理的，因此是最重要、最实用、最具价值的信息资源，而且大都是免费提供使用的。在现代社会，无论是普通读书人，还是读书治学者，图书馆数字资源都是基本资源和首要选择。目前，社会上还没有其他社会机构拥有这样完备的数字资源、这样系统的数字阅读保障、这样全面无偿的服务。

因此，图书馆是当今社会阅读的主体，也是全民阅读的主要场所和阵地。

第四节 全民阅读、图书馆与阅读推广活动

全民阅读离不开图书馆，而图书馆推进全民阅读的主要方式就是开展阅读推广活动。

这种基于全民阅读的阅读推广工作，是图书馆的一项根本性的任务，体现了其一贯的指导方针，带有根本精神、宗旨圭臬的性质。

在2013年结束的公共图书馆评估工作中，文化部下发了"全国第五次县以上公共图书馆评估定级标准"，其中"社会教育活动"一项占有重要地位，其具体内容就是讲座、培训、阅读推广、服务宣传等。在总分1000分的标准中，"社会教育活动"在公共图书馆省级占45分、市级50分、县级90分，在少儿馆省级115分、市级100分、县级45分，占比是5%～10%。这是一个很大的比重。要知道，在同一标准中，县一级公共图书馆的建筑设备只占50分，经费和人员只有60分，占比只有5%左右。这充分说明国家主管部门对图书馆阅读推广工作的认可和重视，可以说是硬性指标的规定。

一、作为当今图书馆重要工作的阅读推广

从图书馆历史尤其是公共图书馆的历史看，阅读推广活动的出现与普及，是图书馆发展到一定层次、一定水平的产物。我国百年来图书馆的发展（也就

是近现代图书馆的产生和发展），可以说经历了三个历史阶段：一是从封闭到开放，二是从对部分人开放到对全社会普遍开放，三是从被动的接受服务到主动的推广服务。这个过程进行得漫长而艰难，可以说，直到进入21世纪以后，我国公共图书馆才大体完成了前两个阶段的使命，即基本实现了对全社会普遍、均等、免费开放。现在正在迈向第三个阶段，即进入大力开展阅读活动，向全社会主动推送图书馆服务的新时期。因此，今天的图书馆阅读推广工作，在某种程度上也是历史发展之必然，是图书馆发展的历史趋势。

从图书馆服务上看，图书馆专业服务工作可划分为三个主要内容，或者从历史发展的角度看，也可以说经历了三个不同的阶段：一是文献服务，即传统的图书馆服务，如外借、阅览；二是信息服务，如参考咨询、信息检索等；三是阅读推广，表现为开展多种多样的读书活动。阅读推广可以说是集文献服务和信息服务之大成，通过多种多样的活动和手段将文献服务和信息服务送达到读者身边。可以说，阅读推广是图书馆服务的新趋势，也是服务工作的新方向。

目前无论是公共图书馆还是学校图书馆，阅读推广活动已进入迅猛发展的阶段。各种阅读推广活动丰富多彩，遍地开花，包括讲座、展览、读书会、演讲会、朗诵会、报告会、主题论坛、专题陈列、新书推荐、网络竞赛、音乐欣赏、影视观摩、参观考察、学术研讨、技术体验、科普教育，等等。很多图书馆都设立了读者活动部或类似部门，或者由专人负责阅读推广活动。如果说从前图书馆的类似工作还是可有可无、可多可少的话，当前，阅读推广已经成为图书馆的核心工作。

有专家指出，从图书馆业务工作的发展趋势看，"融合趋势"或是"综合发展趋势"是今后图书馆发展的主流。什么是"综合趋势"或"融合趋势"？通俗地解释，就是今后的图书馆不可能再按照老模式运作，满足于每日的借借还还，看摊守点，必须全方位、多方面地开展工作，必须要做那些不是传统图书馆工作的事情，做那些似乎是其他部门做的事情。既是图书馆，又是信息资源集散地，还是学校、展览馆、博物馆、音乐厅、文化讲坛、影视观摩厅、新书推介中心、学术交流场所、新技术体验中心，等等。只有这样，才能丰富和拓展图书馆的服务内容，提升和强化图书馆的服务品质，增强和扩大图书馆的服务影响。[①]这种"融合趋势"或"综合发展趋势"，主要就是通过阅读推广工作来实现的。

二、图书馆在阅读推广中的主要工作内容

图书馆在阅读推广工作中要做的主要工作有以下几个方面。[②]

（一）引导

对于缺乏阅读意愿的人，图书馆通过生动有趣的阅读推广活动，引导他们感受阅读的魅力，享受阅读的乐趣，并逐步形成阅读的意愿。

根据朱永新的说法，世界上每年人均读书数量，中国只有4本，而以色列人却达到64本。[③]仅以深圳市为例。深圳创建"图书馆之城"，现有经评估达标的图书馆630余家，平均2.5万人享有一个图书馆，这样的水平在世界上也是很高的。而且全市图书馆全部免费，连借书证工本费也免了，全年开门服务，节假日也开放，还有24小时自助图书馆全天候工作，这在世界上也不多见。但深圳居民的图书馆办证率却只有10%，而美国图书馆办证率平均为65%，其中的洛杉矶市达到80%。香港只有80座公共图书馆，办证率却达到50%。其原因就在于我国大陆地区很多市民没有阅读习惯，也没有阅读意愿。所以有人慨叹：深圳是"图书馆之城"，而不是"阅读之城"；建设"图书馆之城"容易，建设"阅读之城"难。这正是图书馆阅读推广工作要解决的问题、要完成的任务。

（二）训练

图书馆的服务对象中存在许多有阅读意愿而不善于阅读的人，包括尚未学会阅读的人，如少年儿童、青年学生，还有因各种原因成人后失去继续学习机会的人。图书馆阅读推广可以训练他们，使他们学会阅读。

---

① 王世伟.再论智慧图书馆[J].图书馆杂志，2012（11）.
② 范并思.阅读推广为什么[J].公共图书馆，2013(3).
③ 朱永新.我的阅读观[M].北京：中国人民大学出版社，2012.

（三）帮助

图书馆的服务对象中还存在阅读困难人群，也称图书馆服务的特殊人群。对公共图书馆来说，此类特殊人群包括残障人士、阅读障碍症患者等；对学校图书馆来说，主要是那些缺凡阅读知识和辨别能力的低年级学生。图书馆需要对他们提供阅读帮助，阅读推广服务是最好的帮助。

（四）服务

传统图书馆服务目标人群的主体是具有较好阅读能力的人，即所谓高层次读者。图书馆阅读推广活动为他们提供阅读的便利，丰富为他们服务的方式。对于学校图书馆来说，除了专业阅读之外，还要引导大学生们了解和学习专业之外的知识，丰富大学生们的阅读视野，拓展大学生们的知识范畴。

第五节 关于阅读推广理论研究

图书馆阅读推广是偏重实务性的业务工作，但并不意味着可以轻视或忽略相关的理论研究。

一个学科是否成熟，一项专业工作是否可以深入、持久、可持续地发展，在很大程度上取决于其理论研究是否到位、是否跟得上业务发展、是否能够发挥引领的作用。图书馆阅读推广领域也不例外，没有坚实理论基础的阅读推广工作不会是卓有成效的工作，缺乏扎实理论功底的阅读推广工作人员不会是高水平的从业人员。

我们这里说的图书馆阅读推广理论研究主要指两个方面：一是应用理论研究，主要指从阅读推广实际工作中总结、归纳出相关的经验和规律，并且举一反三，推而广之，进而指导我们的工作；二是基础理论研究，从"形而上"的角度进行理论论证，主要回答图书馆阅读推广"是什么""为什么""怎么做"等问题，解决阅读推广存在和发展的根本问题，形成自身的理论体系。这些理论上的研究，尤其是基础理论研究，看似"无用"，但却是深入做好图书馆阅读推广工作的基础。

实际上，过去图书馆进行阅读推广往往只是实践层面、工作层面的事情，从业人员大都凭的是个人理解和工作经验，较少有深入的思考和提炼，更少有"形而上"的研究。图书馆学教育缺失这方面的内容，从业人员也往往只知其一不知其二，只知其然不知其所以然。

但近年来从事阅读推广研究的人员和成果骤然增多，仅国家社科基金项目2009年以来就有30个，出现了诸多本领域的名家、名师、明星馆员和知名品牌活动。这一重大变化应该引起我们的高度重视和专业自觉。也就是说，我们不能再停留在只埋头拉车不抬头看路的低水平工作状态，而是要把我们这个专业领域历年来丰富的工作经验、体会，自觉地上升为具有普遍意义的学科成果；把业界多来的优秀研究成果和卓有成效的活动品牌，变为全国图书馆阅读推广从业人员的工作利器，从根本上提高图书馆阅读推广工作的业务水平和工作成效。

本书即是基于这样的理念设计和编撰的：第一讲"全民阅读与图书馆阅读推广导论"，主要针对有关图书馆阅读推广的一些理论、概念和发展历史做出概述和辨析；第二讲"国内图书馆阅读推广研究举要"，是针对阅读推广研究的相关文献进行综述，展现目前阅读推广领域的研究现状；第三讲"国外及中国港澳台地区图书馆阅读推广的历史与现状"和第四讲"我国图书馆阅读推广的历史、现状与发展"，梳理了国内外图书馆阅读推广的发展概况，并进行比较分析；第五讲"阅读立法综述"，通过介绍我国及世界各国政府的阅读立法，论述阅读推广的制度和法律保障；第六讲"残障群体的阅读推广"，探讨如何保障残障人士的阅读权利，以及图书馆为残障群体创造良好阅读环境的种种措施；第七讲"阅读推广的民间力量"，着重介绍以民间图书馆、民间读书会和其他民间公益阅读推广组织为主导的民间阅读力量，以及他们在全民阅读中的作用问题；第八讲"图书馆阅读推广活动的专业研究与论文撰写"，旨在帮助图书馆阅读推广从业人员进行相关研究，指导他们汇集研究成果，撰写专业论文。

考虑到本系列教材各册的分工，一些涉及到重要基础理论的领域，如少年儿童阅读问题，已在其他教材中有专门论述，本书就不再专门讲述了。

附 文

国际图联／联合国教科文组织公共图书馆宣言（1994年）

社会和个人的自由、繁荣与发展是基本的人类价值。只有充分知情的公民具备了行使民主权利和发挥积极作用的能力，这些价值才能得以实现。公民对民主的建设性参与及民主的发展，依赖于良好的教育，以及对知识、思想、文化和信息自由不受限制的利用。

公共图书馆是其所在地区的知识入口，为个人和社会团体的终生学习、独立决策和文化发展提供基本条件。

本宣言宣告：联合国教科文组织坚信公共图书馆是教育、文化和信息的有生力量，是孕育人类内心和平与精神财富的重要机构。

联合国教科文组织因此鼓励国家和地方政府支持并积极参与公共图书馆的发展。

公共图书馆

公共图书馆所在地区的信息中心，为用户提供便于获取的各种知识和信息。

公共图书馆的服务以平等利用为基础，不分年龄、种族、性别、宗教信仰、国籍、语言或社会地位，向所有的人提供服务。公共图书馆须为那些因任何原因不能利用常规服务和资料的用户，如小语种民族、伤残人员、住院人员或被监禁人员，提供特殊的服务和资料。

所有年龄的群体都能找到与其需要相关的资料。除传统资料外，还应包括各种适当载体和现代技术的馆藏服务。高品质、适合当地需求和条件是基本的要求。资料必须既反映社会的当前趋势和进展方向，又保留人类奋斗和想象的历史记忆。

馆藏和服务不应屈服于任何形式的出于意识形态、政治主张或宗教信仰的审查制度，也不应屈服于商业压力。

公共图书馆的使命

以下重要使命与信息、读写能力、教育和文化相关，是公共图书馆服务的核心：

从小培养和加强儿童的阅读习惯；

既支持各级正规教育，又支持个人教育和自学教育；

提供个人创造性发展的机会；

激发儿童和青年的想象力和创造力；

加强文化遗产意识，提高对艺术、科学成就和创新的鉴赏力；

提供各种表演艺术和文化展示的途径；

促进跨文化的对话，鼓励文化的多样性；

支持口述传统；

保证民众获取各种社区信息；

为地方企业、协会和利益团体提供充足的信息服务；

推动信息能力和计算机素养技能的发展；

支持和参与针对不同年龄层展开的读写能力培养和计划，必要时主动发起此类活动。

经费、立法和网络

公共图书馆应遵循免费原则。建立和维护公共图书馆是国家和地方的责任。公共图书馆必须受到专门立法的支持，必须由国家和地方政府提供经费。公共图书馆应该是所有文化、信息提供、读写能力培养和教育相关长期战略的重要组成部分。

为确保全国范围的图书馆协调与合作，立法和战略规划必须定义，并推动建设一个基于公认服务标准的国家图书馆网。

公共图书馆网的设计必须考虑国家图书馆、地区图书馆、研究图书馆和专业图书馆，以及大中小学图书馆的关系。

运作和管理

必须阐明清晰的政策，以定义与社区需求相关的目标、优先权和服务。

必须有效地组织公共图书馆并保持运作的专业水准。

必须确保与诸如地方、区域、全国及国际用户团体和其他专业人员等相关伙伴的服务。

必须能为社区所有成员真正利用。这需要有选址合理的馆舍、良好的阅读和研究设施，以及相应的技术和方便用户的开馆时间。同时还要为不能到馆的读者提供馆外服务。

必须适应农村和城市社区的不同需求。

图书馆员是图书馆用户和馆藏资源之间的能动中介。为保证充分的服务，图书馆员的专业教育和继续教育必不可少。

必须提供馆外服务和用户教育计划，以帮助用户从所有资源中获益。

宣言实施

联合国教科文组织特此强烈要求世界各个国家和地方的决策者、全球图书馆界实施本宣言中所阐述的各项原则。

此宣言与国际图书馆协会和机构联合会（IFLA）合作制定。

中国图书馆学会图书馆服务宣言

（2008年3月21日七届四次理事会审议通过）

图书馆通向知识之门，它通过系统收集、保存与组织文献信息，实现传播知识、传承文明的社会功能。现代图书馆秉承对全社会开放的理念，承担实现和保障公民文化权利、缩小社会信息鸿沟的使命。中国图书馆人经过不懈的追求与努力，逐步确立了对社会普遍开放、平等服务、以人为本的基本原则。我们的目标是：

1．图书馆是一个开放的知识与信息中心。图书馆以公益性服务为基本原则，以实现和保障公民基本阅读权利为天职，以读者需求为一切工作的出发点。

2．图书馆向读者提供平等服务。各级各类图书馆共同构成图书馆体系，保障全体社会成员普遍均等地享有图书馆服务。

3．图书馆在服务与管理中体现人文关怀。图书馆致力于消除弱势群体利用图书馆的困难，为全体读者提供人性化、便利化的服务。

4．图书馆提供优质、高效、专业的服务。图书馆充分利用现代信息技术，提高数字资源提供能力和使用效率，以服务创新应对信息时代的挑战。

5．图书馆开展信息资源共建共享。各地区、各类型图书馆加强协调与合作，促进全社会信息资源的有效利用。

6．图书馆努力促进全民阅读。图书馆为公民终身学习提供保障，促进学习型社会的建设。

7．图书馆与一切关心图书馆事业的组织和个人真诚合作。图书馆欢迎社会各界通过资助、捐赠、媒体宣传、志愿者活动等各种方式参与图书馆建设。

思考题

1. 全民阅读的内涵和意义是什么？
2. 为什么说图书馆是全民阅读的主体，阅读推广是图书馆的核心工作？
3. 图书馆阅读推广有哪些主要内容？

> **小贴士：**
> 更多内容参见延伸阅读材料《阅读：最好的时代，最坏的时代》和《阅读推广的理论特征》。

第二讲
国内图书馆阅读推广研究举要

张盈芳[*]

第一节　国内图书馆阅读推广研究的前期发展历程

一、国内图书馆阅读推广研究的理论无意识（20世纪90年代中期以前）

如果从图书馆界开始直面"公共图书馆是否应该鼓励小说阅读"的问题算起，阅读推广研究的历史可以追溯到19世纪后半叶。[①]英美等国的图书馆致力于融教化功能于"阅读活动"之中，热衷于研究图书以保证图书馆尽可能收藏"好书"。美国图书馆学家杜威提出的"以最小的成本将最好的图书提供给最多的读者"是极具代表性的观点。20世纪早期，另一种思潮也悄然出现。美国图书馆员开始关注馆藏图书的流通率，而来自流通率的压力使图书馆界逐渐开始转变对大众消遣性阅读的态度，反思馆员干预读者阅读的正当性和权威性，意识到应该尊重读者的阅读自由。[②]

而在我国，随着近代图书馆的出现，民国时期已有有识之士认识到图书馆阅读

---

[*] 张盈芳，深圳图书馆馆员，深圳图书馆阅读推广导刊《行走南书房》编辑，参与2013年国家社科基金课题"公共图书馆开展全民阅读活动与建设学习型社会研究"。
[①] 于良芝，于斌斌. 图书馆阅读推广——循证图书馆学（EBL）的典型领域[J]. 国家图书馆学刊，2014（6）：9-16.
[②] 李超平. 公共图书馆宣传推广与阅读促进[M]. 北京：北京师范大学出版社，2013：240-245.

与教育的重要性，把图书馆看成是普及文化、向广大民众进行社会教育的有力阵地。

1936年，俞爽迷发表于《中华图书馆协会会报》12卷第5期的《图书馆与社会教育》是体现那个时代图书馆精神的重要文献。[①]由于当时的民众对图书馆知之甚少，因而图书馆学家们还在图书馆推广方面下功夫，在文华图书馆专科学校的校刊上有不少学者讨论图书馆宣传的方法、吸引民众来图书馆阅读的思路等。

其后的战乱与政治因素导致我国图书馆界的相关研究处于相对停滞的阶段。直到20世纪80年代，我国学者开始关注阅读，对阅读的本质、心理、动机、过程、类型、生理机制、方法等进行探讨。

到20世纪90年代初，曾祥芹、韩雪屏在《阅读学原理》（1992）一书中首次提出了四体合一（阅读本体是阅读主体、客体和介体的辩证统一）学说，是我国阅读理论的重大突破。而高校图书馆学界的王余光、徐雁一直比较注重阅读文化及阅读史的研究，两人于1993年主编了《中国读书大辞典》，此书的问世标志着我国的阅读研究进入了社会学与文化学领域。[②]

整体而言，在1995年以前，我国图书馆学界虽然开始对阅读进行研究，但一般不认为阅读推广是一种独立的图书馆服务，而是将它当成图书馆宣传、图书馆营销或新书推荐的方法之一[③]，阅读推广没有相应的理论支撑，处于无意识阶段。

二、国内图书馆阅读推广研究的萌芽（1995—2005年）

1995—2005年这十年可以看作我国图书馆阅读推广研究的萌芽阶段。

以1995年联合国教科文组织对"世界读书日"的确立为标志，全民阅读活动在全球范围内逐渐兴盛。1997年，中宣部、文化部、原新闻出版总署、中华全国总工会、共青团中央、全国妇联等九个部委联合发出《关于在全国组织实施"知识工程"的通知》，我国的全民阅读活动发展起来，学界开始出现少量以"全民阅读""大众阅读""社会阅读"等为关键词的、针对当时开

---

① 中国图书馆学会.百年文萃——空谷余音[M].北京：中国城市出版社，2005：77.
② 徐雁.王余光教授和他的阅读学代表作[J].山东图书馆季刊，2008(9)：103.
③ 范并思.阅读推广的理论自觉[J].国家图书馆学刊，2014（6）：3-8.

始兴起的全民阅读活动的讨论与总结，内容还兼及全民阅读面临的主要障碍分析等，形式主要为信息报道及论文。但尚未有以"阅读推广"为题的论文发表。

此阶段，图书馆学界更加关注图书馆权利、图书馆精神、图书馆核心价值、公平服务之类的话题，多少忽略了对阅读的研究。

世纪之交，我国图书馆学界精英开始撰文介绍国际上的图书馆理念，倡导图书馆的基本精神和回归图书馆的核心价值。2000—2002年，李国新陆续发表数篇关于"图书馆自由"的论文，"图书馆自由权利"[1]概念首次进入中国学者视野；2002年，范并思、吴建中等提出要发展图书馆核心能力[2][3][4]；2003年，蒋永福提出图书馆职业的核心价值是维护知识自由[5]等。2004年12月，湖南图书馆张勇馆长首次倡议发起"21世纪新图书馆运动"[6]，随后《图书馆》和《图书馆建设》分别开设"21世纪新图书馆运动论坛"和"走向权利时代"的专栏，引发了学界的讨论。

这第二次"新图书馆运动"，以弘扬图书馆精神、缩小数字鸿沟和捍卫民众的图书馆权利为宗旨，倡导公共图书馆免费、开放、包容、平等的基本精神和回归图书馆的核心价值。[7]这些讨论初步描绘出了我国的现代图书馆理念，推动了我国图书馆阅读推广理念的起步。

自2004年起，图书馆界学术期刊中还开始出现阅读研究专题，如《图书馆情报和知识》2004年的"阅读文化研究"专题和2005年的"网络阅读"专题等。

---

[1] 中国图书馆学会.百年文萃——空谷余音[M].北京：中国城市出版社：286-287.
[2] 范并思.从数字图书馆热看图书馆的核心能力[J].图书馆杂志（理论学术年刊），2001.
[3] 范并思.维护公共图书馆的基础体制与核心能力——纪念曼彻斯特公共图书馆创建150周年[J].图书馆杂志，2002（11）：3-8.
[4] 吴建中.重视和发展图情行业的核心竞争力[J].图书馆情报工作动态，2002（3）.
[5] 蒋永福.维护知识自由：图书馆职业的核心价值[J].图书馆，2003（6）：1-4.
[6] 张勇.在"中国图书馆事业百年馆长论坛"上的主旨发言[J].图书馆，2004(6)：1-2.
[7] 刘意，文庭孝.我国21世纪新图书馆运动研究综述[J].图书馆，2012（4）：47.

第二节　国内图书馆阅读推广研究的现状

2006年以前，我国学界虽然开始关注阅读，但还未真正认识到阅读推广的重要性，阅读推广研究相对薄弱。2006年4月，中宣部、中央文明办、原新闻出版总署、文化部、教育部、中华全国总工会、共青团中央等11个部委联合发出《关于开展全民阅读活动的倡议书》。同月，中国图书馆学会科普与阅读指导委员会（2009年更名为阅读推广委员会）正式成立，标志着我国图书馆学界正式宣告了自己在阅读研究领域的学术地位。

由此，以各级政府为主导的全民阅读活动在全国各地蓬勃发展，我国图书馆界开始研究全民阅读和社会阅读问题，并逐渐过渡到研究阅读推广，对阅读推广理论与实践的研究在不断发展与完善，研究的广度及深度也逐步拓展和深入，并集中产生了一些研究热点，重要课题、著作开始涌现。

一、论文数量不断攀升

2015年4月24日，以篇名包含"阅读推广"，时间限定到2014年进行检索，于中国知网中国学术期刊网络出版总库中查询到976篇期刊论文，于中国知网中国优秀硕士学位论文全文数据库查询到16篇学位论文。这些论文的作者主要是图书馆学界、业界人士，内容也多为图书馆界的阅读推广。可见，图书馆作为阅读推广的中坚力量，在阅读推广的理论与实践研究中都起着主力军的作用。

由图2-1可见，论文发表数量与年份是显著相关的，大致可分为四个发展阶段：2005年以前未有相关论文发表，处在萌芽阶段；2006—2009年为起步阶段，自中国图书馆学会科普与阅读指导委员会成立后，业界开始研究阅读推广，陆续有零星的数篇论文发表，但在阅读领域更为关注全民阅读、社会阅读等概念。肖永英、陈永娴于2006年发表的《阅读推广计划——深圳市社区图书馆的发展机遇》一文是国内图书馆界首篇以"阅读推广"为名，对阅读推广活动开展研究的论文；2010—2012年为稳步发展阶段，2010年的论文量超过了2006—

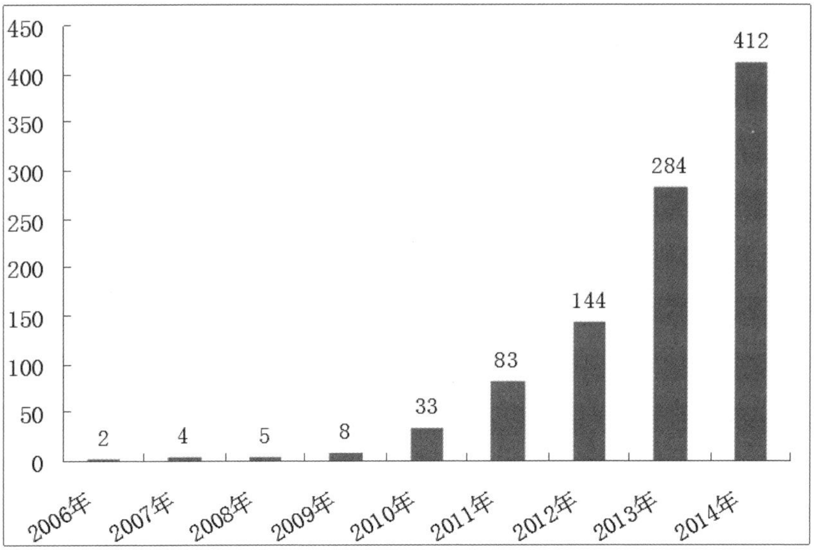

图 2-1 我国阅读推广论文年度分布

2009 年的总量，2011 年起更是翻倍增长，表明图书馆界逐步重视对阅读推广的研究；2013 年至今为高速发展阶段，论文数量增长迅速，图书馆界对阅读推广研究的关注程度显著增加。同时，随着新技术、新媒体的兴起，阅读推广研究的内容、形式都呈多样化发展。

二、重要课题开始涌现

随着政府对阅读的重视，从国家到地方的各级科研立项单位也都设立了大批阅读推广科研课题，其中以全国社会科学规划办公室管理的国家社科基金项目课题最具代表性与权威性。

由表 2-1 可见，2005 年开始有图书馆对弱势群体知识援助的相关课题，但2010 年以前的课题虽然有阅读推广相关内容，但实际未有以"阅读推广"为名的课题，直到 2010 年"图书馆的阅读推广活动调查研究"课题的出现。而到了2013 年，阅读推广的相关课题破天荒地达到了 9 个之多，内容涵盖全民阅读活动、数字阅读、青少年阅读、老年人阅读，以及对少数民族、阅读障碍人群服务的研究等。

表 2-1 国家社科基金阅读推广相关课题

立项时间	项目批准号	项目类别	项目名称
2005 年	05ATQ002	重点项目	弱势群体知识援助的图书馆新制度建设
2005 年	05XTQ001	西部项目	弱势群体知识援助的图书馆新制度建设
2005 年	05XTQ002	西部项目	西部地区图书馆对弱势群体知识援助新制度的研究
2009 年	09BTQ007	一般项目	图书馆与西部民族地区阅读文化建设研究——以湘西土家族苗族自治州为例
2009 年	09XTQ002	西部项目	西北地区少数民族信息资源开发与阅读文化构建研究
2010 年	10ATQ003	重点项目	建设学习型社会与图书馆的社会服务功能研究
2010 年	10BTQ011	一般项目	图书馆的阅读推广活动调查研究
2010 年	10CTQ002	青年项目	图书馆促进老年人阅读的创新研究
2010 年	10CTQ003	青年项目	新媒体环境下阅读引导与读者服务的协同推进研究
2010 年	10CTQ004	青年项目	移动阅读与图书馆延伸服务研究
2012 年	12BTQ022	一般项目	移动互联网用户阅读行为与服务策略研究
2012 年	12CTQ013	青年项目	图书馆保障弱势群体公共信息获取权益的对策研究
2012 年	12CTQ014	青年项目	我国未成年人数字化阅读实证研究
2012 年	12CTQ015	青年项目	新媒体环境下阅读行为嬗变与国民阅读素养提升策略研究
2013 年	13ATQ002	重点项目	图书馆面向残疾人的服务模式与规范研究
2013 年	13BTQ005	一般项目	公共图书馆开展全民阅读活动与建设学习型社会研究
2013 年	13BTQ006	一般项目	公共图书馆为阅读障碍人群服务的理论、方法与对策研究

（续表）

立项时间	项目批准号	项目类别	项目名称
2013年	13BTQ021	一般项目	农村少数民族阅读困难群体分布状况与图书馆关怀研究
2013年	13BTQ022	一般项目	全媒体语境下老龄社会的阅读服务保障整合研究
2013年	13BTQ023	一般项目	数字阅读机制与导读策略研究
2013年	13CTQ001	青年项目	高校图书馆基于区域图书馆联盟开展阅读推广活动的策略研究
2013年	13CTQ014	青年项目	图书馆为阅读困难群体服务的对策研究
2013年	13CTQ015	青年项目	新媒介环境下青少年社会化阅读及其引导机制研究
2014年	14ATQ002	重点项目	基于读者需求的图书馆阅读推广活动与服务创新研究
2014年	14BTQ015	一般项目	中国农村公共阅读服务体系研究
2014年	14XTQ003	西部项目	西部民族地区城镇化建设中的农村公共阅读服务体系建设研究

三、国内图书馆阅读推广研究的主要内容

2006年起，我国的阅读推广研究进入日渐充实阶段，研究内容涉及阅读推广的各个领域，大致有阅读推广基础理论研究、阅读推广实践研究、数字阅读推广研究等，而针对阅读推广的不同群体，又有未成年人阅读推广、弱势群体的阅读推广等研究。目前，图书馆阅读推广研究的成果较多，本节仅就其主要内容进行概括介绍，并列举较具代表性和影响力的重要著作及少量论文加以说明。

（一）阅读推广基础理论研究

阅读推广的基础理论包括阅读推广是什么、为什么要阅读推广、推广什么、向谁推广等问题。目前，我国图书馆界对阅读推广基础理论的研究还相对缺乏，还未构建起系统的理论体系。

图书馆阅读推广基础理论

研究阅读推广基础理论问题的主要学者有范并思、李超平、吴晞等，他们不断推动阅读推广研究走向图书馆学的主流领域。

自2010年起，范并思相继发表了《图书馆学与阅读研究》《阅读推广为什么》《阅读推广的理论自觉》《阅读推广与图书馆学：基础理论问题分析》等一系列文章。他首先观点鲜明地提出"图书馆学必须将社会阅读与阅读推广作为自己的核心研究领域，更深入地介入公众的阅读行为，研究阅读的社会机制对图书馆服务的需要，研究图书馆推动社会阅读的服务模式"[①]，认为现代图书馆学的阅读研究与图书馆核心价值相联系，促进社会公众的阅读是图书馆的核心机制，继而又回答了"阅读推广为什么"的问题，指出这一问题实际是阅读推广的服务目标问题，应有四大目标：①引导缺乏阅读意愿的人阅读；②训练有阅读意愿而不善于阅读的人阅读；③帮助阅读困难人群阅读；④为具有较好阅读能力的人提供阅读服务。[②]他还从"阅读、阅读行为和阅读文化研究""阅读推广基础理论问题研究""阅读推广实践问题研究"三个方面阐释了阅读推广研究的主要内容[③]，认为阅读推广的基础理论问题包括阅读推广的定义及它与图书馆服务、图书馆核心价值的关系等；阅读推广的目标人群是全体公民，重点是特殊人群；阅读推广的理论特征包括阅读推广的属性定位、目标人群、服务形式和价值基础。[④]

李超平则把公共图书馆阅读促进活动的重点目标人群定位于未成年人，并针对实施策略展开论述，[⑤]其后更进一步提出了一个探讨阅读推广的视角——阅读推广中的专业性话语体系，该体系所涉及的专业语汇包括：为什么要阅读、什么时候开始阅读、分级阅读和快乐阅读。[⑥]

而在图书馆业界，也有图书馆馆长及相关从业人员关注阅读推广的基础理论问题。如原深圳图书馆馆长吴晞在首届全民阅读推广高峰论坛上的主旨发

---

① 范并思. 图书馆学与阅读研究 [J]. 图书与情报，2010（2）：1-4.
② 范并思. 阅读推广为什么 [J]. 公共图书馆，2013（3）：4.
③ 范并思. 阅读推广的理论自觉 [J]. 国家图书馆学刊，2014（6）：3-8.
④ 范并思. 阅读推广与图书馆学：基础理论问题分析 [J]. 中国图书馆学报，2014（5）：4-13.
⑤ 李超平. 公共图书馆的阅读促进活动：重点目标人群与实施策略 [J]. 公共图书馆，2009（3）：16-21.
⑥ 李超平. 阅读推广中的"技术性"话语体系 [J]. 图书与情报，2010（2）：8-10,73.

言——《阅读推广理论与实践的若干问题》中以"关于图书馆阅读自由问题的争议""阅读推广在图书馆学和图书馆工作中的地位和作用"为例阐述阅读推广的理论问题。他还从阅读推广是图书馆的根本任务、阅读推广是图书馆历史发展的趋势、阅读推广是图书馆生存发展的需要、阅读推广是社会阅读的需要等四方面阐述了图书馆为什么要进行阅读推广。[①]

此外，阅读推广与阅读自由的关系问题也引起业界的讨论。张彬认为在图书馆的阅读推广活动中，一直存在着"教育派"和"中立派"的分歧，这种观念分歧在人类教育思想史上有着深刻的哲学基础，形成了图书馆阅读推广的不同类型。[②] 早期的图书馆学理论家和现代图书馆学的奠基者多为"教育派"，认为图书馆以图书和阅读教化社会，其使命是开启民众智慧，传播知识和道德的福音；[③]"中立派"则强调图书馆员客观中立，提倡开卷有益、阅读自由。而阅读推广不但推荐、指定读者的阅读内容，甚至干预读者对内容的解读，其合理性问题成为图书馆员进行阅读推广的困境。

2013 年，学界掀起了一场关于图书馆藏书与阅读自由的"人有好恶，书无好坏"的论争，虽然这场争论的出发点是图书馆藏书，其实质却是阅读。程焕文、吴晞、李超平、蒋永福、刘洪辉、俞传正、褚树青、宋显彪等学者都对此撰文提出了自己的见解，就阅读自由形成共识，认为阅读推广与知识自由并不冲突。

（二）阅读推广的实践研究

1. 阅读指导

我国学者在阅读指导领域的研究成果数量颇丰，多以阐述阅读指导的内容、方式或概谈阅读指导工作的现状及其对策为主。如台湾大学的陈书梅提出，公共图书馆的阅读指导服务应是"知书"与"知人"的服务，即馆员针对读者个人特质与特殊需求主动建议适合的阅读素材，可包括读者咨询顾问服务与书目

---

① 吴晞. 图书馆为什么要进行阅读推广 [J]. 公共图书馆，2013（3）：9-13.
② 张彬. 图书馆阅读推广活动的理论支撑 [J]. 山东图书馆学刊，2013（2）：42-46.
③ 吴晞. 图书馆阅读推广基本理念问题仍待解决 [N]. 中国图书商报，2013 -07 -23（18）.

疗法服务两种类型。① 随着网络时代的到来，还有学者提出要拓宽导读理念，为大众提供网络导航，建立书评数据库，将传统导读与网络导读并重。② 不过这些论文面向的多为图书馆从业人员，而阅读指导本身应是以"读者"为中心，目的在于指导大众阅读。

　　针对这一局面，2006年中国图书馆学会阅读推广委员会成立后，整合高校图书馆学界及公共图书馆界资源，陆续主持编纂了三套阅读指导类丛书："书与阅读文库"第一辑七册、"中国阅读报告丛书"第一卷三册及"阅读推广丛书"五册。这三套丛书皆为全彩插图本，面向普通大众及图书馆员，内容或为书目推荐，或为阅读知识、方法等的普及。这些书籍的出版表明，图书馆界的阅读指导不再局限于图书馆建筑的范围内，而是开始跳出自己的圈子，面向全社会民众进行普及与推广阅读。

---

① 陈书梅.从台湾阅读推广活动之现况谈公共图书馆之阅读指导服务 [J].图书馆建设，2006(5)：78-81.
② 白萍.网络时代的大众阅读与公共图书馆导读工作 [J].图书馆学刊，2007(5)：92-94.

2.国内外阅读推广经验介绍及案例分析

近年来,我国的各级图书馆普遍开展了阅读推广活动,并取得了较好的成效,也发表了一批个案分析的文章,其中以经验总结的居多。广东、江苏等省是阅读推广活动较发达的地区,有不少论文对东莞、深圳、中山、佛山、苏州、南京等地区的图书馆的阅读推广活动进行经验介绍和总结。如陈永娴介绍了深圳市福田区图书馆"阅读推广计划"[1];王缨缨通过介绍汕头市图书馆社会阅读推广实践,探索基层图书馆社会阅读推广模式[2];江少莉、杜晓忠以苏州图书馆实践为例,探讨公共图书馆如何开展多元化的、与多方合作的阅读推广活动,从而构筑起城市阅读空间[3]等。

一些发达国家的阅读推广活动起步早、影响力大,有许多成功经验值得学习和借鉴。国内有不少学者撰写相关论文,对美国、英国、日本等国在阅读推广方面的成功做法和优秀案例进行介绍与分析。如陈颖仪总结了美国阅读推广的成功经验:一是有政策的支持和专业的领导,二是多方合作和全方位的宣传,三是重视家庭和社区阅读意识的培养。[4]秦鸿对英国的阅读推广活动进行综合考察,介绍了其纲领性文件《未来的框架》、"读者发展"的阅读推广理念,以及一系列阅读品牌活动等。[5]港澳台地区的阅读推广活动受欧美影响,起步较早,国内学者也有进行相关介绍,如师丽娟的《港澳地区阅读推广活动介绍及启示》[6]、曹桂平的《关于台湾地区阅读推广活动的思考》[7]等都是发表较早的、影响力较大的文章。

此外,学界还开始对中外阅读推广进行比较研究,但总体来说数量较少,较重要的论文有:王翠萍、刘通的《中美阅读推广比较研究》阐述了中美两国

---

[1] 陈永娴.实现全民阅读的助推器——介绍深圳市福田区图书馆"阅读推广计划"[J].图书馆论坛,2008(4):118-120.
[2] 王缨缨.汕头市图书馆开展阅读推广活动案例分析[J].图书馆界,2012(4):68-70.
[3] 江少莉,杜晓忠.公共图书馆的城市阅读推广策略——以苏州图书馆为例[J].新世纪图书馆,2011(12):13-16.
[4] 陈颖仪.美国阅读推广活动的实践经验分析及启示[J].图书馆理论与实践,2009(5):97-99.
[5] 秦鸿.英国的阅读推广活动考察[J].图书与情报,2011(5):46-50,55.
[6] 师丽娟.港澳地区阅读推广活动介绍及启示[J].图书馆杂志,2007(5):61-63,41.
[7] 曹桂平.关于台湾地区阅读推广活动的思考[J].图书馆建设,2010(3):78-82.

国民阅读的发展概况，从阅读推动力量和阅读推广形式两方面对比分析了两国阅读推广的异同点，并就比较结果进行深层次分析，归纳出适合我国应用的美国阅读推广经验；①河南科技大学李晓敏的硕士学位论文《中外图书馆阅读推广活动比较研究》对美国、英国、南非三国的公共图书馆从管理体制、有关法律法规、资金投入、政府支持等方面来论述其阅读推广状况，并通过中外对比，分析造成中国的国民阅读率不高的成因并提出对策建议等。②

随着我国图书馆阅读推广活动的发展，图书馆学会及各图书馆还开始组织、征集阅读推广案例并汇编成册，在相关学术会议上予以发布、交流。如"2012年阅读推广案例交流活动"上发布的《阅读推广交流案例汇编·2012》，2013年11月中国图书馆学会年会"阅读点亮生活——社区与乡村阅读案例推介会"阅读分会场发布的《阅读点亮生活——社区与乡村阅读优秀案例集》等。

2011年起，图书馆界还出版了数本关于图书馆服务的案例集，而这些案例大部分与阅读推广相关。较具代表性的有吴晞、肖容梅主编的《公共图书馆读者服务案例》③，分门别类选取了60余个真实的公共图书馆读者服务案例，涉及服务模式与管理机制、参考与借阅服务、阅读活动与宣传推广、数字服务、新技术在服务中的应用、未成年人服务、残疾人服务等九个方面，并在每个案例后都附有分析点评。此外，《图书馆服务案例研究》④、《阅读推广：理

---

① 王翠萍,刘通.中美阅读推广比较研究[J].情报资料工作,2012(5)：96-101.
② 李晓敏.中外图书馆阅读推广活动比较研究[D].河南科技大学,2012.
③ 吴晞,肖容梅.公共图书馆读者服务案例[M].北京：北京师范大学出版社,2013.
④ 司颖.图书馆服务案例研究[M].上海：上海社会科学院出版社,2011.

念·方法·案例》[1]、《杭州图书馆服务品牌建设实践》[2]等书亦收集、分析了国内外大量阅读推广典型案例,对图书馆阅读推广活动的开展具有参考价值。

3. 阅读推广的方法、策略、模式等实务研究

阅读推广的方法、策略、模式等是我国图书馆界早期阅读推广研究的主要内容,也是众多图书馆从业者的研究方向,研究成果较多。其中崔波、岳修志的《图书馆加强阅读推广的途径与方式》是影响力较大的论文。该文探讨了图书馆阅读工作的现状及其问题,提出图书馆界应加强的阅读推广模式是:阅读推广委员会统筹安排阅读推广活动、各类图书馆实施阅读推广工作、学者加强读者阅读心理和行为研究的阅读推广三层机制。[3]

此外,近年来还涌现出不少对高校图书馆阅读推广进行访谈与调研,研究高校图书馆阅读推广模式、策略的论文。如胡大敏等基于吉林省六所大学的访谈与调研,研究载体媒体视阈下大学图书馆阅读推广[4];郭文玲对高校图书馆阅读推广策略进行分析与研究[5];吴高、韦楠华等研究我国高校图书馆阅读推广所存在的问题与对策[6];等等。

2010年起,图书馆界亦涌现出不少关于阅读推广的专著。既有介绍阅读推广的方法、策略、模式等实务型著作,也有上升至理论高度,将阅读推广理论与实践相结合的著作。

由于讲座已逐渐成为图书馆阅读推广的重要方式和途径,出现了专门论述图书馆讲座工作的专著。比如2011年出版的《基层图书馆公益讲座》[7]和《知识·分

---

[1] 赵俊玲,郭腊梅,杨绍志.阅读推广:理念·方法·案例[M].北京:国家图书馆出版社,2013.
[2] 褚树青,粟慧.杭州图书馆服务品牌建设实践[M].北京:国家图书馆出版社,2014.
[3] 崔波,岳修志.图书馆加强阅读推广的途径与方式[J].大学图书馆学报,2010(4):37-39,124.
[4] 胡大敏,林菲,刘立强,何海波.载体媒体视阈下大学图书馆阅读推广研究——基于吉林省6所大学的访谈与调研[J].大学图书馆学报,2012(3):96-99.
[5] 郭文玲.高校图书馆阅读推广策略分析与研究[J].图书馆论坛,2012(6):53-56.
[6] 吴高,韦楠华.我国高校图书馆阅读推广所存在的问题与对策研究[J].图书情报工作,2013(3):47-51.
[7] 王惠君.基层图书馆公益讲座[M].北京:国家图书馆出版社,2011.

享——图书馆公益讲座的品牌创建与培育》[1]分别由实践经验丰富的佛山图书馆、厦门图书馆组织编写，对图书馆讲座的策划、组织以及宣传、延伸服务等进行了详细介绍与分析。而介绍阅读推广理论及实践的重要专著有徐雁主编的《全民阅读推广手册》[2]和《全民阅读参考读本》[3]姐妹书、赵俊玲等主编的《阅读推广：理念·方法·案例》及李超平所著《公共图书馆宣传推广与阅读促进》[4]等。这几本书均从理论和实务的角度对阅读推广做出了较为系统的研究，但在内容上更多的侧重阅读推广实践，理论深度还有待提高。

《全民阅读推广手册》和《全民阅读参考读本》是面向全民阅读推广从业人员的业务之书，集纳了新颖、实用、权威的古今阅读学和中外阅读推广的信息，全面反映并总结了近年来中国全民阅读推广理论研究和实际推广活动的最新进展，汇集了阅读学研究和阅读推广实践中常用的知识、资料和文献，是将全民阅读推广从理念推向行动的理论与实践相结合的宝典。[5]而2013年出版的《阅读推广：理念·方法·案例》首先明确阅读和阅读推广的概念，其

---

[1] 林丽萍. 知识·分享——图书馆公益讲座的品牌创建与培育 [M]. 厦门：厦门大学出版社，2011.

[2] 徐雁，陈亮. 全民阅读推广手册 [M]. 深圳：海天出版社，2011.

[3] 徐雁，陈亮. 全民阅读参考读本 [M]. 深圳：海天出版社，2011.

[4] 李超平. 公共图书馆宣传推广与阅读促进 [M]. 北京：北京师范大学出版社，2013.

[5] 范凡.《全民阅读推广手册》与《全民阅读参考读本》[J]. 图书馆杂志，2012(1)：110-111.

次对全球范围内阅读推广呈现的特点和趋势进行总结和分析，进而对国际组织、各国、各类型机构的阅读推广活动和面向不同人群的阅读推广进行了分析，还收集了20个国内外阅读推广案例，对其流程、模式、特点等进行了深入剖析。其视野较为广宽，是一本凝聚了海内外阅读推广界的工作智慧，全面介绍阅读推广活动的专著。[①]同年出版的《公共图书馆宣传推广与阅读促进》，分为上篇"公共图书馆的宣传推广"及下篇"公共图书馆的阅读促进"两篇，皆从概念、理论背景及操作实务三个方面进行阐述，介绍了公共图书馆宣传推广和阅读促进的基本概念、历史、社会背景、相关的理论及操作实务等。在编写上用"相关链接"的方式把许多有参考价值的案例推送到读者面前，以此来辅助阅读者对相关内容的了解与思考，不仅有其理论价值，且很具操作性。

（三）未成年人阅读推广

2010年开始，未成年人阅读推广研究有了显著提升，论文数量呈直线上升趋势，研究内容也在不断深入，理论联系实际的成果增多，成为图书馆领域研究新热点。研究内容上主要对未成年人阅读推广实践、国外及港台地区未成年人阅读推广等进行研究，并涉及亲子阅读、分享阅读、绘本阅读等新热点。

未成年人阅读推广实践研究涉及未成年人阅读推广策略研究、主体研究、对象研究，研究未成年人阅读推广的方案、方法、模式，分析阅读推广现状

[①] 徐雁.一个书香盈邑的现代化都市人文愿景[M]//赵俊玲,郭腊梅,杨绍志.阅读推广：理念·方法·案例.北京：国家图书馆出版社,2013：2-3.

及策略等。如丁文祎在分析中国少儿阅读现状基础上，归纳近年来中国公共图书馆及少儿图书馆的少年儿童阅读推广活动类型，列举典型活动案例，分析推广策略特点、经验和教训，进而探讨中国图书馆阅读推广活动的意义。[①] 朱淑华分析了我国公共图书馆在儿童阅读推广工作中存在的问题及具体解决策略等。[②]

还有不少对国外及港台地区未成年人阅读推广进行研究，介绍各国和港澳台地区阅读推广活动实例和成效，以及其先进的服务理念、经验和模式，并与国内进行比较等的论文。涉及国家大多以美国、德国、英国、日本、俄罗斯等国为主。如李慧敏分析了英国"BOOK阅读起步走运动"、美国"Born to Read"计划、德国"阅读测量尺"活动三个案例的特色和效果。[③] 张慧丽则详细介绍了美国"出生即阅读""图书馆——'启智'计划合作""图书馆里每个孩子都做好了阅读准备"三个项目实施的方法与效果。[④] 周樱格指出日本全民关注图书馆事业发展，用新意、诚意、爱意助力阅读，将少儿阅读推广始终置于首位等。[⑤] 比较研究方面，蔡晓丹介绍了欧美、港台地区、中国大陆推广青少年阅读的现状和事例，并对大陆与欧美、大陆与港台的青少年阅读推广进行比较分析，指出大陆推广青少年阅读的"内伤"等。[⑥]

此外，还有研究者将目光放在了以绘本为载体的未成年人阅读推广。2010年之后，有关早期阅读、绘本阅读的相关文章逐渐增多，多结合实践探讨绘本阅读推广的重要性、方式等。如陈亮分析了绘本阅读的特点，探讨了当前儿童绘本阅读存在的问题，论述了图书馆及教育机构可以开展的绘本阅读推广工作。[⑦] 蔡思明则以广州、合肥、江阴三地为例，介绍公共图书馆的绘本阅读活动，探

[①] 丁文祎.中国少儿阅读现状及公共图书馆少儿阅读推广策略研究[J].图书与情报，2011(2)：16-21，56.
[②] 朱淑华.公共图书馆与儿童阅读推广[J].图书馆建设，2008(10)：61-65.
[③] 李慧敏.婴幼儿童（0-6岁）阅读推广案例特色研究——以英国、美国、德国为例[J].图书馆工作与研究，2011(8)：109-112.
[④] 张慧丽.美国图书馆界儿童早期阅读推广项目管窥[J].图书馆工作与研究，2012(11)：113-116.
[⑤] 周樱格.日本图书馆阅读推广动向研究：案例分析与启迪[J].新世纪图书馆，2013(5)：23-26.
[⑥] 蔡晓丹.欧美、港台、大陆青少年阅读推广比较分析[J].图书馆理论与实践，2011（6）：31-34.
[⑦] 陈亮.由绘本打开阅读之门——谈儿童绘本阅读推广工作[J].山东图书馆学刊，2012(3)：55-58.

讨公共图书馆绘本阅读推广的基本模式。[1]而代表性专著则有"阅读推广丛书"中的《亲子阅读》[2]《悦读宝贝》[3]《共享阅读》[4]《绘本阅读》[5]四册，以及《阅读 创意 互动：绘本阅读推广的多元化策略》[6]《绘本阅读时代》[7]等。

其中，《亲子阅读》是送给0~12岁孩子的父母的阅读指导之书，《悦读宝贝》面向有0~3岁婴幼儿的家庭，《共享阅读》集中关注分享阅读，《绘本阅读》是图书馆界立足儿童阅读服务向大众普及绘本阅读，并利用图书馆文献资源优势推荐优秀绘本的大众普及型指导书。而《阅读 创意 互动：绘本阅读推广的多元化策略》是对广州图书馆"由绘本爱上阅读——公共图书馆少年儿童阅读推广实践研究"项目近三年来的研究成果和实践案例的梳理汇总。全书分为三个部分：上篇不仅有绘本书的基本知识及阅读推广、亲子读书会的组织和管理等内容，更是重点分析了公共图书馆绘本书阅读推广的多元化策略；中篇详细地阐述、分析、总结广州图书馆近年来开展绘本亲子阅读的一系列典型案例；下篇为手工绘本书的制作及案例，强调通过"绘"来手工制作"绘本"。全书没有拘泥于绘本与绘本阅读的理论研究与阐发，在重视图画书的"书本"阅读的同时，更是用实践与案例说话，翔实生动地展示和分析了图书馆的绘本阅读推广，其

---

[1] 蔡思明. 公共图书馆儿童绘本阅读推广研究——以广州、合肥、江阴三地的儿童绘本阅读推广为例 [J]. 图书馆杂志，2012(11)：46-50.
[2] 邱冠华. 亲子阅读 [M]. 北京：国家图书馆出版社，2010.
[3] 金德政. 悦读宝贝 [M]. 北京：国家图书馆出版社，2014.
[4] 吕梅. 共享阅读 [M]. 北京：国家图书馆出版社，2011.
[5] 王惠君. 绘本阅读 [M]. 北京：国家图书馆出版社，2011.
[6] 吴翠红. 阅读 创意 互动：绘本阅读推广的多元化策略 [M]. 广州：广州出版社，2013.
[7] 方素珍. 绘本阅读时代 [M]. 杭州：浙江少年儿童出版社，2013.

中"绘本DIY"、手工绘本书制作等内容更具有其创新之处。

此外，还有较为系统的对图书馆未成年人服务进行研究的专著。主要有2011年的《公共图书馆的未成年人服务研究》[1]和2012年的《公共图书馆未成年人服务》[2]。两书都名为"服务"，但主要内容都涉及未成年人阅读推广，都有论及公共图书馆未成年人服务的理论、政策、历史、现状及基本要素。相较而言，《公共图书馆的未成年人服务研究》更重理论，《公共图书馆未成年人服务》更重实践，两本书综合起来，可以说是对公共图书馆未成年人服务的理论和实践的系统性总结与提升。

（四）弱势群体的阅读推广

国际图书馆协会将特殊群体划分为年轻群体、政府群体和弱势群体。关于图书馆如何为弱势群体提供服务的问题，我国图书馆界已有所关注，2001至2010年十年间，有关图书馆为弱势群体服务的文献达300多篇。[3] 北京大学王子舟教授一直关注图书馆弱势群体服务问题，曾撰写多篇相关论文，并负责2005年国家社科基金重点项目"弱势群体知识援助的图书馆新制度建设"，与其弟子肖雪等合著的主要课题成果《弱势群体知识援助的图书馆新制度建设》[4] 于2010年出版。此书论述的弱势群体包括残疾人、老年人、农村贫困人口、农民

---

[1] 潘兵，张丽，李燕博.公共图书馆的未成年人服务研究[M].北京：国家图书馆出版社，2011.
[2] 范并思，吕梅，胡海荣.公共图书馆未成年人服务[M].北京：北京师范大学出版社，2012.
[3] 肖永英，何兰满.我国公共图书馆弱势群体信息服务文献综述（2001—2010）[J].图书馆论坛，2011(5)：1-5.
[4] 王子舟，肖雪.弱势群体知识援助的图书馆新制度建设[M].北京：国家图书馆出版社，2010.

工及其子弟、网瘾青少年等，分上、中、下三篇：上篇"理论研究"是论证、阐述弱势群体知识援助理论思想的主体部分；中篇"实践探讨"是探求如何在上篇理论思想的指导下，对主要几类弱势群体实施知识援助的有效方法；下篇"调查报告"是对几类弱势群体的知识能力及图书馆利用状况的社会调查成果的汇总。它是一本理论与实践相结合，同时也有现状研究的专著。

对弱势群体中的老年人的阅读推广进行研究的论文较少，且基本集中于老年人阅读现状的调查与实证研究，肖雪、牛秀荣等是此领域的重要作者。2010年，肖雪出版了《促进老年人阅读的公共图书馆创新研究》[1]，对老年人阅读进行了理论探讨和实践分析，运用问卷调查、典型案例、实地考察等科学方法对城乡老年人阅读进行了实证研究，对图书馆如何促进老年人阅读从宏观制度、中观策略和微观措施方面提出了创新性意见。同年，肖雪开始负责国家社会科学基金项目"图书馆促进老年人阅读的创新研究"的研究，以大样本的实证数据为基础对老年人阅读状况进行了专项问卷调

---

① 肖雪. 促进老年人阅读的公共图书馆创新研究 [M]. 天津：天津大学出版社，2010.

查。①牛秀荣等参与的 2013 年度河北省社会科学发展研究课题"河北省老龄读者阅读服务保障研究"的相关成果也主要通过问卷调查与访谈的方法，对老年人阅读特点等进行调查，提出以政府为主导、以图书馆为服务主体、社会共同参与的促进老年人阅读的服务保障机制②③。

  残障群体的阅读推广在近几年日益引起学界的重视，从国家社科基金课题到省级课题都有专题研究。中国国家图书馆陈力副馆长主持的"图书馆面向残疾人的服务模式与规范研究"是 2013 年国家社科基金重点项目，说明从国家层面对残疾群体读者有了很高的重视；华南师范大学束曼教授主持的国家社科基金一般项目"公共图书馆为阅读障碍人群服务的理论、方法与对策研究"将图书馆的研究视野投向了阅读障碍群体这一目前国内图书馆界较为陌生的领域，意义重大。深圳图书馆陈艳伟主持的 2011 年科研课题"视障读者的信息需求与服务策略研究"和广州图书馆谭绣文主持的 2012 年科研课题"数字阅读在视障服务中的应用研究"则是广东省文化厅连续两年对视障群体服务进行的专题立项研究课题。在论文研究方面，图书馆界主要侧重于视障读者，其他残障类型触及较少，内容上主要侧重于视障服务和数字阅读方面：视障服务侧重于分析服务现状、存在问题、视障活动的开展、视障志愿者和未来发展策略等方面；视障数字阅读侧重于新技术的应用、盲人电脑培训、视障专题网站建设等方面。针对残障群体阅读推广的专著较少，2013 年的《面向残疾人

---

① 肖雪，张伟. 我国老年人阅读行为调查 [J]. 国家图书馆学刊，2014(6)：17-27.
② 牛秀荣，谢巧玲. 老年人阅读现状实证研究 [J]. 图书馆研究，2014(5)：97-101.
③ 牛秀荣. 老年人群体阅读调查研究 [J]. 图书馆学刊，2014(7)：70-74.

的数字图书馆服务》①一书从数字图书馆的角度分析了残疾人阅读服务,深入调查分析国内外图书馆界对残疾人服务的理论研究与前期实践,并在此基础上,论述面向残疾人的数字图书馆建设形式、特点、技术应用及读者利用等内容,为解决图书馆界如何为残障群体提供阅读服务的难题提出了一些开创性意见。

(五)数字阅读推广

国内学者对网络阅读的探索可以追溯到1997年,2000年以后逐渐成为研究热点。随着移动互联网的崛起,从2008年起,移动阅读逐渐成为新的研究热点。国内数字阅读研究关注的主要问题包括网络与移动阅读的内涵与特征、行为模式等基础理论,以及网络与移动阅读指导、服务推广等应用研究。

在数字阅读推广理论方面,学者们主要对网络与移动阅读的定义、特点、行为模式、与传统阅读的关系等基础理论问题进行探索。目前国内关于数字阅读尤其是移动阅读行为的分析成果较多,且以高校大学生作为主要研究对象。网络阅读与传统阅读的关系研究主要通过比较研究探索网络阅读带来的阅读环境、阅读方式、阅读思维模式、阅读心理认知等方面的变化。

在数字阅读推广应用方面,学者们主要围绕数字阅读技术与系统开发、数字阅读指导与服务推广、数字阅读推广策略与模式等问题展开研究。王文平②、张青③等研究了图书馆对读者网络阅读进行指导和服务的策略,包括加强馆藏数字阅读资源的建设,对读者网络阅读进行培训与导航,加强与读者的沟通,有效监管网络信息资源,通过多种活动与平台开展服务等;谢蓉、张丽认为随着数字阅读的兴起,新一代的图书馆阅读推广需要积极运用阅读2.0,如与读者互动、与"豆瓣"双向互检的OPAC2.0的运用,海量信息的整合及一键搜索,众多Web2.0工具的混搭,及区域图书馆共享优势的发挥等。④谢蓉还总结出数字

---

① 张炜.面向残疾人的数字图书馆服务[M].北京:国家图书馆出版社,2013.
② 王文平.大学生网络阅读与高校图书馆的对策[J].大学图书情报学刊,2009(1):84-86.
③ 张青.高校图书馆如何对大学生进行网络阅读指导[J].教育与教学研究,2010(10):72-73,105.
④ 谢蓉,张丽.阅读2.0:新一代的图书馆阅读推广[J].大学图书馆学报,2009(6):16-20,45.

时代三种比较普遍且有代表性的图书馆阅读推广模式，即社会化媒体推广模式、电子阅读器借阅模式和移动图书馆推广模式。①

第三节　国内图书馆阅读推广研究的不足与展望

一、国内图书馆阅读推广研究存在的不足

（一）理论研究仍需加强，对实践指导不够

阅读推广是一个应用性领域，但也存在许多基础理论问题，对这些问题进行较为透彻的研究方能指导图书馆人自觉开展阅读推广。

目前，学界非常关注阅读推广活动的各种表象，泛泛而论者较多，对阅读推广基础理论的研究较为匮乏，具有前瞻性、对阅读推广实践活动具有指导意义的理论研究也相对较少，这一现状已经成为图书馆界自觉、普遍开展阅读推广，提升阅读推广品质的主要障碍之一。

此外，阅读推广的实证研究方面，较新的研究成果有于良芝等人介绍了新兴的循证图书馆学（EBL），认为 EBL 所强调的基于研究证据的实践模式适用于图书馆阅读推广活动效果研究、阅读推广材料研究等②，但这方面的研究成果还太少，缺乏恢宏之作。

总体而言，当前的阅读推广理论研究远远落后于实践，已有的理论成果对阅读推广活动的实际指导作用有限。阅读推广应"两手抓"，理论研究与实践工作两手都要硬，不能顾此失彼。

---

① 谢蓉.数字时代图书馆阅读推广模式研究 [J].图书馆论坛，2012(3)：23-27.
② 于良芝，于斌斌.图书馆阅读推广——循证图书馆学（EBL）的典型领域 [J].国家图书馆学刊，2014（6）：9-16.

（二）对阅读推广活动的效果评价研究较少

当前我国图书馆的阅读推广存在只关注活动的开展、不关注后期活动效果评价及其研究的问题，或者说还没有就如何科学、客观、有效地评价阅读推广进行系统研究。虽有岳修志[1]和姚显霞[2]等基于读者问卷调查开展了此类研究，提出了高校阅读推广活动的评价指标并进行了分析，但这样的研究还太少，公共图书馆界更是缺乏相关研究。

许多图书馆的阅读推广活动即使有后续的总结，也多以参与的人数、活动的规模、媒体的关注度等作为活动评价的依据。而这些指标都是从图书馆自身的角度出发，忽略了读者的实际需求。阅读推广活动的效果评价需要一套综合考虑读者、图书馆两方面因素，科学的、多点观测的评价指标体系。一是基于图书馆的评价指标，如经费是否合乎预算、常规业务开展是否受到影响、媒体关注度是否有较大提高等；二是基于读者的评价指标，如活动内容是否受欢迎、宣传口号是否鲜明诱人、推荐书目是否适用、环境布置是否优雅、服务是否到位等。图书馆学界需通过大量深入的调查、分析、研究，逐步建立并完善阅读推广活动的效果评价体系，来立体、全面地考察阅读推广活动，以指导、推进阅读推广活动的有效开展[3][4]。

（三）针对特殊群体的阅读推广研究不足

不同的阅读主体具有不同的阅读特点、心理需求及行为模式等，他们对阅读推广有不同的需求。图书馆阅读推广应最大限度地考虑到所有不同的群体和他们的阅读需求，针对不同类型人群进行阅读推广的服务定位与服务策略等研究。

---

[1] 岳修志. 基于问卷调查的高校阅读推广活动评价 [J]. 大学图书馆学报，2012（9）：101-106.
[2] 姚显霞. 基于读者问卷调查的高校阅读推广活动评价与分析：以中原工学院为例 [J]. 图书馆论坛，2013（1）：144-147.
[3] 王波. 图书馆阅读推广亟待研究的若干问题 [J]. 图书与情报，2011（5）：32-35，45.
[4] 彭年冬，贺卫国. 我国阅读推广研究述评 [J]. 图书馆工作与研究，2014（3）：93-97.

从已有研究可以看出，我国图书馆界的阅读推广研究集中在成年人、学生、城市居民等群体上，侧重于一般阅读问题，而对残障人士、幼儿、老年人、外来务工人员及农村阅读服务等的关注度还不够。但实际上，阅读推广的服务目标是使不爱阅读的人爱上阅读、使不会阅读的学会阅读、使阅读有困难的人跨越阅读障碍。[1] 特殊群体是阅读推广的重点人群，为特殊群体提供服务是图书馆义不容辞的责任，因此应加强对特殊群体阅读推广的研究。

（四）对国外阅读推广进行深入研究的较少

我国图书馆学界对国外阅读推广开展研究的学者较少，目前虽有一些关于国外阅读推广的研究文献，但内容多为阅读推广活动介绍及少量经验总结，研究的国家相对集中于英、美、日等发达国家，缺少对国外阅读推广先进理论和实践经验的深层次研究和中外阅读推广的比较研究，也少有对其他国家阅读推广的介绍与分析。学界应拓宽信息渠道，通过介绍、引入、对比等多种方式进行研究，以拓宽我国阅读推广理论研究和实践活动的思路，推动阅读推广活动更好、更有效地开展。

二、国内图书馆阅读推广研究展望

针对国内阅读推广研究中的不足，学界应加强阅读推广基础理论研究，开展阅读推广活动有效性和评价体系的研究，加强对特殊群体阅读推广的研究，加强对国外阅读推广的深入研究和中外阅读推广的比较研究。其中，阅读推广领域亟待研究的基础理论问题有：阅读与阅读推广的关系、阅读推广的基本概念、阅读推广与现代图书馆理念、阅读推广的理论目标等。[2] 学界需要对这些问题进行研究，引导阅读推广走向理论自觉。此外，图书馆学界的阅读推广研究还可有以下发展方向。

---

[1] 范并思. 阅读推广与图书馆学：基础理论问题分析 [J]. 中国图书馆学报，2014（5）：4-13.
[2] 范并思. 阅读推广的理论自觉 [J]. 国家图书馆学刊，2014（6）：3-8.

（一）对阅读推广长效机制的研究

目前我国的阅读推广存在节日式、运动式、嘉年华式的活动特点，多为自上而下地层层动员，行政指令在其中起着重要作用。我国图书馆界可调研、借鉴国外的先进经验，摒除国内现有阅读推广模式的弊端，科学策划，加强论证，长期定时开展活动，逐步建立起阅读推广的长效机制[1][2]。

（二）对阅读和阅读文化的研究

阅读与图书馆息息相关，与阅读推广相关的包括阅读的目的与意义、阅读的类型与特点、各种群体的阅读行为特征及阅读文化等。这类研究在西方图书馆学的早期研究中较为普遍，其中芝加哥学派的研究较具代表性。[3]而在我国图书馆界，阅读研究一直处在较为边缘的地带，近年来虽有所"回温"，但还是有必要加强此方面的研究，为图书馆开展阅读推广服务提供基本理论的支撑。

（三）对阅读环境和阅读推广人力资源的研究

阅读推广的活动化与碎片化对图书馆阅读环境提出了更高、更复杂的要求。国内外不少图书馆为了适应这一变化，进行了一些空间创新，但国内学界关于此领域的研究还未开展起来。同时，阅读推广还对开展相关活动的图书馆员提出了更高的要求，馆员不仅需要有主动性与创造力，更需具备阅读推广的相关知识。如何对阅读推广馆员进行培训，如何配置合理的阅读推广人力资源等问题都有待进一步的研究。

---

[1] 彭年冬.我国阅读推广研究述评[J].图书馆工作与研究，2014（3）：93-97.
[2] 王波.图书馆阅读推广亟待研究的若干问题[J].图书与情报，2011（5）：32-35，45.
[3] 范并思.阅读推广的理论自觉[J].国家图书馆学刊，2014（6）：3-8.

思考题

1. 国内图书馆阅读推广研究经历了什么样的发展阶段？
2. 国内图书馆阅读推广研究主要有哪些方面的内容？
3. 目前国内图书馆阅读推广研究存在哪些不足？

> **小贴士：**
> 更多内容见延伸阅读材料《阅读推广研究的主要内容》和《图书馆阅读推广——循证图书馆学（EBL）的典型领域》。

第三讲
国外及中国港澳台地区图书馆阅读推广的历史与现状

张盈芳 张 章[*]

第一节 国外图书馆阅读推广的历史演变

一、国外图书馆阅读推广的发端（1850—1939年）

近代最早的公共图书馆发端于19世纪的英国。1850年，英国议会即通过了世界上第一部全国性的《公共图书馆法》，授权地方议会为免费图书馆征税，它标志着公共图书馆制度的正式确立。[①] 被称为"现代公共图书馆之父"的英国图书馆学家爱德华兹依据这一法案于1852年创建了曼彻斯特公共图书馆。学界普遍认为，这是世界上首座现代意义上的公共图书馆。爱德华兹设想的免费、平等、开放和平民化的价值观，构成了公共图书馆基本精神的一部分。此后，19世纪后期至20世纪初期欧美各国公共图书馆开始在数量上有了空前的发展。

在英美图书馆出现的早期，图书馆业务活动的重点是馆藏建设及对馆藏文

---

[*] 张盈芳，深圳图书馆馆员，深圳图书馆阅读推广导刊《行走南书房》编辑，参与2013年国家社科基金课题"公共图书馆开展全民阅读活动与建设学习型社会研究"。
张章，南开大学哲学系硕士毕业，现就职于中国图书馆学会秘书处，主要从事阅读推广工作。
[①] 中国大百科全书总编辑委员会.中国大百科全书 图书馆学·情报学·档案学[M].北京：中国大百科全书出版社，2002：422.

献的管理。但在图书馆这样一个以"阅读"为主要标志的人群聚集的场所,一切有利于促进民众阅读的活动是必不可少的,这些活动被认为是图书馆的"扩展活动"。这些"扩展活动"几乎都具有文化与教育性质。如在公共图书馆里成立文学社团和机械研究社团,以此为阵地开展各类公益讲座、科学与艺术类课程,以及各种颇具地方文化特点的活动等。在1851—1888年的英国,公开讲座是公共图书馆十分热衷的一项活动。此外,阅读和音乐演奏活动也经常举办。[①]而日本在二战前就兴起了阅读推广活动,不过其内容仅仅是读书指导,较为常见的形式是读书会、巡回文库等[②],主要由各公共图书馆推广开来。1924年,日本图书馆协会发起"读书周"活动,并于1933年更名为"图书馆周"。

虽然阅读推广活动在图书馆建设较为发达的国家已经出现,但在20世纪20年代末以前,建立在现代阅读研究基础上的阅读推广是匮缺的。

1930—1939年,欧美图书馆界的阅读研究获得快速发展。尤其美国图书馆界的研究热情空前高涨,其影响力后来辐射至欧洲。这十年的研究内容涉及:哪些人在阅读书籍或杂志、人们的阅读动机是什么、阅读习惯和兴趣如何、对资源的需求及阅读的效果等。[③]其中,"芝加哥学派"的韦普尔斯是图书馆界阅读研究的代表人物,他在1931年出版的《人们想阅读什么》一书中着重关注"读者"和"读者想要阅读的读物"。这些研究对改进图书馆服务尤其是指导读者的阅读活动大有裨益,它直接引发了图书馆读者咨询业务的开始。但随着第二次世界大战的爆发,各国图书馆界的阅读推广实践和研究都进入相对停滞的阶段。

二、国外图书馆阅读推广的再出发(1945年至20世纪90年代初)

1945年第二次世界大战结束后,国际社会对阅读的关注度日益提升,国际性的阅读组织开始出现并引领和倡导全球阅读活动。

1946年,联合国教科文组织成立,它是促进全民阅读的全球性机构,倡导和组织了关于和包含阅读推广的很多活动。在这些活动中,各类图书馆被赋

[①] 李超平.公共图书馆宣传推广与阅读促进[M].北京:北京师范大学出版社,2013:246.
[②] 赵俊玲,郭腊梅,杨绍志.阅读推广:理念·方法·案例[M].北京:国家图书馆出版社,2013:58.
[③] 李超平.公共图书馆宣传推广与阅读促进[M].北京:北京师范大学出版社,2013:247.

予了重要使命，作为重要的教育和文化机构发挥了极其重大的作用。1949年，联合国教科文组织起草和发布了《公共图书馆宣言》，国际图书馆协会联合会（IFLA，以下简称"国际图联"）一直参与其中。此宣言正式表达了世界文化知识界和图书馆界对公共图书馆的基本立场，后在1972年和1994年做了两次修订，但其主要精神是一以贯之的。它指出"公共图书馆是传播教育、文化和信息的一支有生力量"，并强调为儿童和残障人士提供服务。1970年，联合国教科文组织在第16届大会上通过决议，把1972年定为"国际图书年"，主题口号为"书为人人"（Books for all），这亦是国际图书十年项目的开始。它倡导人们养成阅读的良好习惯，促进图书馆的发展是其重要内容。1982年，联合国教科文组织在世界图书大会上正式提出"阅读社会"的概念，希望建设一个人人有书读、个个爱读书的社会，即"走向阅读社会"项目。

此外，成立于1956年的国际阅读协会（IRA）是一个国际性的专事阅读推广的专业组织，图书馆员是其重要的会员组成。还有1953年成立的国际儿童读物联盟（IBBY），这是一个国际性的非营利性的联盟组织，以为儿童创造更多的读物为使命。1967年，它把4月2日定为"国际儿童图书日"，以期唤起人们对读书的热爱和对儿童阅读的关注。国际图联亦长期致力于阅读兴趣和阅读能力的培养和提高。1989年，国际图联在巴黎召开的前期会议的主题为公共图书馆与素养问题，自此，素养成为国际图联大会的重要主题。

同一时期，在美、日等阅读推广起步较早的国家，图书馆的阅读推广经历了再出发的过程，图书馆协会及专门的阅读推广组织逐渐成为阅读推广的重要力量。英国的阅读推广也开始兴起，而图书馆在其中的主导地位是毋庸置疑的。

第二次世界大战结束后，日本社会进行了民主改造，公共图书馆"成为了民主主义的基础"。图书馆的阅读推广活动也在扬弃战前活动的基础上向着"读书普及运动"发展起来。[1] 1947年，日本恢复战时废止的"读书周"活动，活动形式逐渐由传统单一的读书指导向多样化发展。1949年，日本政府推出"读书周制度"。

---

① 赵俊玲,郭腊梅,杨绍志.阅读推广：理念·方法·案例[M].北京：国家图书馆出版社，2013：58-59.

1959年起,将每年的5月1日到14日的两周定为"儿童读书周"。同年,由图书馆界与出版界、文化界等相关行业共同组成的全国性的推广阅读活动的组织"读书推广运动协议会"成立,全面规划和整合本区域内的相关阅读设施和资源,同时利用社会力量来推动阅读的普及。[1]可见,这一时期日本的阅读推广向着体系化、组织化和社会化发展,有了完善的计划和方案,更趋成熟。到了20世纪七八十年代,日本图书馆的阅读推广活动开始了更进一步的变化——从注重团体到注重个人。[2]

美国图书馆协会早在1953年就发布了《阅读自由宣言》,宣扬民主社会、民众自由阅读的理念。1958年3月,美国华盛顿举办了全国性的"图书馆周"活动,"读50本书""尽你所能阅读的……""读书使你进步"等都曾成为其鼓励全民阅读的主题口号。[3]1977年,美国国会立法通过成立"国会图书馆阅读中心",以阅读推广为核心使命。从1984年起,国会图书馆阅读中心在各州设立了52个子中心,并从1987年起,发起"国家阅读推广伙伴"计划,吸收了众多组织成为它的阅读推广伙伴。国会图书馆阅读中心发起并组织了一系列有创意、影响深远的全国性阅读推广品牌项目,早期的有如1987年的"全国读者年"、1989年的"青少年读者年"、1991年的"终身读者年"、1992年的"探索新世界——阅读!"等。[4]

英国是世界上图书馆事业最发达的国家之一,其阅读推广活动发端于20世纪80年代,兴起于90年代。20世纪80年代,一些图书馆获得了公共图书馆发展激励计划的基金支持,开始举办一些文学作品的推广活动。[5]1992年,一个主题为"阅读未来:公共图书馆中的文学场所"的重要会议召开,发布了第一个图书馆基金,成为英国图书馆阅读推广事业的转折点。[6]同年,一项专门针对学龄前儿童的早期阅读计划,即后来为世人所熟知的"阅读起跑线"计划开始实施,它由英国图书信托基金会发起,并联合伯明翰图书馆服务部、南伯明翰卫生局和伯明翰大学教育学院共同实施。图书馆是其中重要的参与者,除了为婴幼儿办理

---

[1] 曹磊.二战前后日本公共图书馆阅读推广活动的演变[J].公共图书馆,2012(3):80-82.
[2] 赵俊玲,郭腊梅,杨绍志.阅读推广:理念·方法·案例[M].北京:国家图书馆出版社,2013:59.
[3] 徐雁.书爱众香薰:全民阅读推广的时代使命[J].图书馆杂志,2011(11):33-38.
[4] 赵俊玲,郭腊梅,杨绍志.阅读推广:理念·方法·案例[M].北京:国家图书馆出版社,2013:28.
[5] 秦鸿.英国的阅读推广活动考察[J].图书与情报,2011(5):46-50,55.
[6] 林华.国内外公共图书馆阅读推广活动比较[J].当代图书馆,2013(4):48-50,73.

图书馆卡，还将面向婴幼儿的"朗读时间""故事时间"办成固定的服务项目。[①]

三、国外图书馆阅读推广的兴盛（1995 年至今）

世界范围内全民阅读的兴起肇始于 20 世纪 90 年代中期，其标志性事件是 1995 年联合国教科文组织将每年的 4 月 23 日确立为"世界图书与版权日"（又译为"世界读书日"），以此致敬于给社会带来知识与力量的书籍及其作者们，并鼓励人们，尤其是年轻人要善于在生活中积极发现读书之乐。有 100 多个国家参与了这项活动，许多国家如美、英、法、日、俄、新加坡等以这一天为核心，把其前后一周或一个月定为全民读书周或全民读书月，举办多种多样的阅读推广活动，而举办相应读书节庆活动的城市更是数不胜数。

1997 年，联合国教科文组织号召发起国际"全民阅读"运动。这一号召得到广泛响应，"全民阅读"项目在众多非洲国家、欧洲多个国家及澳大利亚开展，"全民阅读"的理念更是在全球范围内得到传播和认同，开展全民阅读成为世界各国文化发展的时代潮流。[②]

1995 年以来，不仅美、英、日等"老牌"阅读大国的图书馆推广阅读活动日渐兴盛，韩国、新加坡、俄罗斯等众多后起之秀亦开始涌现，并于 2005 年起愈发繁盛，在全球范围内形成热潮。这一时期，各国的阅读推广具有以下特征：一是各国相继颁布推广阅读的政策、法案或法令，以全国之力推广阅读；二是阅读推广活动越发成熟与系统化，陆续出现覆盖全国乃至辐射到全球的大型阅读推广项目。

美国政府自 1995 年起推出了相关政策、法案和项目等来推广阅读，如：1997 推出"美国阅读挑战"行动，动员全国民众帮助儿童提高阅读能力；1998 年通过《卓越阅读法》，通过公共图书馆、社区、家庭等团体的良性互动为家庭提供阅读服务；2002 年制定《不让一个孩子落伍法》，提出阅读优先政策；2009 年奥巴马继续推行全民阅读方案；等等。作为美国全民阅读运动的核心力量之一的国会图书馆阅读中心持续发起了一系列阅读推广活动，如 1998 年的"一城一

[①] 李超平. 公共图书馆宣传推广与阅读促进 [M]. 北京：北京师范大学出版社，2013：215.
[②] 刘亮. 联合国教科文组织的阅读推广活动与图书馆 [J]. 图书与情报，2011（5）：39.

书"活动、2001年的"国家图书节"、2006年的"大阅读计划"、2008年的"全美青少年文学大使选拔"、2010年的"随机接龙活动"等。其中，源于美国西雅图公共图书馆华盛顿阅读中心的"一城一书"活动，经由美国图书馆协会推广，数年间风行全美，并向世界各地蔓延，目前已在欧洲、大洋洲、亚洲的许多国家及城市开展。2010年，"一城一书"活动的理念还延伸至网络世界，出现了"一书一推特"活动。[①]

英国于世界上首次提出"国家阅读年"概念，在1998年正式推出第一个国家阅读年相关活动，并在2008年启动第二个国家阅读年。图书馆在其中扮演重要角色，积极与企业联系获取帮助，举办活动吸引读者。2003年，英国文化、媒体和体育部发布图书馆事业的重要政策指南文件《未来的框架》，首次将"阅读推广和促进非正式学习"作为三个新的图书馆现代使命的首要使命，明确了现代图书馆职能向阅读推广的转化，代表了新世纪图书馆人对阅读推广的重新认识。[②]英国图书馆的阅读推广活动由此逐渐成为打造英国阅读文化的主要力量。1998年起，英国阅读社和各公共图书馆开始共同举办"夏季阅读挑战"活动，并逐渐发展为英国最盛大的阅读推广活动。至2011年，已有97%的公共图书馆参与其中。2008年英国阅读社还启动针对成年读者的6本书阅读推广活动，每年约有三分之二的公共图书馆参与。[③]而著名的"阅读起跑线"项目自1999年起逐渐波及全球，成为世界上第一个全球性的专为学龄前儿童提供阅读指导服务的计划。[④]它在日本、韩国、泰国、美国、加拿大、澳大利亚、墨西哥、德国、意大利、印度、中国台湾等20多个国家和地区设有分支机构，且其成员馆还在不断增加中。2014年，苏州图书馆正式成为中国大陆首家"阅读起跑线"成员馆。[⑤]

近年来，日本为推广阅读也相继颁布了一些重要法律和政策。1997年修

---

① 吴蜀红."一城一书"阅读推广活动的考察分析[J].大学图书馆学报，2012(4)：18-23.
② 范并思.阅读推广与图书馆学：基础理论问题分析[J].中国图书馆学报，2014（5）：4-13.
③ 李晓敏.中外图书馆阅读推广活动比较研究[D].河南科技大学，2012：37-38.
④ 陈永娴.阅读，从娃娃抓起——英国"阅读起跑线"（Bookstart）计划[J].图书馆理论与实践，2008（1）：101-104.
⑤ 苏州图书馆"悦读宝贝"加入英国"阅读起跑线"[EB/OL].[2015-04-03]. http://www.szlib.com/stzx/DynamicInformationShow.aspx?id=7&id1=354a45df-7b21-450a-b398-78070b0afe64.

正《学校图书馆法》；1999年将次年定为"儿童读书年"；2001年颁布《少年儿童读书活动推进法》，确定每年的4月23日为"儿童阅读日"；还在其立法宗旨下制定了《关于推进儿童读书活动的基本计划》；2005年通过并实施《文字及印刷品文化振兴法案》；2010年还开展了"国民读书年"活动。日本图书馆十分重视未成年人阅读推广，除了开展许多亲子阅读活动，还鼓励并指导部分家庭开展了"家庭阅读"活动。日本还从英国移植了"阅读起跑线"活动，由图书馆携手社会机构实施[①]。此外，日本的公立图书馆常与学校图书馆和其他图书馆通力协作，开展丰富的读书活动。

韩国也一直重视普及教育和全民阅读，1994年即制定了《图书馆与读书振兴法》，并于2006在其基础上制定了《图书馆法》和《阅读文化振兴法》。其全民阅读推广多以政府为主导，图书馆是其中的中坚力量。韩国国家图书馆作为图书馆界的代表，一直致力于推进国民阅读，尤其重视未成年人的阅读推广。其国家少年儿童图书馆近年来策划和推行了"与图书馆一起读书""多文化家庭共享读书""13~18岁书虫的图书馆冒险"、阅读培训班等一系列活动。[②]

此外，还有众多国家都通过积极推广全民阅读来强盛国家的文化建设。如素有家庭藏书传统、以爱书举世闻名的俄罗斯，于2006年发布《国家支持与发展阅读纲要》，催生了各种丰富多彩的全民阅读活动，如书展、图书节、读书比赛等。[③] 新加坡则以2005年起由国家图书馆管理局推出的"读吧！新加坡"年度全民阅读活动而闻名，每年在一特定主题下举办上百种阅读活动，参加人数逐年上升。[④]

全球范围内阅读推广活动的兴盛使得国际图书馆界进一步关注阅读推广研究。这些研究大多是基于实践的基础上开展理论研究，并开始以成功的研究带动阅读推广。如20世纪七八十年代美国学者Goldhor针对不同阅读推广形式（图书展览和推荐书目）而开展的系列研究，20世纪80年代末英国围绕

---

① 赵俊玲,郭腊梅,杨绍志.阅读推广：理念·方法·案例[M].北京：国家图书馆出版社，2013：60.
② 赵俊玲,郭腊梅,杨绍志.阅读推广：理念·方法·案例[M].北京：国家图书馆出版社，2013：64-65.
③ 徐雁,陈亮.全民阅读参考读本[M].海天出版社，2011：90-91.
④ 张文彦.新加坡阅读嘉年华（上）——"Read! Singapore"的发起与简介[J].出版参考，2008（10）：30.

"值得一读"（Well Worth Reading），20世纪90年代起英国围绕"阅读起跑线"（Bookstart），20世纪90年代末起美国围绕"一书一社区"（One Book, One Community），21世纪初起英国、爱尔兰围绕"激励读者"（Inspiring readers）等大型阅读推广项目开展的研究等。① 其中，英国"阅读起跑线"较为典型。英国伯明翰大学的教授Barrie Wade和英国纽曼大学的主讲师Maggie Moore在长达十余年的时间里，围绕"阅读起跑线"进行了十多项研究。这些研究的成果使"阅读起跑线"项目在培养低幼儿童阅读习惯、提升其阅读能力的价值等方面获得强有力的数据支撑，从而使该项目得以在英国和世界各地推广。② 2011年国际图联素养与阅读委员会还发布了《在图书馆中用研究来促进识字与阅读：图书馆员指南》来鼓励和促进图书馆在阅读推广中做研究。

第二节　中国港澳台地区图书馆阅读推广的历史

一、中国港澳台地区图书馆阅读推广的起步与发展（1980—2000年）

我国的港澳台地区受英、美、日等发达国家影响，图书馆界自20世纪80年代初即开始进行阅读推广活动。20世纪80年代初，港英政府即开始推出阅读计划，开展阅读推广活动。其中香港公共图书馆既是推广阅读的重要力量，同时也是连接各方力量的特殊纽带。1997年起创办的香港文学节，一直秉持推动本地的文学创作及阅读风气的精神，为市民提供多元化的文学活动。

台湾图书馆界在20世纪80年代也已开展阅读推广活动并于90年代逐步拓展开来。如台北市立图书馆于1987年创办"林老师说故事"活动，并于1991年起举办"好书大家读"活动，推选优良童书；1999年起则推出"儿童暑期主

---

① 于良芝，于斌斌. 图书馆阅读推广——循证图书馆学（EBL）的典型领域[J]. 国家图书馆学刊，2014（6）：9-16.

② 范并思. 阅读推广的理论自觉[J]. 国家图书馆学刊，2014（6）：3-8.

题阅读"活动，让亲子能体验共同阅读的乐趣，并认识阅读的多元性。1992年台中市图书馆举办"台湾好书交换活动"，后由台湾地区文化建设委员会在每年6~7月与公共图书馆、民间公益团体等联手推动。[①]

二、中国港澳台地区图书馆阅读推广的兴盛（2000年至今）

进入21世纪，港台地区图书馆在阅读推广活动中发挥愈发重要的作用，澳门图书馆界的阅读推广活动也开始兴起。

香港公共图书馆全年定期举办各种教育性及休闲性的推广活动。2002年开始举行"阅读缤纷月"暑期大型儿童活动，同年，还制订了"儿童及青少年阅读计划"，凡4~19岁的儿童青少年皆可参与，此计划逐步推广到各分区图书馆和学校图书馆，体现了公共图书馆和学校图书馆的良好合作。[②]至2012年，香港公共图书馆定期举办的活动达两万多项，包括儿童故事时间、书籍展览、图书馆简介讲座、小区讲座等，供不同年龄、组别和兴趣的市民参加。其中，规模较大的有"阅读缤纷月"、"与作家会面"讲座系列、"香港公共图书馆青少年读书会与家庭读书会"和"香港书奖"。同时，还重视在小区内的阅读推广，在各区公共图书馆与所属的区议会紧密沟通和合作下，举办了多项由小区参与筹划的图书馆活动。[③]

台湾高雄市立图书馆于2001年结合各公益团体组成"高雄说故事妈妈"志工队，为儿童说故事，以培养儿童对阅读的兴趣。桃园县文化局图书馆自2003年师法美国"一书一城"的活动，推出"一书一桃园"活动。台中市文化局图书馆于2005年推行"借书得来速"服务，鼓励无暇为子女选书的家长到馆借书，并带动阅读风气。[④]相关图书馆还开展了"爱乡！读乡！公共图书馆推动阅读计划"及"自在学习——健康台湾"图书馆系列活动等。台湾乡镇图书馆的阅读推广活动十分活跃。以位于台东县的鹿野乡立图书馆为例，图书馆以"小乡村大书房——筑梦未来"为服务理念，以反映鹿野乡的产业与族群文化为特色，

---

① 陈书梅.从台湾阅读推广活动之现况谈公共图书馆之阅读指导服务[J].图书馆建设，2006(5)：78-81.
② 香港中央图书馆推广活动[EB/OL].[2015-03-28].http://www.hkpl.gov.hk/sc/hkcl/events/index.html.
③ 中国图书馆学会，国家图书馆.中国图书馆年鉴（2013）[M].北京：国家图书馆出版社，2014：281.
④ 陈书梅.从台湾阅读推广活动之现况谈公共图书馆之阅读指导服务[J].图书馆建设，2006(5)：78-81.

常年开展书目疗愈推广、青少年阅读、妇女阅读、原新住民阅读等活动，为活跃台湾的乡镇文化发挥了积极的作用。

  台湾地区的图书馆十分注重阅读推广人才的培养，多年来持续不断地对基层图书馆工作人员、读书会带领人、故事妈妈、图书馆志愿者等进行培训，以便让更多人深入社会的各个角落推广阅读。"全国儿童阅读运动实施计划"和"儿童深耕阅读计划"，都把阅读种子教师培训及阅读志愿者培训作为计划的重要内容。台中图书馆近年来以辖区乡镇图书馆为对象，分区举办了多项培训活动，目的就在于增强馆员的专业技能，强化馆员服务读者的热忱。台北图书馆连续举办了多期读书会领导人培训班以培训读书会人才，高雄市立图书馆则进行了"故事妈妈"的培训与认证。[1] 台湾儿童阅读的推动，"故事妈妈"是一支重要的力量。这是一群经过培训的志愿工作者，通常开始参与是在孩子的班级里说讲故事，而后进一步在学校图书馆进行导读、故事剧演出等活动。他们彼此交流经验，共享研习资源，甚至登记成为社会团体如"台北市故事协会"。许多"故事妈妈"的孩子都已经上大学了，还在儿童阅读这个领域里愉快地耕耘并且发挥影响力，长久以来对儿童阅读推广产生了深远影响。

  澳门的阅读推广活动主要是由澳门中央图书馆及其分馆开展的。澳门中央图书馆于2002年起举办一年一度的"图书馆周"活动，围绕不同主题开展阅读推广活动。[2] 还于2006年起，在"世界读书日"前后开展"逾期期刊义卖"和"好书交换"等读书活动。[3] 如今，澳门图书馆界的阅读推广活动愈发多样化，形式既有书展、阅读比赛、演讲、游戏、话剧、图书交换、义工服务、参观交流等，还有每年一度的图书馆周、六一儿童节、书香文化节、书市嘉年华及终身学习周的系列活动，非常丰富多彩。[4]

---

[1] 曹桂平.关于台湾地区阅读推广活动的思考[J].图书馆建设，2010（3）:78-82.
[2] 澳门中央图书馆活动及课程[EB/OL].[2015-03-28]. http：//www3.icm.gov.mo/gate/gb/www.library.gov.mo/cn/useful/activities.aspx.
[3] 徐雁，陈亮.全民阅读推广手册[M].海天出版社，2011：75.
[4] 中国图书馆学会，国家图书馆.中国图书馆年鉴（2013）[M].北京：国家图书馆出版社，2014：286.

第三节 国外及中国港澳台地区阅读推广的启示

一、国家的力量

无论是欧洲还是亚洲，政府对全民阅读推广活动的倡导与推动是十分有力的。在美国，阅读推广早已成为美国政府的重要事务。如1987年，里根总统亲自签署文件，将该年定为"全国读者年"；2006年前总统克林顿发起"美国读书运动"；2009年，奥巴马总统继续推行全民阅读方案等。英国通过国家文化战略和终身学习政策来推动国家的文化建设，如"国家阅读年"的设立、"阅读起跑线"全球性计划的制订，皆是通过国家计划的实施来扩大活动的规模和影响。日本政府亦是阅读推广活动的主导力量，"儿童读书年""国民读书年"都是由日本国会参众两院通过决议设立发起的读书运动，将阅读推广定位于国家战略层面。举国家之力，推动全社会阅读，无疑力量是强大的。

二、制度的保障

阅读推广活动能够长期有效持续地发展，制度的保障是关键。美国、英国和日本等国家专为阅读活动立法，以确保阅读活动顺利实施。美国1995年发布《美国图书馆事业发展的十二条宣言》，明确图书馆为公众服务的义务；1998年，教育学会发动全美阅读运动，国会通过了《卓越阅读法》；2002年，布什政府颁布的名为《不让一个孩子落伍法》的中小学教育法案，以提高儿童阅读能力的阅读优先计划为其政策主轴之一。英国2003年发布公共图书馆发展战略性文件《未来的框架》，为英国的公共图书馆描绘了一个十年蓝图，将公共图书馆的阅读推广活动纳入了更广阔的社会文化战略层面。日本为了推动青少年阅读活动出台了多部法律：1998年实施"清晨读书"规划，形成了全国性的"晨读运动"；2001年国会通过了《少年儿童读书活动推进法》，以其为宗旨制订的《关于推进儿童读书活动的基本计划》经多次修订，详细规划了基本计划期间促进日本全国儿童读书的活动。

三、社会的联动

除了政府的推手及制度的抓手,全社会上下联动开展活动的机制,也是国外阅读推广活动呈现勃勃生机的重要因素。在国家的倡导下,公共图书馆、出版社、学校、社区、传媒企业、民间团体、慈善机构、基金会、个体志愿者等多方合作,形成合力,充分利用各自的优势与特点,策划与组织开展各项活动,推动国民阅读。如美国的"大阅读计划"活动,起初由美国国家人文艺术基金会、博物馆和图书馆服务学会、美国中西部艺术基金会等多方机构共同发起,而后美国几乎所有州的众多社区包括乡村都参与到活动中来。从2007年到2012年,全美累计共有1018个地区参与了该活动。英国的"阅读起跑线"计划由英国图书信托基金会、伯明翰图书馆服务部、基层医护服务信托基金会联合发起,目前,已发展成为一个由政府及私人机构赞助,文化艺术、教育和健康三大公共服务机构负责活动开展工作,一家慈善机构负责日常管理的大型计划。日本的"晨读活动",政府从立法、政策和资金上提供保障,学校组织读书,媒体宣传报道,文部省成立"晨读推进协议会",与东贩图书公司合作定期对晨读推广情况进行跟踪、调查。各机构分工明确、配合默契。

四、公共图书馆的主导性

在国外各国开展的阅读推广活动中,公共图书馆的主导地位是毋庸置疑的。尤其在欧美发达的社区文化中,公共图书馆发挥着强大的功能,承担着满足社区居民文化需求、提高国民文化素养、增进社区居民凝聚力等重要使命。各个国家的阅读推广计划中,公共图书馆都起到了至关重要的作用。如发起于美国西雅图公共图书馆华盛顿阅读中心的"一城一书"活动,经由美国图书馆协会倡导发展到全美,美国国会图书馆的阅读中心及其附属的州公共图书馆阅读中心皆是各地"一城一书"活动的主要举办者。日本的图书馆是阅读推广活动的执行机构,从其阅读推广活动的历史来看,第二次世界大战之前的读书指导活动就是各公共图书馆推广开来的。在《关于推进儿童读书活动的基本计划》(2008年)中,强调图书馆是儿童阅读环境的重中之重,提出要进一步充实公共图书馆和学校图书馆,并且强化其阅读推广职能。为此,该计划设定全日本90%的公共图书馆要提供阅读推广信息。在此期间，日本国会图书馆完成了东京的日本国会图书馆、国际儿童图书馆和日本国会图书馆关西新馆的宽带网络连接，通过因特网向全国少年儿童提供喜闻乐见的书目指导。

五、世界的影响力

海外阅读推广活动起步较早，活动不仅在本国开展得轰轰烈烈，起到了提高国民素质、打造阅读社会、复兴本土文化的作用，其影响力还辐射到世界各地，带动了世界各国阅读推广活动的发展。如发起于美国西雅图的"一城一书"活动，数年间风行全美，并迅速向世界各地蔓延，全球反响强烈。加拿大于2002—2007年举办了名为"加拿大阅读"的"一国一书"活动。被誉为世界文学城市的英国爱丁堡于2007年春天展开了"一城一书"活动。在第18届"法国读书节"中，"一城一书"活动不仅在本国各大城市开展，甚至涉及到了100多个合作国家。2010年，有人发起了"一书一推特"活动，通过网络的力量凝聚世界各地的网民共组读书会。

思考题

1. 1945年以来，美、英、日等国家的图书馆阅读推广呈现出什么样的发展趋势？
2. 中国港澳台地区的阅读推广经历了哪些发展阶段？每一阶段的特点是什么？

> **小贴士：**
> 更多内容见延伸阅读材料《台湾地区的阅读推广活动考察分析》。

第四讲
我国图书馆阅读推广的历史、现状及发展

窦英杰[*]

第一节 我国图书馆阅读推广的历史与现状

20世纪90年代中期,我国全民阅读活动开始兴起,而图书馆的阅读推广活动也伴随着这股风潮开始发展,图书馆界逐步确立起在全民阅读推广中的主导地位。

一、图书馆阅读推广活动的兴起

1994年,由广西壮族自治区首先发起"知识工程"。1997年这项社会文化系统工程拓展到了全国。1997年1月,中宣部、文化部、原国家教委、原国家科委、原广播电影电视部、原新闻出版署、中华全国总工会、共青团中央、全国妇联九个部委联合发出《关于在全国组织实施"知识工程"的通知》,提出实施"以发展图书馆事业为手段,以倡导读书、传播知识、推动社会文明与进步为目的"的"知识工程",其中九部委由中宣部和文化部牵头,具体操作者则是文化部图书馆司。这标志着全民阅读推广工作上升到了国家文化政策的层面。

---

[*] 窦英杰,深圳图书馆副研究馆员,中图学会阅读推广委员会秘书长。参著《公共图书馆读者活动案例》等,为国家社科基金项目《公共图书馆开展全民阅读与建设学习型社会研究》项目组成员。

图书馆更是在这一工程中获得了扶持和鼓励。2000年,作为全国"知识工程"的重大项目,全国知识工程领导小组把每年的12月定为"全民读书月",开展了多种丰富多彩的阅读活动。活动以文化企事业单位为主力军,也没有忽视以此为基础提升图书馆系统的服务能力和质量。至2003年12月开展第四届"全民读书月"活动时,该活动交由中国图书馆学会组织实施。2004年起,为了响应"世界读书日"的号召,"全民读书月"改为每年4月。2004年4月23日,全国知识工程领导小组和文化部联合主办、中国图书馆学会和国家图书馆承办的以"倡导全民阅读、建设阅读社会"为主题的"世界读书日"宣传活动拉开序幕。由此,我国的"全民读书月"活动与"世界读书日"接轨,亦代表着中国的全民阅读推广与国际接轨。此后每年"世界读书日"前后,中国图书馆学会都会牵头组织大型的倡导读书的公益活动,并带动全国各地图书馆开展丰富多彩、声势浩大的阅读推广活动。2005年初,中国图书馆学会首次召开"新年峰会","图书馆与社会阅读"是重大议题之一。至此,图书馆界完成了从全民阅读活动的参与者到引导者的角色转换,明确了图书馆界在全民阅读推广中担任组织、引导和实施的任务。

这十年,各图书馆尤其是公共图书馆积极参与、推动全民阅读。仅就公共图书馆而言,《中国图书馆年鉴》的数据显示,1995年全国公共图书馆共举办读者活动21232次,参加人次为9316千人次,在其后的十年里基本呈上升态势。

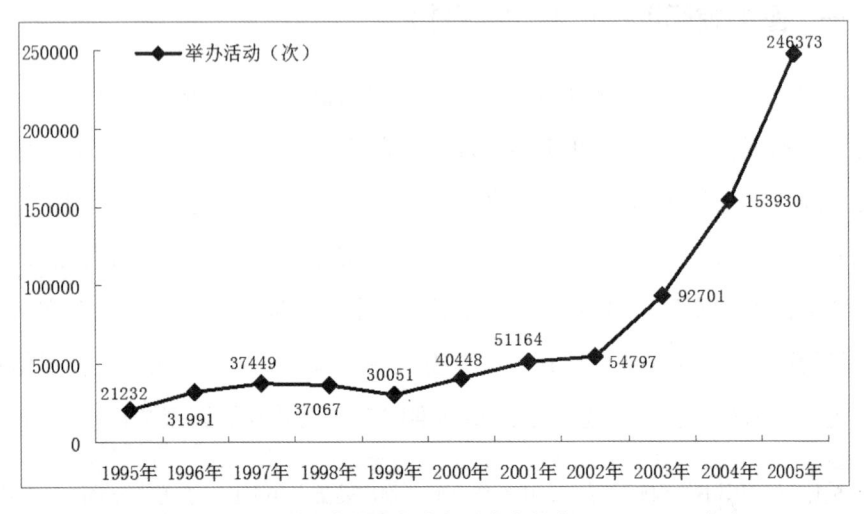

图4-1 全国公共图书馆举办读者活动次数(1995—2005年)

第四讲 我国图书馆阅读推广的历史、现状及发展

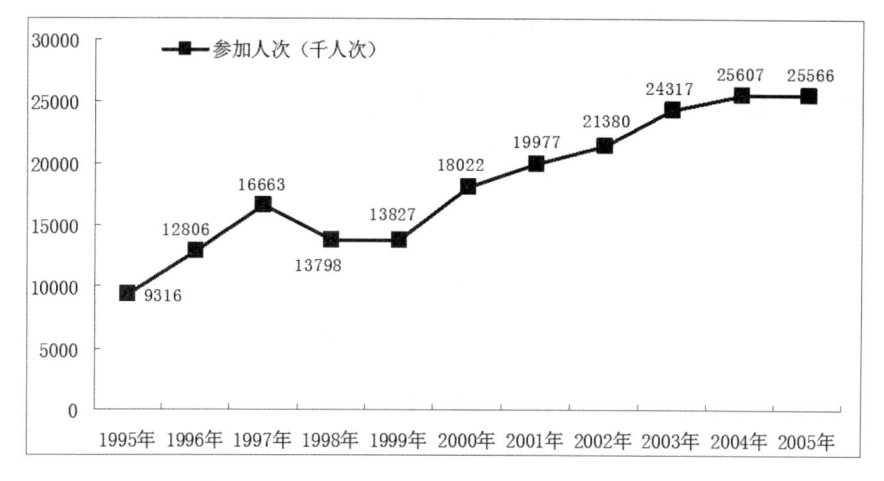

图 4-2 全国公共图书馆举办读者活动参加人次（1995—2005 年）

到 2005 年，举办读者活动的次数达到了 246373 次，较 1995 年增长了 1060%，读者活动参加人次为 25566 千人次，较 1995 年增长了 174%。

始于 1989 年的"图书馆服务宣传周"活动亦更加多样化，取得了较为可喜的成效。各地图书馆通过优惠办证、送书活动、好书导荐、公益讲座、文化展览、电影展播、读者调查、专题服务等多样化的读者活动把图书馆的服务和资源延伸至城乡各地，提供给社会各阶层读者。值得注意的是，此阶段公益讲座在公共图书馆逐渐兴起：2000 年以前，讲座仅在政治经济较为发达的地区如京津唐、长江三角洲、珠江三角洲等地的个别图书馆零星举办；2001 年以后，公益讲座渐次发展到越来越多内陆省份的图书馆，并逐渐形成一定的规模和特色；2005 年，随着两场全国性的图书馆讲座会议的召开，讲座如雨后春笋般在全国图书馆如火如荼地开展起来[①]，并逐渐成为图书馆阅读推广的常规项目。

1995—2005 年也是我国图书馆阅读推广理念的起始阶段。在此之前，我国图书馆界的阅读推广既非独立的业务，也没有相应的理论支撑，处于理论无意识阶段。21 世纪初，学界兴起了第二次"新图书馆运动"，这场对图书馆权利、图书馆精神、图书馆核心价值的讨论洗涤了旧的理论系统和理论观念，倡导公共图书馆回归免费、开放、包容、平等的基本精神，为图书馆开展阅读推广找

---

① 王惠君.基层图书馆公益讲座[M].国家图书馆出版社，2011：14-15.

63

寻到了本源和意义所在，推动了我国图书馆阅读推广理念的起步。

二、图书馆阅读推广工作的蓬勃发展

2006年以来，我国全民阅读活动广泛开展并蔚然成风。而在各方助力及行业自身努力下，我国图书馆的阅读推广亦呈现出蓬勃发展的态势。这些阅读推广活动举办得卓有成效。据中国新闻出版研究院"国民阅读调查"数据显示，1999—2005年，我国国民图书阅读率呈现连续下降趋势，自2006年全民阅读活动广泛开展以来，国民阅读状况开始得到有效改善。2013年，我国成年国民包括书报刊和数字出版物在内的各种媒介的综合阅读率为76.7%，其中图书阅读率为57.8%，较2005年的48.70%上升了9.1个百分点。[①]

近十年，政府对文化建设日益重视，相继出台了一系列推广阅读的相关文件，逐步将全民阅读提升至国家战略的高度。2006年4月，中宣部、中央文明办、原新闻出版总署、文化部、教育部、中华全国总工会、共青团中央等十一部委联合发出《关于开展全民阅读活动的倡议书》，倡导在2006年4月23日"世界读书日"前后，在全国范围内开展"多读书、读好书"的全民阅读活动。此后，2007、2008、2009年，中宣部、原新闻出版总署再次会同有关部门发出通知，倡议开展全民阅读活动。2007年3月，原新闻出版总署、中央文明办、国家发改委等八部委印发了《农家书屋工程实施意见》。2008年初，中华全国总工会发布《关于开展全国工会"职工书屋"建设的实施意见》，开始在全国范围内建设"农家书屋""职工书屋"，以满足工农群众的文化需要。

在党中央和国家政府层面：2011年党的十七届六中全会决议提出"深入开展全民阅读、全民健身活动"；2012年党的十八大报告明确提出"开展全民阅读活动"，将其作为扎实推进社会主义文化强国的重要举措之一；2013年，全民阅读立法列入国家立法工作计划，"全民阅读促进条例"亦开始拟议；2014、2015年，"全民阅读"连续被列入政府工作报告，李克强总理还直言明年会继

[①] 最新国民阅读调查：纸质书阅读时长比数字阅读少 [EB/OL].[2015-03-28]. http://hen.chinadaily.com.cn/n/2014-04-22/NEWS19051.html.

续把全民阅读写入政府工作报告。这都表明促进全民阅读已成为重要的立国方针和治国方略。

各地方政府也积极推行全民阅读，组织开展区域性的各类读书活动。多个城市的市委市政府发起了"读书节""读书月"等活动，并成立了相关指导机构，策划、组织和联合各界力量集中举办一系列推进阅读的文化活动。

领风气之先的是始于2000年的深圳读书月，其他较早的有始于2005年的东莞读书节、兰州读书节等。从2006年起，为响应《关于开展全民阅读活动的倡议书》，大批省市开始开展读书日、读书节、读书周、读书月、读书季的活动。较有影响的有苏州阅读节、福州读书月、湖南三湘读书月、广州南国书香节等。据不完全统计，目前全国已经有400多个城市有此类活动。

近年来，各地方政府还出台了一系列文件、法规，从地区层面指导推进全民阅读：2012年起，湖北、广东、江苏等省印发了开展全民阅读活动的相关意见；2014年起，各地方积极促进阅读立法，《江苏省人民代表大会常务委员会关于促进全民阅读的决定》《湖北省全民阅读促进办法》于2015年相继施行，深圳市《阅读促进条例》也即将出台。

关于全民阅读，还有与图书馆界相关的政策性文件——《关于推进全国美术馆公共图书馆文化馆（站）免费开放的意见》的发布。该文件将公共图书馆定性为"政府举办的公益性文化事业单位"，明确提出与公共图书馆职能相适应的基本公共文化服务项目应免费向群众提供。这不仅是对20世纪80年代后期图书馆界开始流行的"有偿服务"在政策上的"拨乱反正"，明确了图书馆基本服务的公益化，同时提出的公共图书馆"是开展公共文化服务的重要场所，是保障人民群众基本文化权益的重要阵地"等内容亦明确了图书馆基本服务的普遍化、均等化。这份文件标志着政府层面对图书馆全民阅读政策方针的形成，图书馆基本服务的公益化、普遍化、均等化由此成为中央和各地方政府进行图书馆服务的基本方针。

图书馆界专业性社会组织的引导与积极推进，使图书馆成为阅读推广理论研究与实践活动的主力军。2006年4月，中国图书馆学会成立了"科普与阅读指导委员会"，2009年更名为"阅读推广委员会"，它是中国图书馆学会为推动全民阅读设立的专门组织机构；2008年10月，中国图书馆学会发布了《图书馆服务宣言》，明确指出："图书馆努力促进全民阅读，图书馆为公民终身学习提供保障，促进学习型社会的建设。"而2013年文化部下发的"全国第五次县以上公共图书馆评估定级标准"则充分说明了国家主管部门对图书馆阅读推广工作的认可和重视。在总分1000分的标准中，"社会教育活动"一项约占5%~10%的较大比重，而其具体内容就是办讲座、培训、阅读推广、服务宣传等。

如火如荼的全民阅读活动的开展、公共文化服务理念的树立和"阅读推广委员会"的成立，带来了阅读推广事业繁荣的气象。图书馆尤其是公共图书馆以其公益性、社会性和丰富的图书信息资源成为阅读推广的一个主要阵地。各地图书馆不仅积极参与各类全民阅读活动，还主动出击，举办了大量形式各异、独具特色的阅读推广活动，吸引了众多读者热情参与，营造了良好的社会阅读氛围。

第二节 中国图书馆学会在图书馆阅读推广中的行业指导

从2004年起，中国图书馆学会于每年"4·23"世界读书日期间，开展"全民读书月"活动，组织各地图书馆根据不同人群的需求和不同地域文化的特色，举办丰富多彩的读书活动，为公众阅读创造条件、提供指导。中国图书馆学会是结合全国图书馆及相关行业或机构科技工作者成立的全国性、公益性、学术性社会组织，为推动全民阅读，致力于建设学习型社会发挥了重要作用。2006年中国图书馆学会科普与阅读指导委员会（2009年更名为"中国图书馆学会阅读推广委员会"）的成立，标志着我国的全民阅读推广工作进入了一个新的发展时期。为促进全民阅读工作的开展，科普与阅读指导委员会（阅读推广委员会）从组织建设到规划的制订、组织全国阅读活动的开展、出版阅读实践理论成果等，引领全国各地的图书馆展开了卓有成效的工作。下面将重点介绍 2009 年以来中国图书馆学会阅读推广委员会在图书馆界阅读推广中的行业指导作用。

一、完善组织建设，规划发展蓝图

一个公益性、学术性、非盈利性的行业组织能否长期深入有效地开展工作，推动全民阅读健康持续地发展，并产生社会影响力，关乎行业全局的发展规划。中国图书馆学会阅读推广委员会成立后，从人才队伍的建立、发展纲领的制定等方面，采取了一系列措施，运筹帷幄、统筹安排，为日后发展打下了良好的基础。

阅读推广委员会下设 15 个专业委员会。专业委员会按照不同的阅读推广主题进行建制，通过设立专业委员会，图书馆阅读推广工作更趋向专业化、学术化、科学化、普及化、全面化。15 个专业委员会以挂靠馆为主阵地，每年组织分布在全国各地的委员馆开展主题各异、形式多样的阅读学术研讨与推广活动，并出版实践成果，将阅读推广迅速在全国普及开展起来。

阅读推广委员会的建设有相关规则保障。2006 年，中国图书馆学会发布了《中国图书馆学会科普与阅读指导委员会组织规则》，2009 年阅读推广委员会又集思广益，推出了《中国图书馆学会阅读推广委员会"十二五"规划》，使委员会的组织建设进一步完善，使全国阅读推广活动的开展有章可循，并能保持良好的持续发展的态势。

阅读推广委员会通过创建全民阅读网和出版会刊《今日阅读》展示图书馆界阅读推广工作的成绩。全民阅读网既是阅读推广委员会的工作平台和行业研究的交流平台，又是向读者宣传阅读服务、传递阅读信息、展示阅读推广实践与研究成果的窗口，也营造了浓郁的书香氛围。

二、推广阅读活动，彰显示范作用

全国各图书馆作为推动全民阅读的主力军，每年围绕年度阅读活动主题，开展全民阅读活动，收获了累累果实。阅读推广委员会通过设立品牌项目，创建阅读论坛、表彰优秀，促进全国图书馆界阅读推广工作的交流，形成示范效果。

"全民阅读论坛"是阅读推广委员会建立的品牌项目，主要依托委员会下属的全国各地图书馆来开展。"全民阅读论坛"于2007年创立，每年举办一次，至2014年已成功举办了八届。"全民阅读论坛"设立初衷旨在进一步推进民众阅读，引导全民阅读的方向，形成全民学习、终身学习的学习型社会，促进人的全面发展和社会的和谐发展。论坛也推动了地方阅读文化的发展，充满了浓郁的地方文化特色，为推动全社会的阅读，提高全民读书兴趣、增强城市文化内涵发挥了积极的作用。

2013年11月，以"书香中国——阅读引领未来"的中国图书馆年会在上海浦东举行。阅读推广委员会承办了以"知识给人力量，阅读引领未来"的主题论坛。来自公共图书馆、民间读书组织的阅读推广人，以及来自台湾地区的阅读研究专家与同行们分享了阅读推广案例，这其中有老品牌，也有新经验，并邀请了国内外的专家进行了点评。2013年中国图书馆年会以"阅读"为主题，昭显了阅读推广的重要意义。而此次主题论坛是阅读推广委员会工作成就的一次集中展示，也是全国各大图书馆精彩的阅读活动的展示与交流。[①]

鉴于全国阅读推广活动如火如荼地开展，而阅读推广的理论研究与队伍建设则亟待提高，存在研究不足、后劲不足、专业人才不足、人员水平不足等问题，极大地制约了全国图书馆阅读推广工作的发展。2013年7月、2014年12月、2015年6月和9月，阅读推广委员会分别于绍兴县图书馆、常熟市图书馆、镇江市图书馆、电子科技大学图书馆组织召开了"首届全国阅读推广高峰论坛"、"中国图书馆2014年全民阅读推广峰会暨'阅读推广人'培育行动"启动仪式、中国图书馆学会第九届"全民阅读论坛"暨2015年阅读推广峰会和"高校图书馆阅读推广理论与实践"高级研修班，邀请了港台地区、北京、上海、天津、重庆、江苏、浙江、河南、广东等地的阅读推广专家学者，对来自全国40多个省、市、自治区从事阅读推广工作、阅读理论研究的近千名图书馆员进行了培训。2015

---

① 江少莉.阅读·推广·梦想——2013中国图书馆年会"知识给人力量 阅读引领未来"主题论坛综述[EB/OL].[2014-02-20].http://www.lib-read.org/newsshow.jsp?id=742.

年阅读推广峰会（秋季）暨中国图书馆学会阅读推广委员会成立十周年学术研讨会于10月在山东省临沂市图书馆举行。

为了表彰在全民阅读工作中成绩突出、业绩优异的活动单位，2004年中国图书馆学会设立了"全民阅读优秀组织奖""全民阅读先进单位奖"，2008年又增设"全民阅读示范基地"，以进一步鼓励坚持不懈地努力做出积极贡献的单位，彰显示范作用。从2004年至今，共评选出"全民阅读优秀组织奖"97家单位，"全民阅读先进单位奖"433家，2008年至今，颁发120家单位"全民阅读示范基地"称号。阅读推广委员会成立后，便成为"全民阅读奖"评选的具体组织机构，每年调选业内专家悉心评审。完善的评选表彰机制对全国各图书馆开展全民阅读活动起到了激励作用，逐步形成阅读推广活动的整体优势。

三、出版实践成果，开展学术研究

深入进行阅读推广相关的学术研究，并将研究成果进行出版，以协助指导全国各级各类图书馆、出版发行机构等开展阅读推广活动，为其提供理论及实践方面的咨询与帮助，以学术研究促进事业发展，也是阅读推广委员会"十二五"规划的重要任务之一。

阅读推广委员会成立以来，出版了一系列重要理论成果。

2008年出版"中国阅读报告"丛书系列之《爱书人的世界》《书香社会》《耕读传家》，2010年"阅读推广丛书"系列之《亲子阅读》《绘本阅读》《共享阅读》《数字阅读》。征文结集作品有《辛亥革命百年纪念征文优秀作品集》《播撒阅读种子　守望少儿幸福——青少年阅读推广理论与实践》《海峡两岸图书馆讲座研讨会资料汇编》《被湮没的篇章》等。优秀案例集有《阅读推广：理念·方法·案例》《阅读点亮生活——社区与乡村阅读优秀案例集》等。推荐书目系列有《中国基层图书馆基本藏书推荐书目》《大学生常见心理困扰对症书目》《好书中的好书——2012年好书榜精选书目》《好书中的好书——2013年好书榜精选书目》和《好书中的好书——2013年8家治愈系好书榜精选书目》等。

第三节　对我国图书馆开展阅读推广的展望

一、图书馆阅读推广的良好发展势头

阅读作为一种全球战略与国家战略，得到了各国政府的积极响应。美国、英国、德国、俄罗斯、日本、新加坡等全民阅读率较高的国家，都将阅读作为重要的国家战略，开展了一系列影响全球的阅读推广活动。建设阅读社会成为世界性的潮流。在我国，党和国家领导人十分重视全民阅读，多次提出读书的重要性。2009年"4·23"世界读书日，时任国务院总理温家宝在视察国家图书馆时深情地说道："我愿意看到人们在坐地铁的时候能够手里拿上一本书。因为我一直认为，知识不仅给人力量，还给人安全，给人幸福……书籍是人类智慧的结晶。读书决定一个人的修养和境界，关系一个民族的素质和力量，影响一个国家的前途和命运。一个不读书的人、不读书的民族，是没有希望的。"国家主席习近平在中央党校2009年5月春季学期第二批进修班暨专题研讨班开学典礼上讲话时强调，领导干部要爱读书、读好书、善读书，积极推进学习型政党和学习型社会建设。党的十七届六中全会提出了"深入开展全民阅读、全民健身活动"，而十八大报告则明确提出"开展全民阅读活动"。2014年3月5日，李克强总理代表国务院做《政府工作报告》，首次将"倡导全民阅读"列入《政府工作报告》之中。2015年3月15日上午，李克强总理在回答有关"全民阅读"的问题时解释了为什么连续两年把"全民阅读"这几个字写入《政府工作报告》，表示书籍和阅读是人类文明传承的主要载体，希望全民阅读能够形成一种无处不在的氛围。

近年来，各级政府的支持与推进全民阅读的政策力度也在不断加大。"全民阅读促进条例"已经列入立法日程，全国人大十二届第一次会议的《政府工作报告》，要求把包括全民阅读在内的社会文化发展状况纳入到各级政府的考核指标当中，各种政府为主导的读书节庆活动精彩纷呈。据不完全统计，全国已经有400多个城市开展了读书日、读书节、读书周、读书月、读书季的活动,各级政府已经将推广阅读作为城市发展战略的重要组成部分。

积极开展阅读推广,也是图书馆界及社会各界的共识。进入21世纪,公共图书馆建设迎来了大发展时期。各地纷纷兴建大型的功能完善的公共图书馆,以满足市民日益增长的多元化阅读的需求。根据文化部统计数据,2012年,全国已有县级以上独立建制的公共图书馆共3076个。阅读推广逐步成为图书馆的核心业务,各馆成立专门的阅读推广活动部门,并加大馆员培训,力图建立从事阅读推广活动的专业队伍。而民间的阅读团体如雨后春笋般涌出,成为一支不可小觑的社会推广力量。新时期日新月异的网络与各种新技术的发展、出版业的空前繁荣,也带来了多元开放的阅读好时代。

二、图书馆阅读推广中存在的问题

1999—2005年,我国国民图书阅读率呈现连续下降趋势,自2006年全民阅读活动广泛开展以来,国民阅读状况才得到有效改善。[1] 由中国新闻出版研究院组织实施的"第十次全国国民阅读调查"结果显示,2012年,中国18~70周岁国民各媒介综合阅读率为76.3%,比2011年下降1.3个百分点。[2] 数据显示,我国18~70周岁国民中仍有23.7%的人没有进行任何形式的阅读。国民整体阅读现状令人担忧,与建设学习型社会的目标存在一定的距离。

网络与新技术给阅读领域所带来的冲击也是前所未有的。信息爆炸时代、广告读图时代产生了一系列问题,例如,海量的垃圾信息、无边的网络漫游、碎片式阅读、娱乐化阅读、功利性阅读等。于是,学界有了"深阅读"与"浅阅读"之争、"网络阅读"与"经典阅读"之辩。

看似繁华的图书市场,也暗藏着阅读的隐忧。图书的市场化、功利性阅读、娱乐化阅读等因素,导致大量缺乏正确价值观与导向且粗制滥造的劣书泛滥出

---

[1] 新闻出版广电总局发布2013年全民阅读活动安排[EB/OL].[2014-02-28]. http://www.wenming.cn/book/gdhd/201304/t20130416_1177457.shtml.
[2] 刘欢. 2012年国民阅读报告出炉 综合阅读率下降[EB/OL].[2014-02-28]. http://www.chinanews.com/cul/2013/04-18/4742349.shtml.

版,如何从如过江之卿的海量图书中筛选出好书来读,尤其是引导成长中的青少年读好书,是每一个阅读推广人的使命与任务。

如火如荼的全民阅读活动的开展,带来了阅读推广事业繁荣的气象,但一些轰轰烈烈运动式的阅读、热热闹闹节日般的狂欢,使活动的规模效应大于效益影响。如何能使活动具备长期发展规划,有效持续开展,树立品牌意识,完善评估机制,贴近百姓的现实生活,使之形成良好的阅读习惯,塑造学习型人生,进而提升全民族素质,是一个值得深入研究与思考的课题。

三、图书馆阅读推广的未来发展策略

(一)健全政策法规保障体系

健全的政策法规保障体系,将为阅读推广长期有效持续地开展保驾护航。阅读立法并非中国特色,美国、日本、俄罗斯等阅读推广大国已有效先行。2001年美国出台的《不让一个孩子落伍法》,确定了让每个孩子都必须接受良好教育的目标。日本2001年制定《儿童读书活动推进法》,将每年的4月23日定为"儿童读书日",政府更是投入650亿日元,以改善下一代的读书环境。俄罗斯《民族阅读大纲》(2012年)要求在出版、运输和传播儿童书籍方面提供国家保护措施,支持和激励作家为儿童青少年创作图书等。立法使全民阅读成为常态发展机制。

我国于2011年发布《新闻出版公共服务体系建设"十二五"时期规划》、2012年发布《国家"十二五"时期文化改革发展规划纲要》、2013年发布《全国公共图书馆事业发展"十二五"规划》,制定全民阅读中长期发展规划。各省市也出台相关文件,如2012年湖北省印发《关于开展全民阅读活动建设学习型湖北的意见》、2013年广东省印发《广东省深入开展全民阅读活动的实施意见》、2013年江苏省印发《关于加快推进书香江苏建设的意见》等,从地区层面指导推进全民阅读。现阶段,全民阅读立法已列入国家立法工作计划,国家和地方层面的"全民阅读促进条例"已在拟议之中。《湖北省全民阅读促进办法》于2014年11月24日由湖北省人民政府常务会议审议通过及公布,并已于2015年3月1日起施行。2014年11月27日,江苏省十二

届人大常委会第十三次会议通过的《江苏省人民代表大会常务委员会关于促进全民阅读的决定》，已于 2015 年 1 月 1 日起施行。这是我国第一部关于促进全民阅读的法律性文件。

（二）建立有效运作工作机制

上下贯通、联动各方的有效运作工作机制，是阅读推广活动顺利开展、阅读推广活动做强做大的前提。以日本为例，其开展阅读推广活动，实行的是"举国体制"，即：国家引导发动，制定法律，编制计划，提供资金；以图书馆为主轴推动执行；社会团体积极参与等。如此，"读书周""儿童读书日""国民读书年""晨读运动"等，具有了法定性与规划性，能在全国范围内推行，全民投入，造成声势与影响。反观国内，目前缺乏的就是这种能联动各方、一呼百应的有效协调机制，现状是各行业各自为政。

深圳市读书月组织委员会的成立，提供了一个地方层面政府协调各方力量开展活动的范例，即在每年读书月期间，由深圳市政府主导，集结新闻出版、传媒、图书馆、学校、行业协会、民间团体等，共同开展活动。但这只是举一个城市之力，无法推展到全国。中国图书馆学会阅读推广委员会的成立，聚集了八方人才，由全国图书馆界、教育界、出版传媒界等各类跨界专家学者组成。但仍受限于行业内组织，在运作过程中，始终无法克服行业障碍，无法全面而深入地开展工作。只有建立有效运作的工作机制，才能形成社会合力，共同推进全民阅读。

（三）构建全民阅读建设评估指标体系

如前所述，我们迎来了阅读的好时代，全民阅读蔚然成风，阅读推广活动不断创新，层出不穷。而如何科学、客观地评判一场活动是否有价值，值得推广与发展，目前则无章可循，这样大大制约了全民阅读的健康发展，也造成学科研究和具体工作上的缺陷和空白。鉴于此，构建一部全民阅读建设评估指标体系就成了阅读推广委员会当前的重要任务。在此之前，各种适用于图书馆和相关公益服务的评估体系或建设指标已相继出台，如文化部的"公共图书馆评估定级标准"、张家港市"书香城市"建设指标体系、深圳市的"图书馆之城"建设指标体系、杭州市"公共图书馆建设评估标准"等，有的已经取得很好的效果，可资借鉴。

如 2012 年 11 月张家港市出台的"书香城市"建设指标评价体系，是国内第一个以全民阅读为抓手、覆盖城乡的综合建设指标，它使"书香城市"建设的评价变得量化、可考，将进一步促进全民阅读由模糊型推动向制度化约束的转变，对江苏省乃至全国的全民阅读推广产生了示范作用。而中国图书馆学会阅读推广委员会自 2006 年成立以来，每年开展了的大量的阅读推广理论研究与实践活动，取得了丰硕的研究成果和实际经验，为构建这样的建设评估体系奠定了稳固的基础。全民阅读建设评估指标体系的出台，将阅读推广活动的开展引入规范、科学、健康的发展之路。

（四）加大阅读推广专业队伍的培养

优秀的阅读推广人，就如同一个播撒种子的园丁，幸福的种子在其精心而专业的呵护下茁壮成长，其影响力不容小觑。中国台湾高雄市的"故事妈妈"至今仍为业界所称道。他们以故事为桥梁，引领孩童感受故事的魔力，从而使孩童爱上阅读，让阅读在他们心里扎根。

阅读推广委员会各专业委员会为了培养阅读推广专业人才，制订了年度培训计划，分别以挂靠的公共图书馆为阵地，邀请专家，上阅读指导课，开展培训活动。首期全国性的培训于 2013 年 7 月在绍兴县图书馆举行。2014 年全国公共图书馆阅读推广馆员培训已于 10 月在江苏省常熟市图书馆成功举办。2015 年 6 月和 9 月，也分别于镇江市图书馆、电子科技大学图书馆开展了全国公共图书馆、高校图书馆阅读推广馆员培训。培训计划将长期开展，以建立专业的阅读推广队伍。

（五）注重儿童的阅读推广

联合国教科文组织《公共图书馆宣言》(1994 年) 中关于"公共图书馆的使命"最重要的一点就是"养成并强化儿童早期的阅读习惯"，因为儿童早期形成的良好的阅读习惯将影响其一生。正因如此，许多国家特别重视对儿童阅读习惯的培养。无论是英国的"阅读起跑线"计划、美国的"儿童读写运动"，还是日本的"儿童读书周"，都致力于培养儿童对阅读的终身爱好，并将儿童早期阅读能力培养制度化，通过立法推动，为孩子提供更优越、更自由的阅读空间。阅读推广委员会为此专门设立了青少年阅读推广委员会，推动儿童和青少年阅读，开展了"'中山杯'全国青少年故事大赛""少年儿童童谣绘画大赛""树精灵使者团培训活动"等一系列活动。推荐书目委员会推出了亲子阅读系列书目，给予孩童与家长以阅读指导。阅读推广委员会还组织出版了《亲子阅读》《绘本阅读》等"阅读推广丛书"系列。儿童是国家的未来，是阅读推广的重心所在。每一个从事阅读推广的人都应该成为儿童阅读的"点灯人"，成为传播阅读的"花婆婆"。

（六）提供全民阅读专项经费保障

全民阅读关乎民族未来，推动全民阅读是一项公益事业，要保障其长期有效开展，政府的专项资金投入则是十分迫切而又必要的。国外开展阅读推广活动，国家在推动全民阅读所给予的经费支持是十分给力的。英国为"阅读起跑线"计划设立图书信托基金，为1998年和2008年两个"国家阅读年"投入总计1.52亿英镑。美国国家人文艺术基金会和美国中西部艺术基金会等机构，资助了1000多个机构开展"大阅读计划"项目。日本政府即使在战时财政困难的情况下，仍然采取了读书会设置奖励的措施，用财政补贴的方式鼓励各地成立读书会。

目前我国尚无专为推广阅读而设立的专项基金会，各地开展活动主要从宣传文化发展专项经费、文化产业引导资金等经费中支出。阅读推广委员会开展全民阅读活动，也主要依靠各地图书馆的财政经费予以支持。经费充裕的地区开展活动就相对较多，且规模较大，能有效持续发展，而经济相对落后的地区则活动较少，造成了地区间的不平衡。2014年李克强总理所做的政府报告首倡全民阅读后，设立国家阅读节及国家阅读专项基金的呼声越来越高，但愿不久的将来得以实施。

（七）继续推进公共图书馆建设

21世纪，大规模的公共图书馆新馆建设令人振奋，但与发达国家相比仍存在较大差距。目前，我国平均公共图书馆拥有量为46万人/座，1181人/平方米；人均藏书0.27册。而联合国早在20世纪70年代公布的公共图书馆拥有量标准为3万人/座。目前发达国家平均公共图书馆拥有量则为瑞士3000人/座、挪威4000人/座、奥地利4000人/座、芬兰5000人/座、德国每6600人/座、英国1.14万人/座、法国2.2万人/座、意大利2.6万人/座、美国3.11万人/座。① 公共图书馆是开展阅读推广活动的主阵地，倡导全民阅读，推进公共图书馆的建设是必要条件。联合国教科文组织发布的《公共图书馆宣言》，开宗明义地提出公共图书馆是传播教育、文化和信息的一支有生力量，是促使人们寻找和平和精神幸福的基本资源。政府应承担起推进公共图书馆建设的责任，对公共图书馆建设的用地、资金和人才等方面提供保障，尤其解决东西部发展不平衡问题。据不完成统计，截至2012年，四川省共有各级公共图书馆188个，其中还有16个县级行政区没有独立建制的图书馆。公共图书馆自身也要加大阅读推广的力度，将其打造成为百姓的"大书房"、使其成为充分实现广大公民文化权利的公共服务平台。

思考题

1. 近十年来，国内图书馆阅读推广活动的主要成就有哪些？
2. 阐述中国图书馆学会阅读推广委员会的行业指导作用。
3. 设计国内图书馆阅读推广活动的评估指标体系。

---

① 朱永新. 关于设立"国家阅读节"、制定《国家阅读大纲》的建议[EB/OL].[2014-03-02]. http://blog.sina.com.cn/s/blog_4aeb7d930102dzms.html.

第五讲 阅读立法综述

蔡箐*

阅读的重要性促使阅读倡议行动和阅读推广保障成为一个世界性的话题。近半个世纪以来,世界范围内诸多国际组织的宣言、公约、纲领性文件等都将阅读放到突出且重要的位置。如今,在竞争日趋激烈的全球化时代,提倡全民阅读、建立阅读型社会已成为国际性、世界性的潮流。阅读不仅仅是一个文化话题,更是被上升到国家战略、国家工程和立法层面的高度予以关注和支持。

第一节 阅读立法的背景和意义

阅读对提高民众文化素养和推动社会文明进步的重要性毋庸置疑,但进入21世纪以来,伴随电视和网络媒介的冲击及新媒体的普及,一些国家出现了所谓的"阅读危机",大众阅读兴趣、阅读品位、公民阅读率都出现了不同程

---

* 蔡箐,博士,就职于深圳图书馆办公室。参与文化部科技提升计划重大项目"公共图书馆现代科技应用研究",主持2013年中国图书馆学会专项资金项目"我国图书馆职业资格认证机制的实现方式研究",并参与《深圳经济特区全民阅读促进条例》的起草项目。

度的下降。诸如美国、日本、英国等文化强国时常针对国民特别是儿童阅读状况进行调查，一旦发现有下降趋势，即引起社会重视，并通过制定法案予以推动保障。

美国2004年发布了《阅读在危险中》报告，通过大量翔实的数据搜集和数据分析，揭示了美国国民阅读的危机现象。

作为文化强国的日本，进入21世纪以来，国内的公众尤其是未成年人阅读状况也不如以往乐观。世界经合组织曾于2000年进行学生学习能力调查，调查中"对阅读不感兴趣"的学生的平均比例为12.6%，日本则为22%，这一严峻形势引起政府的重视。

2008年9月，俄罗斯列瓦达分析中心对俄罗斯国民阅读情况进行的调查结果显示，俄罗斯民众的阅读倾向逐渐娱乐化、年轻化和女性化，成年人中有55%不买书，46%根本不看书，而藏书超过500册的家庭从以往的10%下降到了6%。[1]越来越多的专家学者呼吁俄罗斯学习欧美发达国家开展阅读立法，扭转这一局面。

从国际范围来看，"阅读危机"的出现是各国阅读立法的直接动因，而推进全民阅读立法更是适应时代需求和国际潮流，提升公民文明素养，实现与政治经济发展相匹配的客观需要。实施阅读立法的必要性和意义主要体现在以下几个方面。

其一，阅读推广主体是多元化的，不仅需要图书馆、教育界、媒体出版界、民间组织等社会机构的广泛参与，更需要政府部门的有效组织、大力倡导和坚实保障。

其二，阅读立法不是对公民个体阅读的干涉和强制，而是从立法层面对公民阅读权利和基本文化权益的保障，进而改善阅读环境和实现阅读平等，有效满足广大人民群众的阅读需求。

其三，当前阅读立法已是世界主要发达国家的通行做法，有了法律的顶层制度设计，才能充分调动与阅读相关的各种资源，为公民阅读设施、阅读资源及服务提供完善的法律保障机制。

---

[1] 张洪波. 俄罗斯应对"阅读危机"[N]. 中国新闻出版报，2009-05-22(5).

第二节　国内外阅读立法概况

近年来，世界各国政府相继制定和出台了推动阅读的法规。例如美国的《卓越阅读法》(1998)、《不让一个孩子落伍法》(2002)，日本的《少年儿童读书活动推进法》(2001)、《文字及印刷品文化振兴法案》(2005)，韩国的《图书馆与读书振兴法》(1994)、《阅读文化振兴法》(2006)，俄罗斯的《国家支持与发展阅读纲要》(2006)等，都对阅读做出了很高的期许，对涉及阅读促进的相关资源及策略进行了不同程度的立法保障。

一、各国阅读立法概况

（一）美国

美国关于阅读的立法保障起步比较早，且受到政府及总统的高度重视，主要以各种官方行动计划、阅读项目及政策法规的形式出现。如1997年时任总统克林顿提出的"美国阅读挑战"行动，当时克林顿亲自做了"美国阅读挑战行动报告"，并在《为美国的教育，行动起来！》的演说中提出了教育发展的三大目标和应遵循的十大原则，其中的十大原则之一是开展阅读运动。① 克林顿政府随后于1998年颁布《卓越阅读法》②，将阅读教育纳入法制化的轨道，还在《中小学教育法》第二章中加入与阅读有关的条文，首次以法律形式规范和引导学生阅读。③

布什政府在2002年1月8日签署通过了《不让一个孩子落伍法》④的教育改革法案，针对学前教育设立了"阅读优先项目"，采用最新制定的评价标准、教

---

① 朱永新. 全民阅读应成为国家战略 [N]. 光明日报，2013-04-21(9).
② U.S. Department of Education. Reading Excellence Act（1998）[EB/OL]. [2015-03-20]. http://www2.ed.gov/pubs/promisinginitiatives/rea.html.
③ 孙云帆. 美国孩子如何分级阅读 [N]. 北京日报，2014-09-10(15).
④ No Child Left Behind Act（2001）[EB/OL]. [2015-03-12]. http://en.wikipedia.org/wiki/No_Child_Left_Behind_Act.

育绩效评估制度,创设一套综合性的、州政府范围内的阅读计划,以确保每一个儿童到三年级时都能够阅读,开展公平起点的家庭读写计划,在学前计划和"提前开始"计划中资助阅读学习等。

(二)日本

日本作为阅读大国,每年人均阅读40本书,而且每年书籍出版量也居世界前列。为了防止人们"远离活字",日本政府采用法律形式倡导全民阅读。[1]

2001年,日本国会通过了《少年儿童读书活动推进法》,并于该年12月12日颁布实施。该法的目的是确定儿童阅读推进法的基本理念,在明确国家、地方公共团体责任的同时,确定推进儿童阅读相关的必要事项,全面而有计划地推进与儿童阅读相关的政策,努力促进儿童的健康成长。[2]

2005年7月,日本国会又通过了《文字及印刷品文化振兴法案》[3],并于同月29日开始实施。该法的主要内容之一是推进国语教育和阅读推广,构筑全民读书氛围,营造国民阅读文化环境。

(三)韩国

韩国国会于1994年3月3日通过了《图书馆与读书振兴法》,并于同年7月起实施。该法的制定缘于出版界以世界图书年为契机提出的《国民读书振兴法案》与图书馆界提倡的把"读书振兴"纳入图书馆功能中来的主张相吻合,是《国民读书法案》的一部分内容,目的是"为图书馆及文库的设立、运营以及读书振兴,创造必要的环境,规定相关内容,建立健全图书馆及文库,促进读书活动,全面提供社会所需的信息,提高流通效率,促进文化发展和终身教育的发展"。该法共10章54条,由正文和附则构成。[4]

进入21世纪,随着互联网等新媒体的冲击,韩国政府更加认识到阅读的重

---

[1] 林夕. 日本立法倡导全民读书 [N]. 生命时报,2013-09-27(5).
[2] 吴玲芳. "日本儿童阅读推进法"简介 [J]. 中小学图书情报世界,2004(10):57,60.
[3] 文字・活字文化振兴法 [EB/OL]. [2015-03-12]. http://law.e-gov.go.jp/htmldata/H17/H17HO091.html.
[4] 韩国国立国会图书馆 [EB/OL]. [2015-03-05]. http://baike.baidu.com/view/13379264.htm.

要性，便将"读书振兴"作为一项专门法提出，以更好地推动社会的全民阅读。韩国国会于 2006 年 12 月 29 日通过了《阅读文化振兴法》，于 2007 年颁布实施，截至 2013 年 3 月已完成 3 次修订。

（四）俄罗斯

俄罗斯民族一向以爱好藏书和热衷阅读而闻名世界，1.4 亿国民私人藏书达 200 多亿册，每个家庭平均藏书近 300 册，人均每天读书看报时间全球领先。

近年来，俄罗斯政府痛感于国民阅读率的下降和快餐式娱乐化阅读的趋向，由俄罗斯联邦新闻出版与大众传媒署于 2006 年 11 月联合俄罗斯图书联盟，在全国范围内采取紧急措施，共同制定推出了《国家支持与发展阅读纲要》[1]（也译为《民族阅读纲要》或《民族阅读大纲》等），以促使国民阅读率的快速增长，并在具体实施上由政府给予财力和政策上的大力支持。

二、我国阅读立法现状

在国内，党和国家对全民阅读非常重视。自 2007 年 8 月起，全民阅读就上升为国家的文化战略和重点工作。"全民阅读"也被多次写进党的全国代表大会报告和政府工作报告，党的十八大即把全民阅读作为社会主义文化强国建设的基本内容，李克强总理在 2014 年和 2015 年《政府工作报告》中连续两次明确提出"倡导全民阅读"，意味着这项事关全民族发展的事业在全社会得到了关注与认可。

2013 年至今，阅读立法在国内也受到了中央和地方各级政府及相关部门的高度重视。国家层面，全民阅读立法在 2013 年已被列入国家立法计划。历届两会代表就全民阅读问题多次提案，尤其是 2013 年两会期间，115 位政协委员联名签署《关于制定实施国家全民阅读战略的提案》，明确建议政府立法保障阅读、设立专门机构推动阅读。国家新闻出版广电总局在 2013 年 3 月底成立全民阅读

---

[1] MCBS. 俄罗斯《国家支持和发展阅读纲要》（英文版）[DB/OL]. [2015-03-20]. http//www.mcbs.ru/files/publications/Documents/nat_progr_eng.pdf.

立法起草工作小组，启动草拟《全民阅读促进条例》工作，目前条例草案已经过数次修改，并已征求各省、市、自治区的意见，进入了国家立法程序。在省、市、自治区及城市层面，江苏、湖北等省，以及深圳等城市在2014年都启动了全民阅读立法工作。

其中，江苏省人大常委会《关于促进全民阅读的决定》已在2014年11月27日获人大常委会通过，作为全国首部促进全民阅读的省级地方性法规，于2015年1月1日起正式实施。《深圳经济特区全民阅读促进条例》（草案）于2014年11月19日获市政府常务会议审议通过，并提交市人大常委会审议，为市民阅读权利提供法制保障。而2014年11月24日，在湖北省人民政府常务会议上，对《湖北省全民阅读促进办法》进行了审议并原则通过，并于2015年3月1日起正式实施。这些举措充分显示了地方政府对全民阅读规章制定工作的脚步正在加快。

第三节　阅读立法的范畴与特点

本节基于当前国内外与阅读相关的法规政策、规划纲要及研究报告等资料，通过提炼有价值、有特色或具有普适性的主旨要点、法条内容等，并结合不同国家的阅读文化环境和社会背景，分析当前阅读立法所涉及的范畴与特点。

一、整合各界力量共促阅读

各国的阅读立法法规中都将阅读上升为国家层面的战略加以推进，并以立法方式整合和推动各界力量共同加入。

俄罗斯2006年制定的《国家支持与发展阅读纲要》，力图调动俄联邦政府各个部门、地区行政机构、社会团体、出版业、传媒、作家协会等各方力量参与阅读，对图书馆、教育系统、阅读推广系统、书业、人才培养体系、阅读基础设施等做出要求，并以国家法律作为保障。该纲要明确了大众传媒，特别是电视和广播在推动全民阅读中的重要作用；规定在出版、运输和传播儿童书籍方面提供国家保护措施；要求基础阅读机构之间，建立一个有效的信息交流体系和管理体系，以促进和发展阅读；以组织竞赛或其他方式支持和激励作家为儿童和青少年创作出有意义的图书；并明确国家支持图书馆等基础文化设施的措施；创建俄联邦国家权利委员会下属的联邦阅读研究中心等。

日本2001年的《少年儿童读书活动推进法》在规定国家、地方政府、企业、监护人各方责任义务的同时，为建立家庭、地域和学校一体化的读书环境，要求国家及地方政府应加强与学校、图书馆及民间团体等机构的协作，调动家庭、图书馆、民间团体和学校的力量共促阅读。在读书活动中，政府利用完善的法律体系，充分调动一切资源，扮演协调角色，有效推动读书活动的开展。

韩国2006年底通过的《阅读文化振兴法》规定中央和地方政府必须为全体公民提供均等的阅读教育的机会，并明确社区、学校、公司企业等各个机构在推动全民阅读中的责任。

就国内而言，不管是国家层面还是地方层面的阅读条例，都彰显了全民参与共促阅读的原则，明确提出要坚持政府引导、社会力量广泛参与的协同原则，调动相关机构及个人等各方力量来共同推动阅读；均提出各级政府应将全民阅读工作纳入国民经济和社会发展规划，建立全民阅读工作统筹协调机制，如成立全民阅读指导委员会或全民阅读活动领导小组等，来统一协调、组织和指导行政区域内的全民阅读工作。

二、重视未成年人阅读

少儿阅读是民族阅读的起点，儿童阅读习惯的培养及其阅读能力的高低关系到国家的未来。国外推动与保障阅读的法规都体现了对儿童阅读和未成年人阅读的重视，并设有专门针对儿童阅读促进的法规条文，如美国的《卓越阅读法》（1998）、《不让一个孩子落伍法》（2002），以及日本的《少年儿童读书活动推进法》（2001）等。

自20世纪90年代以来，阅读教育一直是美国联邦政府和整个社会关注的重点问题,尤其是针对儿童的阅读素养和能力提高问题,克林顿、小布什和奥巴马先后几任总统均发起了具有号召力的阅读运动和计划,并制定了数部与阅读相关的法规,都是针对未成年人的阅读促进法案。美国的未成年人阅读立法保持了很好的连贯性,从立法的完善到拨款的增加,再到管理的不断加强,体现出美国联邦政府对儿童阅读的重视程度在不断提升。

日本政府和社会各界也是从20世纪90年代开始便大力提倡和推动儿童阅读,并实施了各种阅读推广的有效措施。日本于2001年通过的《少年儿童读书活动推进法》明确规定:"国家及地方公共团体,都有义务推进儿童读书活动从而改善儿童的读书环境。"该法明确了中央政府、地方政府和社会各界的责任与义务,指出要制订儿童读书活动计划来促进儿童阅读,还规定中央和地方政府应当给予儿童阅读推广活动必要的财政保障。

近些年,国内图书馆界和教育界也逐渐关注未成年人阅读问题。目前已面世的阅读促进法规中都充分体现了对未成年人的阅读促进及保障的重视。如国家层面和深圳地区的条例文本均单设专门章节来保障和指导未成年人的阅读,规定各级未成年人阅读教育机构的职责。《湖北省全民阅读促进办法》也明确提出"县级以上政府应制定未成年人阅读促进工作方案和阅读分类指导目录","中小学校、幼儿园和全民阅读公共服务场所应当定期开展针对未成年人的阅读指导和服务","支持开展针对有阅读障碍未成年人的阅读研究和干预工作"。

三、为特殊群体阅读设立法律保障

尽管针对特殊群体阅读的专门法规目前在国内外尚未设立,但很多相关领域所制定的法案中都涉及了特殊群体阅读保障的相关条文内容。例如,美国1975年通过的《残疾人教育法》是一部关于儿童基本权利的法律,其中包括受教育和享受阅读的权利,最基本的规定是所有残障儿童都必须接受免费的、恰当的公共教育。该法案明确提出了各学校对待该法所包括的每一个儿童时必须遵守的六条基本要求,对保障残疾儿童的受教育权利起到了较好的作用。法案规定,学校必须为每一个符合《残疾人教育法》所规定的残障类型的儿童设计出与他们的评估结果相吻合的个人教育计划。这项计划必须包含残障儿童能够从教育中得益的特殊教育和相关服务，比如为耳聋的学生提供手语翻译等。依据该法律规定，各教育机构必须合理精心地策划针对儿童的个人教育计划，包括享受阅读资源等各方面权利，以便使儿童享有卓有成效的教育。

还有 2002 年的《不让一个孩子落伍法》所提出的"早期阅读优先"计划，尤其注重来自低收入家庭的学前儿童，其目标在于提高学前儿童特别是来自低收入家庭儿童的早期语言、认知能力和早期阅读技巧，帮助来自低收入家庭的孩子享受阅读。该法案的核心要求就是每个州都必须为所有的学生建立年度充分发展目标，并必须为其所在区域的"亚群体"学生群分别设立不同的小目标。这些学生群包括来自社会经济地位低下家庭的学生群、来自多数种族和少数民族的学生群、残障学生群及英语水平有限的学生群。[1]

近两年，国内的阅读立法也针对特殊群体阅读确立了相应的保障性条款，如《深圳经济特区全民阅读促进条例》（草案）中明确规定，"各级公共图书馆应当开辟残障人士专用通道，设立阅读困难人士阅览区，配备专门的阅读设备和资源"，并"鼓励社会组织对有阅读困难的未成年人提供专业辅导或其他援助"。湖北省所制定的阅读促进办法中也提出，"全民阅读公共服务场所应当为残疾人、老年人等特殊群体提供必要的阅读辅助设施、设备，适应其阅读需求"，并"支持开展针对有阅读障碍未成年人的阅读研究和干预工作"。

四、保障公共文化设施资源的建设

图书馆等公共文化阵地及设施资源，在推广全民阅读方面起到保障阅读资源和阅读权利的作用。国外与阅读相关的法规中都涉及到图书馆的设立和运营保障方面的内容。如韩国自 20 世纪 90 年代开始就重视图书馆和读书振兴的关系，并于 1994 年制定了《图书馆与读书振兴法》。该法的制定是"为图书馆及

---

[1] 迈克尔·英伯. 美国《残疾人教育法》和《不让一个孩子掉队法案》评析[J]. 李晓燕, 韦翠萍, 译. 美中教育评论, 2007（8）: 60-63.

文库的设立、运营以及读书振兴，创造必要的环境，规定相关内容，建立健全图书馆及文库，促进读书活动，全面提供社会所需的信息，提高流通效率，促进文化发展和终身教育的发展"。2006年颁布的韩国《图书馆法》则是在《图书馆及读书振兴法》基础上修缮制定的，将图书馆的发展上升到国家战略层面，保障公民获取信息和知识的权利，注重从细节上践行法律精神。韩国的《学校图书馆振兴法》则是对高中及高中以下学校图书馆的阅读资源保障，从法律和制度层面确保学校图书馆的稳健的资金投入和人员配置。

日本的图书馆一直是践行阅读推广职责的主要机构，日本的阅读法、图书馆法及相关法规政策都体现了对公共图书馆及学校图书馆的资源保障。日本《文字及印刷品文化振兴法案》（2005）明确提出："国家与地方自治体要增建公立图书馆，充实学校图书馆馆藏，日本国民应负有创造国民图书文化环境的权利和义务。"在《少年儿童读书活动推进法》（2001）立法宗旨下制定的《关于推进儿童读书活动的基本计划》(2008年)中也强调，图书馆是营造儿童阅读环境和推动儿童阅读的主要阵地，需进一步充实公共图书馆和学校图书馆馆藏资源，并强化其阅读推广职能。①

俄罗斯《国家支持与发展阅读纲要》也提出要构建阅读的社会文化空间，加强和巩固阅读推广的基础设施机构建设，如图书馆、文化和教育机构、图书行业等，并在第一阶段的实施规划中对图书馆馆藏及技术的信息化、教育系统图书馆设施的现代化提出了相应的要求。

国内的阅读立法也充分体现了对阅读设施及资源保障的高度重视，包括公共阅读设施的建设和免费开放，阅读出版物的创作和出版，各级公共图书馆文献资源和数字资源的建设与更新，以及资源共享体系的构建等。如2014年11月获深圳市政府常务会议审议通过的《深圳经济特区全民阅读促进条例》（草案）专设"阅读资源"一章，对基层阅读设施、特殊人群服务设施、新媒体阅读设施设备等公共阅读设施的建设、开放、保护，以及资源共享逐一进行了保障性

---

① 閣議決定. 子どもの読書活動の推進に関する基本的な計画(第二次)[EB/OL]. [2015-03-10]. http://www.kodomodokusyo.go.jp/happyou/datas.html.

或鼓励性规定，并"鼓励机关、企事业单位、其他组织和个人通过交换、捐献、赠予等方式实现书籍再利用"。《湖北省全民阅读促进办法》也明确提出："建立、完善省、市、县公共图书馆服务体系，加快推进以基层综合文化服务中心、农家书屋、社区书屋、职工书屋为主体的全民阅读基础设施建设。"

五、重视阅读能力和阅读素养的培育与提高

国外以立法的形式保障国民尤其是儿童阅读素养积累和阅读能力提升的法律较多，美国便是一个典型。阅读能力是学生基本文化素养的重要组成部分，也是基础教育阶段要求儿童掌握的核心技能之一。

美国1998年颁布的《卓越阅读法》实质上是在教育基金资助下，专门用于帮助学校提高学生的阅读技巧的方案，同时还用于研究如何提高教师的阅读水平；2002年通过的《不让一个孩子落伍法》法案则以"阅读优先"政策为主导，划拨50亿美元助资教育改革，目标在于提高儿童在三年级以前的基本阅读能力，此法案旨在赋予学校和地方更多权利，保证其切实提高教师素质，进而提高学生的语言水平及阅读能力。2006年，时任总统克林顿发起了"美国读书运动"，目的是使每名8岁的美国儿童学会阅读，而这也成为此后美国教育发展的三大目标之一。2009年2月，奥巴马总统继续推行全民阅读方案，在其签署的《美国复苏和再投资法案》中提出了提高学生阅读能力的综合性计划，规定在小学阶段开展广泛的阅读活动，实施新的阅读课程，并加强对教师和学校领导的培训。根据2011年的美国政府财政预算，美国教育部将资助"阅读是根本"非营利组织和"写作工程"在提高全美读写能力方面所开展的各种活动。

其他国家的阅读法规及阅读规划也不同程度地体现出对国民阅读尤其是儿童阅读素养的重视。如俄罗斯《国家支持与发展阅读纲要》的首要目标是提升全民文化素养，其中主要侧重于提高阅读能力，即获取、组织、使用印刷型文献信息的能力，以及提高公民阅读的积极性，扩大阅读范围和增加阅读强度，以适应动态复杂的社会转型期等。日本《关于推进儿童读书活动的基本计划》中也规定了0~18岁不同年龄阶段要达到的阅读理解水平。据调查，该计划开展后，日本学生阅读理解能力的国际排名由2006年的第15位上升到2009年的

第8位。①

国内阅读立法如《江苏省人民代表大会常务委员会关于促进全民阅读的决定》中明确规定："学校应当把培养学生阅读能力作为素质教育的重要内容，结合教学计划，加强阅读教学。"《湖北省全民阅读促进办法》也提出"中小学校、幼儿园和全民阅读公共服务场所应当定期开展针对未成年人的阅读指导和服务"，以及相关部门"应当为进城务工人员提供阅读指导和服务"等。

六、制订规划与立法相结合

国外的阅读法规中通常包含规划方案之类的内容，或在法条中明确提出要求政府及相关机构制订相应规划，将规划与立法相结合，切实保障法规政策的落地实施。

例如，俄罗斯的《国家支持与发展阅读纲要》考虑到了俄罗斯阅读立法"从无到有"的问题，在纲要中将发展阅读的规划分为三个实施阶段：第一阶段为"对抗危机"，时间为2007—2010年，力图建立支持和发展阅读基础设施的有效机制，旨在改善运作情况；第二阶段为"巩固"，时间为2011—2015年，该阶段将宣传第一阶段所取得的积极成果，系统地补充与加强支持和发展阅读的基础设施的相关要素；第三阶段为"常态化与发展"，时间为2016—2020年，发掘潜力，实现快速成长，逐渐将重点由基础设施建设转移到提高人力资源质量上来，并建立一套标准的机制，以法律法规的形式固定下来。②

日本《少年儿童读书活动推进法》第八条明确规定，政府为能够全面而有计划地推动该法，必须制订儿童读书活动推进法的基本计划，并以都道府县为例进行说明。为此，日本中央政府和地方政府都在各自范围内制订了相应的规划，2004年是第一次规划，2008年则是第二次。根据文部科学省2012年的调查，

---

① 万宇，等.国际视野：推动全民阅读在国外[EB/OL].[2015-03-10]. http://www.jyb.cn/book/rdss/201310/t20131007_554470.html.

② 张麒麟.俄罗斯的阅读立法及其阅读推广实践[J].新世纪图书馆，2014（4）：20-22,56.

日本全国市町村已经制订、正在制订和正在检讨第二次方案的比例为81.6%。[①]在内容上，以文部科学省的《关于推进儿童读书活动的基本计划》(2008)为例，该方案详细规划了五年间促进日本全国儿童读书的活动。韩国《阅读文化振兴法》（2006）也规定文化体育观光部为国民阅读推广的官方机构，每五年需制订一份读书文化振兴基本规划。

美国阅读立法和阅读教育政策的演进始终伴随着一系列项目的实施和计划制订，诸如由美国联邦政府早期为促进学前教育而资助的"开端计划"项目和"平等起点"项目等。1998年制定的所谓《卓越阅读法》与其说是一部法案，不如说是一个促进方案，是国家教育基金资助下的阅读促进计划；"卓越阅读方案"每年都会选出13个州资助他们的阅读计划，而每个州都会为了这个三年一次的资助机会而制订提高阅读率的计划。2002年由小布什总统签署的《不让一个孩子落伍法》则在此基础上更进了一步，专门就儿童阅读能力提高问题制订了两项方案，一是针对从学前班到小学三年级儿童的"阅读优先"计划，另一项就是专门针对学前儿童的"早期阅读优先"计划，并规定在2002—2007财政年度，两项计划每年分别投入9亿美元和7500万美元。

七、设立阅读日和阅读基金等制度

日本《少年儿童读书活动推进法》（2001）中指定每年4月23日为日本"儿童阅读日"；而2005年通过的《文字及印刷品文化振兴法案》又将读书周的第一天——10月27日设立为"文字、活字文化日"，提倡支持学术书、翻译书的出版，支持国际图书节。这些法律条文的颁布为日本阅读活动的推广提供了必要的制度和政策保障。

韩国《图书馆与读书振兴法》（1994）中明确提出设立"图书馆及读书振兴基金"，成立"图书馆及读书振兴委员会"，以推动阅读长效机制的建立，保障全民阅读和终身学习的开展。2007年颁布的韩国《阅读文化振兴法》指定文化

[①] 文部科学省．都道府県及び市町村における「子ども読書活動推進計画」の策定状況に関する調査結果について[EB/OL]．[2015-03-10]．http：//www.kodomodokusyo.go.jp/happyou/datas.html．

体育观光部为国民阅读推广的官方机构，每五年需制定一份读书文化振兴基本计划，并成立读书振兴委员会，指导和推动国民阅读的开展，法律实施后很快于2008年推出了第一个五年计划。

除了在法规中明确设立阅读基金外，某些国家阅读法案和规划的实施也得到了政府财力的大力支持和保障。如美国《不让一个孩子落伍法》的"早期阅读优先"计划自2002年实施以来，联邦政府给该计划的拨款一直呈上升趋势。2002年的拨款为7500万美元，2004年为9400万美元，2005年突破亿元大关，达1.04亿美元，2008年为1.12亿美元，2009年为1.13亿美元。[①]

国内已制定的阅读促进条例或促进办法中都提出了阅读日、读书月、阅读节等全民阅读法定节日的设立，如"4·23世界读书日""9·28孔子诞辰""深圳读书月""江苏全民阅读日""江苏读书节"等；同时还鼓励并支持全民阅读公益基金的成立，接受公民、法人或者其他组织的捐赠，或提出将全民阅读服务所需经费纳入政府年度财政预算，在经费和人力方面予以法律保障。

第四节　阅读立法的规范与保障

在国内，通过顶层法律制度设计推动全民阅读的可持续发展，既是响应党和国家的工作要求，深入开展全民阅读活动、建设学习型社会的重要举措，也是提升国家和地区文化软实力及竞争实力、增强文化认同、建立核心价值、凝聚民心、弘扬人文精神、净化社会风气的国家战略需要。

与国外发达国家相比，国内的阅读立法尚处于起步阶段，是在充分吸取和借鉴国外的优秀立法成果的基础上，结合自身实践，总结国内阅读推广实践基

---

① U.S. Department of Education. Early Reading First Funding Status[EB/OL]. [2015-03-20]. http：//www.ed.gov/programs/earlyreading/funding.html.

础上的进一步升华，是从法制层面对公众阅读权利和阅读推广活动的保障，确保全民阅读活动开展的系统性、长期性和有效性。立法的出发点不是对公民阅读权利和自由的约束，而是为公民阅读权利的实现创造更好的法律制度保障；立法的重点不是约束公民个体，重点在于规范政府及相关机构的权利、责任和义务。

目前已出台或即将出台的阅读促进法规中，在内容框架设定和法条内容上或多或少地借鉴了一些发达国家阅读立法的相关精髓，但也不乏有创新型的条款出现，如：深圳地区将近年来深圳"阅读推广"的创新实践上升为法律条文予以肯定，并规定了阅读推广组织、阅读推广志愿者、阅读推广人的相关职责；江苏省将"书香江苏"建设指标体系建立列为全民阅读活动领导小组的职责之一，建立全民阅读调查评估制度，开展全民阅读状况和全民阅读指数调查；等等。

尽管目前已制定的几部阅读促进条例加快和推动了中国的全民阅读法治建设，为建立巩固和保障全民阅读的长效机制奠定了坚实的基础，但仍存在不足和有待完善之处，如：部分条款停留在倡议和鼓励的层面，没有法律约束力，实施仅靠自觉，估计收效不会太理想；某些法律条文较为宽泛化，没有与相应的规划计划相结合，也没有制定具体的针对性细则，落地实施难度大；还有些立法举措虽是当前国际上比较流行的做法，但直接效仿可能不妥，执行起来相对困难，没有与中国国情及地区实际情况紧密结合等。

那么，一部较为合理且完善的阅读立法条例究竟应规范和保障什么呢？其框架结构应主要涵盖哪些基本内容？以下几个方面供大家思考。

一、阅读组织与管理

目前不管是国家层面还是省、市、自治区层面，在推进全民阅读工作的组织协调上，缺乏统一的规划和组织保障，还没有形成明确的统筹指导、协调促进的长效体制机制。应在立法中明确成立统一的全民阅读组织协调领导机构，如全民阅读委员会、全民阅读活动指导委员会、全民阅读领导小组等类似名称的机构，行使对全民阅读的统一指导职能，负责对全民阅读工作的决策、指导、协调和监督。

二、阅读资源及设施的保障

阅读资源及设施是保障全民阅读的重要基础。由于经费不足、地方政策重视程度不够，当前国民阅读公共资源和设施存在不足、不均衡等问题，应通过立法的方式，在阅读的场地、设施、资源、条件等方面给予更大的保障和支持力度，以有效提升公共阅读资源和设施的覆盖范围、资源更新频率和服务效能等。

三、未成年人的阅读保障

未成年人的阅读成长关系着民族的未来和国家的长远发展，对一所城市来说关系着城市市民素养的提升及城市的创造活力。国内各地区近年来非常重视未成年人的阅读权利保障，创造了许多成功的案例。在阅读立法中也应充分吸纳已成功的经验做法，把它固定下来，成为规范未成年人阅读保障的法律规则。比如：制订未成年人阅读规划及年度计划，注重未成年人阅读习惯和阅读能力培养；规定各级公共图书馆设置未成年人服务专区和资源配置，规定各级未成年人教育机构的职责；针对新生儿家庭、低收入家庭和特殊儿童家庭的阅读指导服务措施等。

四、阅读活动的法律保障

即通过法律的规定，使现有的阅读活动法定化，增强其合法性，确保其长期性。比如：深圳地区的阅读促进条例拟将每年 11 月定为深圳读书月，把它确定为全民阅读的法定活动，规定了活动的运作模式、机制、场次及媒体的责任，并提出采取政府倡导、专家指导、社会参与、媒体支持的运作模式；市政府及相关机构、各区政府及相关机构应当举办一定数量的阅读活动。

五、阅读推广与宣传

阅读推广指导对未成年人、残障人员、特殊儿童、阅读困难人员的意义非常重大，政府及其相关机构应对这些特殊阅读群体提供有针对性的阅读服务，但目前有关阅读的法律政策没有明确的针对性的阅读服务保障，因此在立法的制度设计上可考虑融入阅读推广指导的专门条款。

六、阅读参与

阅读立法除规定政府及相关部门机构的职责外，还应对企业组织、社会组织及个人等社会力量参与全民阅读，本着社会参与、协同推动的原则提出鼓励的法律措施。比如，可鼓励企业投资或捐资建设面向市民开放的公益阅读设施，从事公益阅读资源生产与供给，独立举办或捐助、赞助公益阅读活动。鼓励各类社会组织开展全民阅读活动，承接政府部门转移的职能或政府部门委托的全民阅读项目等。

七、阅读保障

这里的"保障"其实应包括多个方面，包括人、财、物及保障机制等，但更主要的倾向是指阅读基金和阅读评估机制的设立。一是要形成长期的常规的全民阅读经费支持体制机制，通过由政府设立"全民阅读基金"进而鼓励引导社会资金参与全民阅读；二是建立全民阅读评估研究机制，负责组织全民阅读评估、开展全民阅读研究、发布全民阅读指数和推动阅读文化交流等工作。

思考题

1. 实施阅读立法的必要性和意义有哪些?
2. 阅读立法的范畴及特点主要体现在哪几个方面?
3. 请阐述美国在阅读立法方面的主要成就。

第六讲
残障群体的阅读推广

陈艳伟[*]

在本讲中，残障群体指残疾群体和阅读障碍群体。这部分群体由于身体的某种缺陷，无法正常使用图书馆的文化服务。图书馆作为公益性的文化事业，对残障群体的服务体现出平等性、权益性、普惠性和服务性等特征。在构建和谐社会中，残障人士享有图书馆服务是公民的基本权利；保障残障人士文化权利、提供图书馆文化服务则是政府的重要职责。

在我国，为残障群体服务的图书馆主要有三类：一是作为残障人服务主导的公共图书馆，二是各地残疾人联合会下属的残障人图书馆，三是民间公益机构开设的面向残障人士的民间图书馆。此外，其他各种类型的图书馆，如高校图书馆、科研图书馆、工会图书馆等，也应尽其所能保障残障读者权益，尽可能地为他们创造良好的阅读环境，提供各种阅读条件，共同推进残障人士的阅读工作。

本讲拟以服务残障群体的公共图书馆为主，辅以其他类型图书馆来探讨该群体读者的阅读推广。

---

[*] 陈艳伟，深圳图书馆副研究馆员，深圳图书馆特殊群体阅读推广负责人，主持广东省图书馆2011年科研课题《视障读者的信息需求与服务策略研究》，参与多项重大课题。

第一节 残障群体阅读推广

2011年,世界卫生组织《全球残疾人报告》称:"目前有10亿人口带有某种形式的残疾,约占世界总人口的15%。"在我国,残疾人是指在心理、生理、人体结构上,某种组织、功能丧失或者不正常,全部或者部分丧失以正常方式从事某种活动能力的人。残疾人包括视力残疾、听力残疾、言语残疾、肢体残疾、智力残疾、精神残疾、多重残疾和其他残疾的人。

据2006年第二次全国残疾人抽样调查,全国(未包括香港、澳门和台湾地区)各类残疾人总数为8296万,占全国总人口的6.34%。[①] 帮助残疾人参与和融入社会,是整个社会文明进步的必然要求。中国残疾人联合会主席张海迪女士曾说:"我深知残疾人对于阅读的渴望,阅读可以帮助我们开阔眼界、拓展视野、获取知识,而知识可以改变命运。"改善残疾人群体的精神文化生活,是帮助残疾人自我提升和进步的重要方式之一。

一、我国残疾群体读者阅读推广概况

我国图书馆向残疾群体的阅读推广工作可追溯至20世纪30年代。在中国现代图书馆和图书馆学形成初期,为残疾群体服务的理念就已萌芽。杨昭悊1923年在《图书馆学》、1936年在《中国图书馆漫谈》中就提出过设立盲人图书馆。李小缘在其《全国图书馆计划书》中就曾设想过盲人图书馆的服务网络,并在1927年的《图书馆学》中再次提出各图书馆皆需附设盲人部。其他学者的著述中也都曾提到为盲人等残疾人群提供图书馆服务。但直到21世纪前后,图书馆残疾群体服务才从设想变为现实。

20世纪80年代以前,图书馆还没有专门为残疾人提供服务所需的软硬

[①] 2006年第二次全国残疾人抽样调查主要数据公报(第一号)[EB/OL]. [2015-02-16]. http://www.gov.cn/fwxx/cjr/content_1308385.htm.

件设施、设备等。1989年的《方便残疾人使用的城市道路和建筑物设计规范》规定，公共图书馆要进行无障碍建筑建设或对其原有建筑进行无障碍化改建。部分地区图书馆陆续开辟了残疾人专用服务场所，同时为盲人读者的服务也开始实行。接着，我国关于"图书馆残疾人服务"的研究也开始。[1] 1990年12月28日颁布的《中华人民共和国残疾人保障法》规定："组织和扶持盲文读物、盲人有声读物及其他残疾人读物的编写和出版，根据盲人的实际需要，在公共图书馆设立盲文读物、盲人有声读物图书室。"残疾群体的权益逐渐被重视。公共图书馆开始大规模地建设无障碍设施、建设盲文阅览室并开展盲文借阅、组织视障文化活动等服务，公共图书馆残疾群体服务也有条不紊地开展。同时，图书馆界的学者也对无障碍服务展开了大量的理论研究和实践探索。1994年8月颁布了《残疾人教育条例》，为残疾人接受教育与服务提供了政策保护和法律依据。1996年《中国残疾人事业"九五"计划纲要》颁布，明确提出"大、中城市图书馆要提供盲文及盲文有声读物借阅，增加适合盲人、聋哑人、弱智人的读物"。

各地残疾人联合会大都重视残障群体的文化服务，并设置残疾人图书馆，但其服务对象以本地户籍的残疾人士为主，具有相对的狭隘性。另外，加之场地较小、馆藏数量有限、缺乏专业的服务馆员、以借阅为主其他阅读推广活动较少等原因，这类图书馆目前在残障群体阅读推广中发出的声音较小。

随着民间公益力量的不断发展，民间公益机构也将关注的目光投向残障群体，创建残障人士专用图书馆。北京红丹丹"心目图书馆"是北京市第一家民间盲人图书馆。该馆由"心目影院"创始人大伟老师发起，经过3年多的筹备于2011年建立，隶属于北京红丹丹文化教育交流中心。图书馆只有15平方米的阅览面积，外加一间30多平方米的录制室。在心目图书馆提供的100多种有声图书中，不仅有鲁迅、巴金的小说名著，也有《哈利·波特》《杜拉拉升职记》《山楂树之恋》等畅销书，还有学习类和法律常识类图书等。

---

[1] 袁丽华.国外公共图书馆残疾人服务工作及其对我国的启示[J].科技情报开发与经济,2011(3):72-74.

馆内所有图书均免费提供，目前有5部阅读器，其中两部可供盲人轮流带回家使用。每天都有好几位盲人来这里"读"书、借书，周末时人数更多些，能有十多人。[①]

公共图书馆作为重要的公益性文化机构，为残疾人提供均等的文化服务责无旁贷。从国家图书馆到各省、市、自治区的公共图书馆及社区等基层图书馆均已针对残疾人群体的信息需求开展了形式多样的阅读推广工作，包括：在建筑环境和配套设施上考虑残疾人使用特点进行相应建设，多数公共图书馆为残疾人设立了专门的服务区域；在经济条件的保障上，给予残疾人减免相应费用的优惠；在辅助工具和操作环境上，不断引进新技术，购置盲人专用电脑、视听辅助设备等，保证残疾人的无障碍使用；根据各类型残疾读者的特点，开展丰富多彩的文化阅读活动，提升残障读者的文化生活水平。

据《2010年中国残疾人事业发展统计公报》显示：截至2010年年底，全国省级和地市级公共图书馆设立盲文及盲人有声读物阅览室已达到47个和394个。[②]成立于2011年6月的中国盲文图书馆设有盲人读物制作、典藏和借阅，盲人文化展览展示和教育培训等区域，为全国盲文和盲文服务组织提供到馆借阅、邮寄借阅、文献查询、教育培训、信息化产品等多种贴心、方便、优质的文化服务。自新馆开馆以来，充分发挥"五个中心一个窗口"作用，努力打造集图书馆、文化馆、博物馆、社会终身教育于一体的一站式综合性公益文化资讯服务机构，加快推进覆盖全国城乡盲人的公共文化服务体系建设，努力为全国盲人提供公益性、便利性、综合性文化资讯服务。

我国当前公共图书馆为残疾群体服务的主体是视障读者，肢残读者大都在无障碍环境构建较好的情况下被当成了正常读者对待，对聋哑和智障读者的服务还处于理论探讨和初步尝试阶段，没有大规模地开展。让残疾读者主动走进图书馆、参与社会文化生活，不仅需要加强自身馆藏资源建设，丰富文化资源，

[①] 鼓楼建起首家民间盲人图书馆 盲人有地儿看书了 [EB/OL].[2015-03-15]. http：//www.chinadp.net.cn/channel_/barrier-free/news/2011-03/15-7342.html.

[②] 2010年中国残疾人事业发展统计公报 [EB/OL].[2015-02-20].http：//www.cdpf.org.cn/sytj/content/2011-03/24/content_30316232.htm.

更需要站在残疾读者的角度，考虑他们真正的文化需求，通过多姿多彩的文化活动和无障碍技术吸引他们，体现人文关怀，为他们带来文化愉悦和实实在在的利益。

二、视障读者的阅读推广

"视障"是视力障碍的简称，包括全盲和低视力。截止 2013 年，我国视障人士达到 1700 多万。他们和正常人一样渴望文化知识，追求社会文明，但他们均等共享社会文化成果的愿望远远未得到满足。

（一）视障读者的基本特征

视障群体的文化水平普遍偏低。据中国残疾人联合会 2013 年对 23 万盲人的调查显示：文盲占 22.6%，小学水平占 42.3%，初高中水平占 31.9%，中专以上占 2.8%。其中，会盲文的盲人约有 7%。目前国内只有中国盲文出版社印制盲文点字读物，加上盲文文献出版种类少、数量低等因素，导致传统的盲文点字阅读率极低。会盲文的读者则保持着借阅盲文书刊的习惯。更多的视障读者喜欢去图书馆学习盲用电脑操作和参加阅读活动，表明视障读者学习欲望较强，希望与时俱进，扩大交际面。

在阅读习惯方面，由于会盲文的视障读者较少，多数视障读者更喜欢数字阅览，阅读方式主要有网络阅读、手机阅读及读书机阅读。阅读内容则最关注时政要闻、医疗保健和文学作品，这与他们的年龄和职业有直接的关系。这也说明网络、手机等新媒体的出现已经影响了一部分视障读者的阅读习惯，这对图书馆提供盲用电脑培训提出了更高的要求。

随着公共图书馆全民文化服务的深入开展，越来越多的公共图书馆设立了视障阅览室（盲人阅览室）为视障读者开展服务。提供视障服务的图书馆大都注重构建无障碍环境，配备视障读者专用的设备和盲道、洗手间等。服务以提供接送、盲文点字文献借阅、送书上门、电脑培训和组织视障读者专题活动为主。

（二）丰富多彩的视障阅读推广活动

为使视障读者增长知识、开阔视野，多数图书馆根据视障读者的阅读特点开展了丰富多彩的视障阅读推广活动。主要包括以下三种类型。

1. 以图书馆为阵地，打造视障文化活动品牌

视障服务做得较好的图书馆多注重打造视障文化活动品牌。如深圳图书馆多年来注重视障专题品牌建设，"世界读书日视障阅读专题""国际盲人节文化专题""视障家园"文化沙龙和"深圳视障公益影院"，已成为该馆视障服务的特色品牌。浙江图书馆开展的阅读活动有"让春天在阅读中绽放"摸读朗诵会、"我的阅读生活"演讲比赛、"游白堤 品诗歌"主题活动、"崇德向善 触动我心"主题阅读交流等。

读书会作为一种思想交流的文化沙龙也深受视障读者喜爱。如中国盲文图书馆的"陶然读书会"、浦东新区图书馆的盲人读书会、浙江图书馆的"心阅"读书会、苏州图书馆的盲人读书会等，风格多样，阅读主题宽泛，受到视障读者的热烈追捧；上海图书馆定期举办阅读分享会等都是颇受视障读者喜爱的阅读活动；苏州图书馆定期组织视障读者走入"高墙"，为监狱犯人

图6-1 2015年世界读书日深圳市第五届盲人诗歌散文朗诵暨散文创作大赛活动。

（深圳图书馆供图）

讲述自己自强不息的故事,从而对犯人们进行感化和帮教,起到了很好的社会效果。

2. 开展口述影像服务,关注精神文化生活

口述影像服务是图书馆面向视障读者开展的一项特色阅读推广活动。该服务通过在电影对白中穿插解说,将视障读者看不到的表情、颜色、动作等在电影播放的同时一一描述,让视障读者可以一起感受电影文化的魅力。

深圳图书馆与深圳市残疾人联合会合作,于 2009 年国际盲人节成立"深圳视障公益影院",招募志愿者为视障人士讲电影。讲电影采取"固定场地"和"送电影到视障读者身边"等多种灵活形式,至今已为视障读者讲电影 78 场;2009 年上海市残联、上海图书馆和上海电影评论学会联合成立了全国首个无障碍电影工作室,通过重新剪辑增补大量配音解说的方式,制作了无障碍电影光碟,让视障读者可根据自己的时间自由享受电影艺术的乐趣。中国盲文图书馆将每次讲电影的音频加工整理后放在图书馆的网站上方便全国各地的视障读者随时收听。此外,浙江图书馆、上海浦东图书馆、苏州图书馆等图书馆都开展了为视障读者讲电影的活动。

图 6-2 为视障读者讲述反映残疾朋友身残志坚的电影《绽放》(深圳图书馆提供)

3. 与时俱进，进行数字阅读推广工作

随着全媒体时代的到来，图书馆的视障阅读也进入数字时代。数字阅读是视障阅读推广的重要组成部分。目前视障数字阅读推广主要以电脑培训、建设视障专属网站和多媒体电子光盘外借为主，辅助设备外借服务方兴未艾。盲用电脑培训帮视障读者打开了另一扇窗，建立其与社会沟通的桥梁。中国盲文图书馆、深圳图书馆、广州图书馆、南京图书馆、浙江省图书馆、陕西省图书馆等多家图书馆都开展了此类服务。视障专属网站也在积极建设中。2008年，国家图书馆与盲文出版社、中国残疾人联合会信息中心共同投资建成中国盲人数字图书馆，视障读者通过残疾证注册认证后，可以免费使用该网站的资源。2011年，中国盲人数字图书馆网站加强后续建设，日均访问量达到5万次，资源量增长35%，用户量增长33%。中国残疾人联合会与国家图书馆共建开通了中国残疾人数字图书馆，让更多残疾人足不出户就可享受国家图书馆的资源与服务。①

图6-3 盲人数字图书馆网站截图

---

① 2011年中国残疾人事业发展统计公报[残联发(2012)6号][EB/OL].[2015-03-01].http：//www.cdpf.org.cn/sytj/content/2012-03-29/content_30385873.htm.

作为视障服务后起之秀的中国盲文图书馆也建立了自己的专用网站——"盲人数字图书馆",其资源更新速度较快、内容丰富,涵盖数字资源、DAISY[①]专区、口述影像、新书速递等,是目前颇受视障读者喜爱的网站。此外,深圳图书馆、广州图书馆等都建立了自己的视障专属网站。上海图书馆阳光听书郎的外借服务方便视障读者在家听读电子书,开创了辅助设备外借的先河。免费刻录电子书和通过建立QQ群提供网络服务也在逐步实行。

(三)视障阅读推广中存在的问题

视障阅读推广工作是目前残疾读者阅读推广的重点对象,取得了不俗成绩,但还是存在以下问题。

首先,盲文点字馆藏重复建设,新型资源建设不到位。因为国内只有中国盲文出版社从事盲文文献的印制,且种类较少,出版周期长,所以有视障服务的图书馆的盲文文献购置就比较单一,重复率极高。自建的数字资源建设力度不够,新型资源建设不到位;先进的阅读辅助设备没普及,提供阅读器外借的还较少。

其次,视障专题阅读活动系列性差,经常是随时自选主题,没有形成可持续拓展的系列主题。

再次,电脑培训的普及度不高,专业服务人员较少,且视障阅览室多集中在经济文化较发达的大中城市图书馆,辐射范围较小,偏远地区的很多视障读者实际使用不到图书馆。

最后,各个图书馆以实际的阵地服务为主,各自为政,图书馆之间合作较少,系统性差,图书馆之间缺乏统一的网络服务平台。

---

① DAISY(Digital Accessible Information System)是2001年由日本残疾人康复协会开发的一个采用多媒体数字无障碍信息系统技术的研究发展项目,现被确定为新一代语音图书格式,播放时可以让声音与文字同步、搜索文本中的内容、在书中放置与搜索标签、在文本中标记重点等,特别适合视障人群。

103

三、肢体残疾读者的阅读推广

新建的现代化公共图书馆无障碍设施大都比较到位，肢残读者几乎可以畅通无阻地使用图书馆，因此，国内图书馆都将肢残读者作为正常读者对待，极少提供专门服务。针对肢残读者，图书馆需要注意的是无障碍服务环境的构建，在细节方面体现贴心服务。

美国的图书馆主要都是按无障碍环境设计的，以方便肢残读者到图书馆借阅。如美国的公共图书馆设有专门为肢残人设置的水龙头、公用电话、厕所等。美国杜克大学图书馆为残疾读者的特殊服务包括：在图书馆楼下的停车位安装一个图书输送的装置，残疾人可以坐在轮椅上甚至在汽车上就可以取到书；此外还提供轮椅通道，残疾读者可通过电话、电子邮件提供书目信息，图书馆为其传送等。日本大阪府立中央图书馆不仅为坐轮椅的读者设有专用通道出入口，而且在出入口处设有按钮，只要读者按下按钮或对讲装置，门就会自动开启。[①]

四、聋哑读者的阅读推广

由于特殊的生理特点，聋哑读者往往具有共同的心理特征：其一，聋哑群体在与人交流时主要依靠手语和书写，因缺乏交流手段，表达相对困难，需求往往得不到满足，他们难以理解周围人们的思想，易产生误会；其二，他们大多相对封闭，一般只和聋哑人士接触，造成知识水平有限；其三，他们自身有盲目性和脆弱性，自制力较弱。他们和正常读者一样阅读明文纸本书，但对视频资源要求较高，需要配备手语或带字幕。

据调查，聋哑读者的到馆率极低，一些特殊教育学校的图书馆针对聋哑学生开展的服务也不深入，国内公共图书馆针对聋哑读者的专业服务也寥寥无几。笔者以"聋哑"为关键词搜索中国知网数据库，搜到的多是特殊教育方面的论文，探讨如何在教学中提升聋哑学生的学习效果。只有一篇是万毅等就上海应用技术学院图书馆如何为聋哑大学生提供人性化特殊化的服务进行

---

① 杨江平，白素屏. 中外图书馆残疾人服务比较与启示 [J]. 四川图书馆学报，2011（1）：91-94.

的探讨。[1] 针对聋哑读者的服务，图书馆在服务方式、服务意识、配套设施和馆员教育等方面具有较大的探索空间。英国图书馆专门设立听力残疾服务区，就是专门为聋哑残疾读者服务的地方，这里可提供阅读机、声音放大器供这些听力障碍者使用。[2]

五、智障读者的阅读推广

智力障碍又称智力缺陷，一般是指由于大脑受到器质性的损害或是由于脑发育不完全而造成认识活动的持续障碍及整个心理活动的障碍。这类人通常缺乏感情反应，语言发展有障碍，动作刻板重复，对环境有着奇特的反应。发病人群为婴幼儿，通常在三岁之前。智障人群无论在心智、情感，还是与人沟通交流方面都存在很大的障碍和困难，大脑发育迟缓，语言极其混乱，肢体行动不便，行为习惯令人费解，这一切都在告诉我们他们不同于常人。

目前，对智障读者的阅读推广在我国公共图书馆逐步开展，主要侧重于智障的少儿读者，做法主要是以建立图书馆流通点和让智障读者走进图书馆活动为主。

1993年10月，台湾地区的高雄市立图书馆为智障儿童成立了"智障儿童玩具图书馆"，通过玩具对智障孩子进行启发和帮助。这是一家公设民营的特色图书馆，场地由高雄市图书馆提供，资源和经费由高雄市智障儿童福利促进会筹款，图书馆负起监督之责。该图书馆的成立，使心智障碍的孩子和一般人一样享有了使用公共图书馆的权利。图书馆依靠社会力量，专门聘请了专家和经过特训的义工从各方面辅导、矫治孩子的障碍，使他们过着有意义、有尊严的生活。图书馆通过开展多种活动，搞好特色服务，免费提供图书、玩具，并提供咨询辅导，开办各项亲子活动和相关讲座，以及特教班教学、游戏治疗、研习活动、成人智障者智能评估等，让所有智障的儿童都能享受到服务。他们根据智障孩子的特点选择适当的玩具作为教材玩具，指导孩子学习操作，同时也指

---

[1] 万毅，徐阶斌，卫菁.高校图书馆为聋哑特殊读者群体服务的研究——以上海应用技术学院图书馆为例[J].图书馆论坛，2012(2)：52,121-123.
[2] 杨江平，白素屏.中外图书馆残疾人服务比较与启示[J].四川图书馆学报，2011（1）：91-94.

导孩子的父母亲如何使用玩具。该图书馆已成为高雄市智障儿童的学习新乐园。[1]

"我是小小读书虫"智障儿童主题阅读服务，是由广州少年儿童图书馆与广州越秀区培智学校联合开展的。通过活动让智障学生走进图书馆，对智障学生的阅读进行分组引导，使其享受不一样的阅读服务。每个月一次，每次按照不同的主题为智障儿童呈现不同类型和内容的书籍。对不同层次的智障儿童采取个性化指导。通过两个学期七次课程的阅读，智障儿童的阅读水平有了明显的提升。[2]

天津市河西区少儿图书馆与河西启智学校积极开展阅读辅导、讲故事、读后感、读书竞赛等各种活动，为智障少年儿童送去好书，带去优质的服务。2010年，河西启智学校全年图书借阅人数达到1262人次，图书1698册，河西区少儿图书馆为智障学生进行阅读辅导100余次。这些活动受到孩子们的欢迎和喜爱。利用"世界读书日"、六一儿童节、助残日等时机，少儿图书馆为孩子们送新书、做辅导，通过一系列丰富多彩的读书活动为智障少年儿童构建"悦

图6-4 认真阅读的智障孩子们（广州少年儿童图书馆提供）

---

[1] 刘娟.台湾智障儿童玩具图书馆[J].图书情报论坛，2000（4）：53.

[2] 张希.关爱智障儿童阅读——广少图智障儿童主题阅读服务记录与分析[J].山东图书馆学刊，2012（6）：51-53.

读乐园",让更多的智障少年儿童亲近阅读。①

智障读者的心智一般都低于正常人,图书馆服务人员对此类残障读者多少会存在胆怯心理,不知道该如何和他们沟通,尤其是面对重度智障读者,这对图书馆服务人员提出了更高的要求。

第二节　阅读障碍读者的阅读推广

一、什么是阅读障碍

据国际阅读障碍协会的定义,阅读障碍又称读写困难、读写障碍,是一种源于神经系统的特殊学习障碍,其特点是无法准确流利地识别单词,拼写与解码能力存在困难。这种特殊学习障碍最初表现为对语言中音韵部分的感知能力弱于其他认知能力,并在无法达到有效的课堂学习效果后,慢慢演变为阅读理解困难,致使阅读体验过程减少,从而阻碍了词汇及背景知识的增长。②作为一种隐性残疾,阅读障碍更容易被人忽略。

在西方,阅读障碍早在1881年就被提出,但长期以来关于汉语的阅读障碍研究没有得到重视,一些研究者过去甚至认为汉语不存在阅读障碍。1982年的一项跨语言研究表明,中、美、日的阅读障碍比率分别是7.5%、6.3%、5.4%,三国儿童阅读障碍的出现率没有显著差异。在这项研究之后,汉语的阅读障碍才引起了心理学、认知神经学等领域研究者的关注。据欧洲阅读障碍协会调查显示,全世界约有8%的人群患有阅读障碍,其中2%~4%较为严重,且男性高于女性。

阅读障碍表现在识字书写、阅读和行为三个方面。

---

① 梁祥珍.智障少年儿童阅读辅导工作的探索与实践 [J].图书馆学刊,2011(6):104,136.
② 宋双秀,束漫.英国公共图书馆"阅读障碍症"群体服务研究 [J].国家图书馆学刊,2014(4):3-9,22.

表 6-1 阅读障碍的表现和症状

表现方面	症状
识字和书写	认字与记字困难，易忘记 错别字连篇，经常多一笔或少一笔 经常搞混形近字，如"狐"和"孤" 经常颠倒字的拼音部首，反着写字 书面表达差，抄写速度慢，需要看一笔写一笔 完成书写非常容易疲劳等
阅读	朗读时遗漏字、加字、念错字 长时间的停顿或不能正确地分节 阅读后不理解阅读内容 朗读不流畅，跳字、跳行；朗读速度慢
行为	手脚笨拙，走路时经常跌倒、被绊倒或发生碰撞 缺乏运动细胞，平衡感不好 注意力集中时间短 听课效率低，多动 自信心低落，容易放弃 握笔姿势不良，系鞋带和使用筷子动作笨拙 聪明，但无法用于学习 人际关系处理不好，内向害羞或者性格急躁

二、我国阅读障碍群体服务现状

近年来，阅读障碍群体已成为医学界、教育界、社会服务界、媒体等共同关注的服务领域，各个界别均开始关注读写障碍人群及研究相关矫治方法，特别是香港和台湾地区，读写障碍的服务和研究历史长达 10 多年。医学人员从医学角度对阅读障碍的病因和矫正进行了大量的探讨和研究。一些民间组织如北京的"乐朗乐读学习潜能开发中心"和深圳的"卫宁读写障碍中心"对阅读障碍从宣传、诊断到矫正进行了有效的探索。2013 年广州增城乐众社区与中山大学医学博士合作在小学和社区开展阅读障碍儿童的初步筛查和读写能力评估；广东佛山引入香港"语言诊室"，在社区和小学开展阅读障碍症儿童服务。[①] 2013年3月，全国政协委员、清华大学公共管理学院副院长王名向全国政协十二届一次会议提交了一份名为"关于全国加强关爱读写困难学生，切实落实教育公平"的提案。在提案中，他提出5点建议，如：设立专门机构负责读写困难儿童在校的融入教育；成立读写困难生救助性康复训练经费制度；建立家长求助热线，委托相关专业机构提供电话远程咨询服务；将每年的4月24日定为"读写困难日"等。[②]

图书馆界对阅读障碍群体的阅读推广理论上稍有涉及，实践上刚刚起步。2013年，束漫教授主持了国家社科基金项目"公共图书馆为阅读障碍人群服务的理论、方法与对策研究"的研究工作，目前已形成系列成果：课题组对英国公共图书馆、美国公共图书馆、英国高校图书馆、加拿大高校图书馆、北欧图书馆（包括挪威、瑞典、芬兰、丹麦）和亚洲部分国家和地区包括日本、新加坡、中国香港地区和中国台湾地区的阅读障碍群体服务进行了探讨和研究，让更多的图书馆界人士将目光聚集到了阅读障碍群体。同时，该课题组在广州图书馆少儿部、东莞图书馆少儿分馆、安徽省岳西县图书馆进行了实践研究，开展了面向读者、家长及小学的宣传。2014年5月，"图书馆读写障碍服务高级研修班"在广州图书馆举行，香港专家对图书馆员进行了阅读障碍服务培训。2015年3月，首届读写障碍服务联动研讨会在深圳举行，以期更好地总结读写障碍服务的多方联动经验，提高社会大众对读写障碍的认知度，促进相关政府部门和社会热心企业共同关注读写障碍人群，建立读写障碍服务多方联动机制。

目前，深圳图书馆已将阅读障碍读者纳入服务范围，开始积极探索有效的服务模式。深圳图书馆已与深圳"卫宁读写障碍中心"合作举行过多场关于读写障碍的讲座，在深圳图书馆少儿服务区定期向读者宣讲阅读障碍知识，反响良好。

---

① 苏丽平，束漫.亚洲部分地区"阅读障碍"群体服务研究[J].图书情报工作，2014（12）：56-62.
② 读写障碍儿童：在歧视中哭泣[EB/OL].[2015-03-12]. http://zqb.cyol.com/html/2013-06/04/nw.D110000zgqnb_20130604_1-03.htm.

图6-5 2015首届读写障碍服务联动研讨会合影（深圳卫宁读写障碍中心提供）

三、阅读障碍在国际上得到重视

1997年，国际图联大会在哥本哈根举行，国际图联图书馆为弱势人群服务组（LSDP）、丹麦拓展图书馆服务专业组及欧洲阅读障碍协会组织安排了"获取信息：为阅读障碍者服务"研讨会，本次研讨会通过一系列海报会议为阅读障碍做了补充。

1999年，国际图联大会在泰国曼谷举行。会议期间，欧洲阅读障碍协会与国际图联图书馆为弱势群体服务组合作，提交了《无论哪个国家——阅读障碍无处不在》和《无论使用什么语言——阅读障碍无处不在》的报告，并且提出阅读障碍系列议题：阅读障碍无处不在。你的图书馆做了些什么？许多来自世界各地的学者都对研究阅读障碍及图书馆如何为阅读障碍者提供服务等问题表现出了极大的兴趣。

2001年在波士顿举行的国际图联大会上，图书馆为弱势群体服务组发布了《图书馆为阅读障碍群体服务指南》。此后该指南作为指导性文件被译成多种语言。2005年，国际图联发布《残疾群体利用图书馆——检查清单》。此专业报告指出：为听、读和其他障碍的残疾人设立相应的部门，有阅读障碍的用户是图书馆最需要关注和帮助的群体。

目前，阅读障碍在欧美已经逐渐形成一个独立的研究领域，并成立了专门的研究机构，著名的有国际阅读障碍协会、欧洲阅读障碍协会、（美国）国家学习障碍中心、加拿大阅读障碍协会等。另外，澳大利亚、新加坡、日本等国也有专门的阅读障碍协会。同时，国外出现了该领域的期刊，如国际阅读障碍协会创办的《阅读障碍年报》，同时，国际阅读障碍协会定期举行年会。①

四、著名的国际图书馆成功案例

美国图书馆协会文化推广服务部门注重为阅读障碍读者服务。网站上设有儿童图书馆服务协会官方博客，发布了一些关于帮助阅读障碍儿童的互动活动。1931年，美国国会图书馆组织成立国家图书馆盲人和视觉障碍读者服务中心。目前,美国已有56个区域图书馆和65个次区域图书馆与该中心建立了合作关系，大大提升了美国图书馆为阅读障碍群体的服务水平。2009年，美国发布了《图书馆为盲人和残疾人服务资源2009》的文件，明确规定了图书馆为不能正常阅读的人群，包括读写困难群体提供资源、辅助设备及社会援助。美国修改了著作权法，以法律的形式赋予图书馆可不经过著作权人的版权许可，就能够以一种适合残疾人士阅读的方式对新出版的著作进行复制，阅读障碍读者就可以更方便快捷地获取所需的文献资料。

美国图书馆为阅读障碍读者提供个性化的服务。如纽约公共图书馆为学习障碍读者推出一项广播节目，该广播每天24小时、每周7天不间断地提供广播阅读服务。阅读障碍读者可听取由志愿者广播读取的超过100份的报纸和杂志，包括《纽约时报》《华尔街日报》《商业周刊》等。阿拉斯加图书馆为阅读障碍读者提供一个"会说话的书"目录，每两个月发送到用户的邮箱。该目录以大字体文本的形式为阅读障碍读者提供图书馆新书的注解。该目录可由阅读障碍

---

① 刘晓娟，徐睿.国外阅读障碍研究对比分析与国内研究前景展望[J].井冈山大学学报（社会科学版），2012（9）：110-116.

读者根据自己的阅读兴趣和时间进行个性化定制。①

英国高校图书馆对阅读障碍群体提供了人性化服务,如牛津布鲁克斯大学图书馆允许阅读障碍学生一次借 15 本书,比普通学生多 3 本,并为阅读障碍学生提供免费复印卡、向阅读障碍学生提供专业的服务阅读设备如彩色视频放大镜和大字体图书馆指南等。伦敦政治经济学院图书馆可以为怀疑自己患有阅读障碍的学生指定一个联络人进行一次面试,如果有阅读障碍迹象图书馆会安排教育心理学家对其进行一个正式的评估,并根据这些建议为学生建立一份特殊学生志愿协议,以利于学生申请残疾学生资助津贴。图书馆会为阅读障碍学生安排特殊考试及评估,包括增加 25% 的额外时间和使用文字处理器或抄写员等。②这些都彰显着英国高校图书馆对阅读障碍学生的个性化关怀。

日本通过实施多媒体数字无障碍信息系统技术为包括阅读障碍群体在内的弱势群体进行信息服务。日本图书馆协会还成立了图书馆为残障人士服务委员会。该委员会的成员负责提供关于如何在图书馆服务中援助读写困难人士的信息,同时做专题介绍,使为读写困难人群制作的图书方便易得。瑞典在 1996—1997 年间掀起了国家阅读障碍运动。此次运动中,瑞典的四个县级图书馆出版了《毕竟,我们不傻——13 个阅读障碍者需要被倾听》一书,书中以详细的实例具体讲述了阅读障碍群体渴望获得图书馆服务的心理及图书馆该如何满足阅读障碍群体的需求。瑞典无障碍媒体机构主要利用 DAISY 图书为阅读障碍读者服务,从 2001 年至 2008 年,该机构共制作出 6.3 万册 DAISY 图书,为阅读障碍读者服务提供了保障。丹麦图书馆协会和图书馆界的主要领导小组于 2002 年联合发起了"延伸服务至未能充分利用图书馆的人群"的国家战略活动。2003 年建立的"E17——获取信息的高速公路",方便阅读障碍群体。2006 年丹麦图书馆协会出版了《图书馆阅读障碍症群体服务手册》,将图书馆阅读障碍群

---

① 田花蔓,束漫,王波.美国公共图书馆"阅读障碍症"群体服务研究[J].图书情报工作,2014(12):25,40-44.

② 宋双秀,束漫.英国高校图书馆面向阅读障碍症群体的服务及其启示[J].大学图书馆学报,2013(6):18-23.

体服务推广到全国。[①]

纵观以上发展历程，不难看出，国际上对于图书馆服务阅读障碍群体的研究非常重视，阅读障碍群体作为社会特殊群体的一部分开始逐步得到社会的广泛关注，西方公共图书馆为阅读障碍人士等特殊群体的服务成为图书馆服务工作的重点。患有阅读障碍并不可怕，很多名人，如爱迪生、达芬奇、李光耀、爱因斯坦、乔布斯等都有不同程度的阅读障碍，但这并不影响他们在其他领域的卓越建树。

第三节 残障群体阅读推广的未来发展

一、加强图书馆残障群体服务立法

提升残障读者阅读服务需要有完善的政策制度作为保障，需要从国家政策、行业规范及图书馆内部规章制度三个层面进行保证。

我国对残障群体的阅读推广目前多处于起步阶段，还没有专门的图书馆残障人士服务法。深圳、内蒙古、北京、湖北、四川和广州6地近年来相继出台了地方性图书馆法规，对残障人士的阅读推广都有了指导性规定。如《广州市公共图书馆条例》规定："公共图书馆应当为老年人、残疾人等特殊群体提供设施、设备、文献信息资源等方面的便利服务。中心馆、区域总馆应当设置盲人阅览室和残疾人专座。"湖北、江苏和广州等地出台了一系列全民阅读促进办法和条例。如2015年3月颁布的《湖北省全民阅读促进办法》提出："全民阅读公共服务场所应当为残疾人、老年人等特殊群体提供必要的阅读辅助设施、设备，适应其阅读需求。"2015年1月1日开始实施的《江苏省人民代表大会常务委员

[①] 孙蓓,方家忠.北欧图书馆"阅读障碍症"群体服务研究——基于挪威、瑞典、芬兰、丹麦的实践[J].图书情报工作，2014（12）：45-50.

会关于促进全民阅读的决定》提到："公共阅读服务场所应当为老年人、残疾人阅读提供便利。公共图书馆应当为有视觉障碍的残疾人阅读提供必要的条件和设施。"2015年《深圳经济特区全民阅读促进条例》（草案）提到："市级、区级公共图书馆必须开辟残障人士专用通道，设立阅读障碍人士阅览区，配备专门的阅读设备和资源。"

这些条例和办法对促进残障人士的阅读推广起了一定的保障作用，但不具有国家权威的约束力。所以希望从国家层面针对残障人士的法律法规尽早出台。日本和欧美等发达国家的阅读推广多是在法律政策保障和政府政策指导下进行的，做到了法律先行，更具有权威性。如：瑞典、日本、美国的《著作权法》为图书馆为残障群体读者服务提供了法律保障；美国《图书馆残疾人服务政策》明确规定了美国残疾人法案在图书馆的适用范围及图书馆为残障人服务的资源、设施和辅助技术。

二、加强无障碍环境建设

无障碍环境建设是保证残障读者走进图书馆的先决条件。新建的图书馆无障碍环境大都比较先进，对于老的图书馆建筑要对其原有的建筑进行无障碍化改建，让残疾读者可以畅通无阻地使用图书馆的相关设施及得到应有的服务。

首先，要具有完备的无障碍基础设施。例如：图书馆盲道要延伸到视障阅览室；要有轮椅坡道，需设置低位电话、低位服务台、低位电梯按钮和残疾人专用卫生间，并配备安全扶手和紧急呼叫器；位于二楼以上的图书馆要装配电梯；需要提供拐杖、轮椅、残疾人翻页设备、残疾人专用书车等辅助设备；采用口嚼式电脑鼠标和视觉输入法解决手臂残疾人士的电脑输入、输出问题等；要保证图书馆阅览室和开架书库的书架间距的宽度，以保证轮椅在其间自由活动，并在图书馆阅览室内专设轮椅阅览席等。

其次，要注重阅读辅具的配置。公共图书馆要在调查研究的基础上，为各类残障读者配备种类齐全的辅助用品用具，保障其阅读需求。如：为视障读者配备带有读屏软件的电脑、读书机、点字显示器、助视器、盲文打印机等；为肢残读者配置轮椅、升降椅、残疾人翻页设备、翻转式荧光灯架、残疾人专用书车、专用电话等设施；为聋哑读者配置个人 PA 接收器、阅读机、特别警报等装置。对于阅读障碍读者，图书馆创建温馨的阅读环境，建立图画型的路标指示和地板上的彩色线条指示，在有条件的情况下，为阅读障碍读者开辟专门的阅读区域等。

三、组建专业的服务队伍

图书馆残障读者服务是一项细致、具体的工作。专业的服务馆员需了解各类残障读者的特点，掌握与他们有效交流的方法，并能指导其使用图书馆，最终达到图书馆的各项服务都能为残障读者使用的目的。

美国图书馆协会于 2001 年颁布的《残疾人服务政策》明确提出如下建议："所有图书馆学情报学研究生培养计划都应要求学生学习残疾人专用辅助技术，了解残疾用户及残疾员工的需求，以及影响图书馆服务开展的政策、法规等。"[1]

目前国内公共图书馆为残疾读者服务大多没有专门的服务部门和服务人员，残障服务多归属于书刊借阅部或读者服务部，工作人员也由该部门人员兼任。工作人员都有足够的爱心、耐心和细心，但在专业技能的掌握上有待加强。图书馆要对残障服务馆员培训盲文、手语、盲用电脑操作、智障、阅读障碍等与残障读者密切相关的知识，使其尽快融入服务角色。如果条件允许，建议在图书馆内设立残疾人综合服务部，对各类残疾读者提供专业服务。

四、促进专用文献资源建设

残障读者有自己独特的阅读习惯和特点，图书馆要根据他们的需求加强专用文献资源建设。目前图书馆针对残疾读者的专用文献资源主要是以提供盲文点字文献为主，辅以音频资料，其他类型的资源建设较少。

对于智力障碍读者，要注重书本和视听资料的使用。书本以插图书、适合

---

[1] 王素芳.从物理环境无障碍到信息服务无障碍：我国公共图书馆为残疾群体服务现状调研及问题、对策分析[J].图书馆建设，2010（11）：19-27,31.

大声朗诵的书、回忆录为主。音乐以轻音乐、冥想曲和有某类主题内容的音乐，如季节、花朵等。有条件的图书馆也可在阅览室里播放比较舒缓的音乐，进行音乐辅助治疗。除了这些资源，图书馆还可适当提供一些电脑小游戏和可以帮助人回忆往事的小物件等。

另外，可自制残疾读者需要的文献资料，如：将印刷资料变为盲文资料、录音资料、墨字资料、大字资料和磁盘资料等；要为聋哑读者配备带字幕或手语的视频资料、文本电话和易读物等。为了帮助阅读障碍群体更好地阅读，图书馆应采用以"听"代"看"的阅读方法，即图书馆采用有声读物来为阅读障碍群体服务。同时要有意识地建立特有馆藏和利用现有馆藏，易读物、大字本、绘本、有声图书和杂志、带有易读字幕的视频等都是不错的选择。

五、开展个性化的阅读推广服务

（一）培养残疾读者的阅读技能

图书馆可开展盲文、盲用计算机和手语培训，为文化水平不高的人培训扫盲，提高他们的文化素养。

（二）举办丰富多彩的阅读活动

举办如专题讲座、读书竞赛、有奖知识问答、讲电影、手语故事会、给智力障碍残疾人讲故事等丰富多彩的活动。同时，要走出去，主动送阅读到残疾读者比较集中的社区和学校，向聋哑读者集中的地方发放图书馆宣传册，宣传手册上加上方便他们咨询的QQ号码和邮箱，鼓励和欢迎他们使用图书馆。

（三）编制个性化推荐书目

如：对视障读者编制图书馆点字图书目录和电子文献目录，向他们提供中医推拿方面的优秀图书；对聋哑读者可开展文字式导读,可以通过编印各种通讯、简报、板报等文字材料，进行图书知识教育、读书心得交流等；针对智障读者编制设计精美的宣传单和视频资料进行宣传。

（四）注重个性化服务

为了方便残障读者，图书馆可以：增加残障读者的借阅册数、延长借阅时间；接送视障读者到图书馆附近的公交地铁站；要为残疾读者免费邮寄图书或者送书上门、提供复印或扫描资料和文献资料传递等服务；有条件的图书馆可为视障读者提供面对面朗诵服务；遵循智障读者的身心发展规律，通过多沟通、多表扬，增加他们的自信心；为聋哑读者准备好笔和纸，以便和他们交流；在图书馆的检索界面上增添汉字手写输入系统，方便聋哑读者无障碍检索馆藏。

（五）注重先进技术产品的引进和应用

DAISY 数字有声书、彩色视频放大镜、蓝色阅读障碍标示卡、屏幕扩大软件、语音合成器、音频描述性视频、文本电话等先进技术产品在国外非常流行，有条件的图书馆可加强这方面的辅助产品配置。

六、努力推进无障碍网站建设

2008 年，由国家图书馆与中国残联信息中心、中国盲文出版社合作共同建设的中国盲人数字图书馆网站正式开通，成为国内首个国家级的为视障群体服务的网络图书馆。2011 年 4 月 23 日，由国家图书馆、中国残联信息中心共同建设的"中国残疾人数字图书馆"正式开通，这是在盲人数字图书馆的基础上，通过为音频、视频文件增加字幕等手段，帮助听觉障碍的人上网浏览、在线接受远程教育等服务，标志着为各类残疾人服务的国家级数字图书馆建立。然而目前从该网站上只能检索到国家图书馆的资源。阅读障碍读者作为特殊的一种残障人士，目前不被当作残疾人。因此，国内图书馆还没专门的服务网站。建议以盲人数字图书馆、中国残疾人数字图书馆为主导，整合国内其他为残障人士服务的网络，按照信息无障碍的标准进行网站设计，增添便于各类残障读者使用的资源，并有专业馆员答疑解惑，那么真正意义上的中国残障人士数字图书馆便产生了。

七、建立多方合作的联动机制

残障服务是一项社会服务，需要全社会各界的共同努力。借助公共图书馆这个文化服务平台，还需要和相关爱心机构联合起来，搭建全社会的残障服务平台。合作方包括政府、图书馆之间、残联、盲协、义工联、志愿者队伍、阅读障碍研究机构、学校、家庭等，建立亲密的联系，组成完善的结构关系网。公共图书馆应利用好广播电视等宣传工具，与地方广播电视、报纸合作，对公共图书馆的公益性广告、残疾群体服务的信息做及时地宣传，使残疾群体可以便捷地通过传统媒体了解公共图书馆的最新的服务内容、服务措施。同时，要注重网络的宣传作用，可在图书馆的主页上设置"残障读者服务"专栏，介绍本馆可提供的服务、联系方式、服务设施及相关服务的图书馆链接等。作为新型的网络宣传工具，微信、微博具有便捷、快速和定期推送的优势，图书馆要重视利用微平台，精心组织和策划残障专题，向全社会宣传和推送。

思考题

1. 我国残疾读者阅读推广的现状是什么？
2. 简述阅读障碍的定义和表现形态。
3. 请结合本地实情，谈谈如何做好本馆残障读者阅读推广工作。

> **小贴士：**
> 　　更多内容见延伸阅读材料《我国公共图书馆视障阅读推广案例精选》。

第七讲

阅读推广的民间力量

陈艳伟[*]

阅读的动力源自民间，以民间图书馆、民间读书会和其他民间公益阅读推广组织为主导的民间阅读力量日益强大。他们根植于民间，推广阅读风气，引领阅读风尚，是全民阅读的重要参与主体，也是走向阅读社会的重要推动力。目前民间阅读力量遍地开花，做得风生水起，但由于篇幅和能力有限，本讲无法将国内民间阅读力量进行详尽的分析研究，疏漏之处在所难免。公共图书馆作为政府推进全民阅读的专业机构，在文献资源、场地、设备、经费、人员等方面具有较大优势，民间阅读组织如何积极与公共图书馆合作同样值得期待。本讲拟以一些较有代表性的民间阅读力量为例，探讨如何充分调动和发挥这些力量，提升其影响力和辐射力，从而在新的历史条件下与社会各方面力量共促全民阅读推广工作。

第一节 民间图书馆

民间图书馆是和公共图书馆相对的一个概念。这一概念随着历史文化的发展处在不断地发展中，民国时期称其为私立图书馆。改革开放后，先后出现过

---

[*] 陈艳伟，深圳图书馆副研究馆员，深圳图书馆特殊群体阅读推广负责人，主持广东省图书馆 2011 年科研课题《视障读者的信息需求与服务策略研究》，参与多项重大课题。

自办图书室、自办书屋、读书社、民办图书馆、自营图书室、民营图书馆、民间图书馆等。目前学术界未给出统一的称谓,但通过最近几年的研究发现,"民间图书馆"这一称呼得到了相关研究专家的认可。本讲以"民间图书馆"来统称以上图书馆。按照王子舟教授的说法,民间图书馆是指非政府力量创办的公益性图书馆,主要包括NGO、企业、个人等创建的图书馆。[①]

民间图书馆具有非政府性、公益性、相对独立性和自愿性的特征。一般来说,民间图书馆不姓"公",其身上几乎没有政府的影子,当然,后来由政府接管的除外。民间图书馆有别于重藏轻用的私人藏书楼,会以不同的形式向社会开放服务,承担着所在地的文化教育职能,体现了其公益性的特质。另外,民间图书馆是由非政府组织或个人自愿创办的,体现了创办者对社会文化传承的意愿和个人回报社会的责任感。数据显示,全国共有县以上公共图书馆2951个,而民间图书馆近300个。全国公共图书馆年新增藏书3886万册、年接待读者37703万人次;而民间图书馆藏书的年新增数量共计约为72492册,到馆读者总量超过18.75万人次。[②]

一、民间图书馆的发展历程

我国民间图书馆的历史可以追溯到清末。1900年古越藏书楼开始筹建到1937年抗日战争全面爆发这段时期为民间图书馆的萌芽时期。[③]清末社会思潮变革,加上科举制度的废除和新文化运动等的影响,有志向的知识分子都加入了振兴中华的探索之路,民主思潮广泛传播,时代要求有公共场所为民众接受社会教育提供便利,加上当时较为宽松的出版政策,为民间图书馆的发展提供了良好的条件。其中,梁启超是较早推介西方文化教育,也是将西方"图书馆"一词介绍到中国的第一人。[④]1904年,由绍兴乡绅徐树兰捐资兴建的古越藏书

---

① 王子舟.看民间图书馆之兴起[J].公共图书馆,2012(2):2.
② 肖湘女.私人图书馆如何实现名利双收[EB/OL].[2015-3-10].http://www.bbtnews.com.cn/news/2013-12/20000000202326.shtml.
③ 吴汉华.中国民间图书馆研究[M].武汉:武汉大学出版社,2014:71-103.
④ 郭英.梁启超与卡耐基对图书馆发展的贡献[J].图书馆论坛,2006(5):51-52,134.

楼对外开放,拉开了民间图书馆对外服务的序幕。其间,全国各地相继出现了许多民间图书馆,尤其是20世纪20年代中期到抗日战争前,全国进入了创办民间图书馆的小高峰。一些充满社会责任感的开明士绅、实业家和组织机构开始意识到创办图书馆,这对提高公众素质、促进国家和社会发展具有重要作用。其典型代表有:1904年对外开放的绍兴古越藏书楼(1932年改组为绍兴县立图书馆)、1924年由缅甸侨乡在云南腾冲创办的和顺阅书报社(1928年更名为和顺图书馆)、1933年云南省张木欣创办的以收藏经史古籍文献为主的木欣图书馆、1935年河南省宋天才将军在嵩县城内创办的以万有文库藏书为主的首三图书馆、南通大生纱厂的创办人张謇1913年建成的南通图书馆、江苏无锡县爱国实业家荣德生于1916年筹建的大公图书馆、1925年冯平山在广东新会建立的景堂图书馆、来华美国人韦棣华女士于1910年在武昌创办的文华公书林和梁启超1923年在北京创设的松坡图书馆等。

抗日战争爆发后,国内图书馆事业开始从繁荣走向衰落,民间图书馆的建设也受到很大影响。1937年抗战爆发之前,全国能独立运营的民间图书馆总数超过170所。截至1946年底,全国民间图书馆总数为61所,其中专设民间图书馆58所,附设民间图书馆3所。[①]1956年,社会主义改造基本完成,整个社会进入公私合营的时代。此时,大部分的民间图书馆已经改造成公共图书馆,仅有极少数生命力特别顽强的民间图书馆还坚强地生存着,比如广东省的景堂图书馆、云南省的和顺图书馆。此外,在中国南方各省又自发新生了少量的公益性私人图书馆。

"文革"后出现了读书热潮,这种读书热也推动了社会的"爱书热"。退休人员、农民和教师成了这段时期创办民间图书馆的主力。这时期的民间图书馆的建设模式有了新发展,出现了具有官方背景的公益组织开始大规模援建的各类学校或社区图书馆。改革开放以来的中国,民间力量捐助图书馆的一个最大特点是走低端路线,即面向广大农村贫困地区和边远地区中小学捐赠图书。据新闻报道,1978—2002年,全国各地至少成立了118所私人公

[①] 教育部年鉴编纂委员会.第二次中国教育年鉴[M].上海:商务印书馆,1948:1480.

益图书馆，平均每年新生近5所私人公益图书馆。2003年是公益元年，也是全国公益意识觉醒之年，从这一年开始，国内民间志愿活动正式大规模进入公众视野。截至2010年年底，纯民间的公益组织累计建立图书室的总数已经超过3100家。

二、民间图书馆存在的条件和发展空间

公共图书馆的缺位为民间图书馆的发展提供了空间。我国城乡发展不平衡，现代化的图书馆大都集中于城市，由政府直接管辖。在经济文化发展较为落后的乡村，基层图书馆尚付阙如，农民的文化诉求又急盼社会文化机构的出现。这为民间图书馆的发展提供了生长的土壤。

现行的文化政策为民间图书馆的发展提供了有力保障。如2002年11月1日开始实施的《北京市图书馆条例》标志着国内民间力量建设图书馆在法律地位上获得许可。《国家"十一五"时期文化发展规划纲要》(2006)指出："引导和鼓励社会力量捐助和兴办图书馆、博物馆、文化馆等，在用地、税收等方面给予政策优惠"[①]。之后的国家"十二五"文化产业规划、"十三五"文化产业规划和地方的文化法规对民间图书馆的创建提供了政策支持。

民间慈善力量和公益事业的新潮流是民间图书馆发展的主要推手。纵观民间图书馆的发展历史，主办者从开明乡绅、民族实业家、爱国的有识之士，到民间个人、知名企业家，再到各类公益基金会等，都彰显着慈善的光辉。他们热心公益事业，注重"授人以渔"的文化扶贫新思维，直接催生了民间图书馆的诞生。

三、现代民间图书馆的主体模式

研究表明，目前的民间图书馆的类型多种多样，如：根据性质可分为个人独资、股份制合资和基金会资助三种形式；根据资金来源可分为自发形成的民

[①] 国家"十一五"时期文化发展规划纲要 [EB/OL].[2015-03-13]. http://www.gov.cn/gongbao/content/2006/content_431834.htm.

间图书馆、商业性质的民间图书馆、慈善组织或资金资助建设的乡镇（农村）图书馆和官民合办的社区图书馆四种类型。其中较有代表性的观点有：王子舟提出的民间力量独立建馆办馆的模式、民间力量捐资建馆捐书助馆的模式、民间力量与公共图书馆的合作模式、民间力量援助图书馆的志愿者模式；[①]张广钦提出的连锁经营型、基金会资助型、私人图书馆、读书社、政府搭台和民间唱戏的社区图书馆、企业建立的社会图书馆和民办学校图书馆7种形式；[②]吴汉华提出的私人图书馆模式、草根组织建馆模式、基金会建馆模式、企业建馆模式。类似的研究还在继续中，当然，其中还存在许多交叉、重叠和疏漏之处。

（一）基层纯公益私人图书馆

基层纯公益图书馆大多是创办人根据自身条件结合当地实际创办起来的，具有植根当地、贴近基层、形式灵活等特点。按照图书馆所在的区域，此类图书馆又可分为乡村公益图书馆和城市公益图书馆两类。

乡村公益图书馆大多规模不大、形式简陋，多由创办者节衣缩食来维持免费向本地乡民开放。这些草根图书馆就像点点希望之火，在广袤的农村为村民点亮了文化之灯。据2009年王子舟和吴汉华对"文化火种寻找之旅"收录的211所公益性私人图书馆的调研：民间私人图书馆在农村所占比例为89%，其创办者主要集中在农民、退休人员和有职业者三类；民间私人图书馆创办者的平均年龄超过50岁，受教育程度普遍较高；82.6%的图书馆拥有独立空间，服务以借阅为主，设备简陋，电脑普及率很低；藏书最多的为8万册，最少的305册；经费缺乏、书刊短缺是困扰民间图书馆发展的重要因素。[③]

氏族图书馆是基层纯公益图书馆中一种独特的类型，它发展历史悠久，具有旺盛的生命力。所谓"氏族图书馆"就是以姓氏为标志，由本族乡亲出资

[①] 王子舟.民间力量建设图书馆的政策与模式[M].北京：国家图书馆出版社，2011：108-135.
[②] 吴汉华.中国民间图书馆研究[M].武汉：武汉大学出版社，2014：104-136.
[③] 王子舟，吴汉华.民间私人图书馆的现状与前景[J].中国图书馆学报，2010（5）：1-13.

兴办、修建和管理，为本族和本地区群众服务的图书馆。该类型图书馆在华侨较多的南方农村居多，典型代表是"中国第一侨乡"五邑地区的氏族图书馆。1925年由香港爱国同胞冯平山先生创设的景堂图书馆，由于藏书丰富、管理完善，至今已成为五邑地区远近闻名的国家一级图书馆。在该地区还有周氏通俗图书馆、司徒氏通俗图书馆、关族图书馆等氏族图书馆。这些氏族图书馆多坐落在乡村，具备乡村图书馆的功能，是当地的文化信息中心，肩负着保存地方文化历史资料、传承传统文化和为本族及本镇其他居民服务的功能，是当地民众不可或缺的公共文化设施。氏族图书馆的兴起离不开当地的宗族文化，海内外宗亲的捐款是氏族图书馆日常工作运转的主要来源，本地离退休的老人是主要管理者。

"立人乡村图书馆"是由北京大学硕士毕业生李英强及其朋友于2007年9月发起的。其运作模式主要是在具有社会影响力的企业家和学者的发起和支持下，依托微博、豆瓣等网络新媒体，面向全社会公开发起捐赠，同时通过塑造和传播特有文化精神，吸引更多志愿者投入到图书馆建设和运营之中。每开一个新分馆，至少要派驻一位专职管理员长期工作，并持续开发各种"立人选修课"。立人图书馆各个分馆均为独立运作，不附属于学校等当地机构，但会长期与各个学校进行合作、配合。2007年12月底，第一座立人乡村图书馆，在青石镇中学内试营业，起名"黄侃图书馆"。在各界热心人士和公益组织的大力支持下，立人图书馆先后在湖北、河南、四川、云南、河北、江西、山西、重庆、陕西、广东、浙江、北京等12个省市建立22个分馆，并举办读书会、电影会、冬令会、夏令营等多种文化教育活动。由于种种原因，2011年8月开始，陕西宁强分馆陶行知图书馆与云南巧家分馆孙世祥图书馆关闭，2012年关闭了6个分馆，2013年又关闭了2个分馆。2014年9月18日，立人乡村图书馆通过了理事会决议，宣布解散。[1] "民间图书馆如何持续有效地运营"这一重大议题提到了整个社会面前，引人深思。

---

[1] 立人乡村图书馆关于停止运营的公开信[EB/OL].[2015-03-15]. http：//www.chinadevelopmentbrief.org.cn/news-16604.html.

最近几年，城市纯公益民间图书馆在城市社区中悄然出现，并蓬勃发展。它们多由城市文化精英如作家、学者或城市居民自发创办。2013年1月，海南省作家黄葵在海口把自己的居所改建后成立"黄葵图书馆"，藏书以文学、艺术、历史、地理和科普读物为主，每天8:30—21:30免费对外开放。2013年4月，作家王扉在深圳龙华创办"湖畔图书馆"，馆藏约3万册，按照读者群体特征，分为爸爸书架、妈妈书架、孩子书架、文艺书架、作家书架、幸福书架、国学书架七大类，供有需要的读者预约借阅、免费使用。另外还有"北京UU"创办的"大象图书馆"（2009）、南京的一名叫"拾柒"的女孩创办的"猫耳图书馆"（2012）、辽宁沈阳"海归"姜博和潘赫创办的沈阳市首个私人图书馆"奉天城外"（2012）、复旦大学历史系学生陈天翔和室友在寝室里开办的"同人堂图书馆"（2010）等。[①] 这些纯公益的城市民间图书馆创办者将自己收藏的图书向邻里社区免费开放，增添了新的城市公共文化空间，增进了城市居民的相互了解和合作，有助于构建城市的活力与包容力。

（二）公益组织创建的民间图书馆

随着阅读推广受到世界范围内的普遍关注与重视，以推广儿童早期阅读、改善乡村阅读条件、填补公共图书馆阅读盲区、提升整体阅读素养为主要目标的公益阅读推广组织在全国范围内迅速发展，创建了大批民间图书馆。

"蒲公英乡村图书馆"是爱心传递慈善基金会于2008年暑假正式开展的爱心传递项目，由美国爱心传递慈善基金会执行主席杜克名发起，提倡用专业的精神和乡村老师孩子们一起创建最好的"乡村图书馆"。图书馆注重文献资源、阅览环境和后续建设。2013年3月，上海蒲公英儿童发展中心（浦东新区塘桥）成立。至此，"蒲公英"作为一个独立机构在中国正式落地。乡村图书馆项目也将正式更名为蒲公英儿童图书馆，除了涵盖之前的乡村图书馆内容外，将保证专业和特色不变，将进一步为城市社区儿童提供高质量的阅读和教育服务，实

---

① 王子舟．一抹暖色的浮现：城市民间图书馆 [J]．图书馆建设，2013（11）：1-10.

行免费借阅。2008年7月,第一个蒲公英乡村图书馆获建。到2014年9月30日,已经获建和在建的有85个蒲公英乡村图书馆,2个蒲公英初中流动馆,分布在全国29个省市。[①]

另外,1995年的中国滋根乡村教育与发展促进会依托海内外兄弟组织美国滋根基金会在国内建立了228所学校图书馆(截至2008年年底);致力于帮助中国乡村建立现代化图书馆的树青教育基金会,在青海、甘肃、云南、山西、江苏、陕西、贵州等地区帮扶建立了40所民间图书馆,其中18所为中心图书馆,这些图书馆带动了周围的二十几所卫星图书室、社区图书室和乡村图书站;北京天下溪教育咨询中心的"乡村社区图书馆援建计划"对象主要是农村的贫困地区,还在地震灾区如四川绵阳、什邡等地建立了52所图书室;另外还有一公斤捐书网、陈一心家族基金会、心平公益基金会、美国中华文化协会健华社等积极参与民间图书馆建设,为民间图书馆注入了新的活力。

(三)互联网+图书馆

随着网络信息技术的发展和城市物流系统的完善,一种与互联网紧密结合的图书馆诞生。我们称之为"互联网+图书馆",其典型代表是青番茄图书馆。

青番茄全称深圳市青番茄文化传媒有限公司,于2010年8月正式成立。它以互联网为平台,以线下人文空间为据点,以"免费借阅服务""送货上门"的全新服务理念开启创意阅读方式,其"用商业的模式做公益的事情"的全新运营机制引起全社会的关注。

青番茄图书馆陆续与咖啡馆、企业、汽车4S店、酒店等合作推出"咖啡图书馆""企业图书馆""汽车图书馆""城市便民图书馆"等实体图书服务店,将图书馆由线上推到了线下。2013年,青番茄推出共享式全民借阅符号"In Library",同步联动合作各式线下商业空间为统一的In Library图书馆空

[①] 蒲公英乡村图书馆 [EB/OL].[2015-03-16]. http://www.baike.com/wiki/%E8%92%B2%E5%85%AC%E8%8B%B1%E4%B9%A1%E6%9D%91%E5%9B%BE%E4%B9%A6%E9%A6%86.

间节点。截至 2015 年 1 月，已在全国 60 多个城市创建 1300 多家 In Library 咖啡图书馆，累计投入 30 余万册图书，每年覆盖 3000 多万读者。未来还计划跟酒店、银行、企业等更多城市空间展开全面合作，让 In Library 图书馆分布在人们生活轨迹的更多空间。目前，已建立试点 28 家汽车图书馆，与高铁贵宾厅合作建立 19 个高铁图书馆。青番茄紧跟时代步伐，推出全球首款纸质书免费借阅应用"青番茄 APP"。读者通过它可随时定位身边的图书馆、扫一扫借还书和查看正在举办的各类活动。①青番茄图书馆线上和线下阅读推广活动丰富，漂书码头、果实计划、主题书香、书式旅游等创意文化活动，吸引全国各地读者参加。

另外，浙江宁波的"老约翰绘本馆"也属于"互联网＋图书馆"的代表。老约翰绘本馆是一家 O2O 电商模式的绘本阅读服务机构，通过线上、线下结合的服务模式，为会员提供高效、优质的服务，目前已在全国多个城市开通 200 多家加盟站点，只要注册成为所属站点会员，点点鼠标即可享受"绘本网上借阅，免费配送上门"的服务，为更多的家庭提供方便快捷的绘本借阅支持；同时还

图 7-1 青番茄图书馆"右脑汇"文化沙龙（青番茄图书馆提供）

---

① 资料由青番茄图书馆提供。

提供亲子阅读专业指导及其他增值服务。"互联网+图书馆"的面世，让人有了耳目一新的感觉，同时其租阅图书的较高费用和公共图书馆的完全免费借阅形成了鲜明的对比，它们如何健康成长也值得关注。

（四）连锁型民间社区图书馆

民间社区图书馆指的是完全由企业或个人多方共同建立的开放性阅读与公益文化平台，主要受众为城市社区中喜爱阅读、热爱生活的人群。

荒岛图书馆就是典型一例。荒岛图书馆由《城市画报》总监刘琼雄先生基于一种公益概念于2009年4月在广州市小洲村成立的。其目的是在忙碌的都市里自建"有价值闲置图书"的共享平台，开辟一个犹如汪洋中的荒岛那般可以安静、便利看书的地方。荒岛图书馆的馆藏包括人文、社科、旅游、自然、公益、传媒等方面的图书，以及杂志、私人印刷品等。其运行规则是：只要捐赠或寄存20本图书或以上的人，就可以从荒岛图书馆里借走5本书。每个人都可以成为荒岛图书馆的主人。2012年后又与咖啡馆、青年旅社、书店、画社等商业机构合作，建立了多家图书馆。后来，房地产开发商与荒岛图书馆合作，又建立了社区"乐岛图书馆"，促进了社区文化交流。

荒岛图书馆通过"真人图书馆""好书换咖啡""农艺市集活动"等具有创意的文化活动吸引了当地社区民众的积极参与，提高了图书馆的利用率，使公益图书馆的功能得到延伸。荒岛图书馆由志愿者进行管理，在宣传上采取"线上+线下"相结合的方式，发挥图书馆社区服务的最大功能。荒岛图书馆的资金和书籍来源主要依靠社会捐助、开办者补贴、物品寄卖及公益活动的收入，资金和书籍来源都有不稳定性。[1]

---

[1] 蒋凌，钟永恒，等.试析荒岛图书馆对我国民间图书馆的发展启示[J].图书馆杂志，2014（1）：48-52.

第二节　民间阅读组织

民间阅读组织的蓬勃发展，是近年来社会阅读现象中最引人注目的一个文化现象。民间读书会是民间阅读组织最主要的表现形态。读书会或称"学习圈"，系指由一群人定期地聚会，针对某一事先完全同意的主题，进行共同的、有计划的学习。其本质是由具有读书意愿的一群人主动组成的读书团体。它由成员共同推选领导人，共同决定阅读书目、聚会时间、聚会地点和阅读研讨方式，并互相切磋、分享乐趣、共同成长，以期提升阅读风气，达到建设书香社会的目标。它是一个自助、自由的非正规学习团体，通过成员阅读共同的材料、分享心得与讨论观点，以吸收新的知识，激发新的思考，扩大生命的空间。[1]

一、民间阅读组织的发展概况

中国民间阅读组织的早期形态最早可追溯至春秋时期，孔子及其弟子经常聚集在一起讨论和学习，可以看作中国古代民间读书会的早期雏形。受中国古代文化传统的影响，古代阅读组织形成了"文人雅聚""以文会友"的传统，重在相互切磋、取长补短。直至宋元明清，这种聚会持续不断。参加者大都是琴棋诗画茶酒皆精且无意于仕途的文人处士。鸦片战争以后，西学东渐，民族意识觉醒，一批具备了世界视野、公民意识与公共情怀的中国新知识分子的阅读聚会积极地投入到对公共领域的关注和批判。典型代表是梁启超和康有为等建立的"强学会"。该学会以"群中外之图书器艺，群南北之通人士，讲习其间，因而推行于直省焉"为目的，并广募义捐，建立了新型的图书机构——强学会书藏。[2]五四运动与新文化运动时期出现的民间阅读社团大多带有浓厚的政治色彩。新中国成立之后，读书会成为团体组织学习生活的重要组成部分，这类读书会并非纯粹的自发性组织或民间组织，个体阅读兴趣和

---

[1] 邱天助. 读书会专业手册[M]. 台北：张老师文化事业股份有限公司，1997.
[2] 吴晞. 斯文在兹[M]. 深圳：海天出版社，2014：46.

意愿不是组织读书会的主要动力,而更多的是团体和组织集体学习的一种手段和方式。

直到20世纪七八十年代开始,具有现代意义的民间读书会最先在台湾地区萌芽。新兴的读书会更注重自我成长,成员没有教育程度的要求,彼此之间基于平等、合作、友谊、自由及自我决定的基础上运作。如最具代表性的"袋鼠妈妈读书会""扬帆主妇社"皆以妇女自我成长为目标,完全由民间自发组织起来。此后,民间读书会在台湾迅速兴起。据估计,台湾地区目前有超过1.5万个读书会运作。①

在国内,上海曾启动"万家读书会发展计划",并计划推出国内首本《读书会创办指南》。②近年来,随着我国全民阅读工作的持续推进,以及受欧美、新加坡和中国台湾等地读书会迅速发展的影响,一大批具有现代意义的民间阅读组织开始在北京、上海、深圳、广州等城市涌现。有以促进儿童阅读推广为主要目标的亲子读书会组织,如深圳的"三叶草故事家族"、北京的"蒲蒲兰绘本馆"等;有促进青年人自我成长、学习互动及交友的,如上海的"思学青年读书会"、深圳的"小津概念书房"等;此外,媒体人、文化名人、作家也都开始发起成立具有文化精英色彩的民间读书会。大家一起交流读书感悟、分享人生故事,不但拉近了各个群体间的距离,成为温暖人心的力量,也在很大程度上提升了一座城市的文化品位。

虽然我国现存读书会的数量和品质还有待提高,但令人欣喜的是,一些读书会一直以丰富的主题和形式、轻松愉悦的氛围发挥着自己的能量。此外,在网络时代,网络读书会也日益盛行,诸如凤凰网读书会、搜狐读书会等,都会开辟读者交流平台,定期举办线上、线下活动;还有类似道里书院网络读书会等以QQ群为媒介在线讨论的新形式,打破了地域限制,是读书会在新时期的发展产物。2014年4月,首届民间读书会发展交流大会在北京举行。全国50余

---

① 邱天助. 国外读书会的传统与理念[EB/OL].[2015-03-18]. http://blog.renren.com/share/298443855/14018088639.
② 沪将推首本读书会创办指南 指点爱书人"自建组织"[EB/OL].[2015-03-18]. http://news.eastday.com/society/2013-08-19/594398.html.

家读书会代表齐聚一堂，会上发布了《2014北京共同阅读倡议书》，倡导通过阅读改变生活、推动社会进步，塑造一种理性、开放、底蕴深厚的文化精神，增进民间读书会之间的交流。当时，北京市政协委员、中央编译出版社总编辑刘明清先生直言："民间读书会的春天来了。"

二、现代民间阅读组织的主要类型

（一）儿童阅读推广类

儿童阅读推广越来越受到社会的重视，据亲近母语研究院徐冬梅对2008年以来大陆民间阅读公益组织的报告显示，目前坚持从事儿童阅读推广的公益机构有200多家，比较活跃的有60~80家。[①]深圳的三叶草故事家族、深圳彩虹花公益小书房、北京蒲蒲兰绘本馆、北京皮卡书屋、宁波老约翰绘本馆、苏州蝴蝶妈妈读书会等是国内较为知名的儿童阅读推广组织。它们从儿童的阅读特点出发，精心策划阅读活动，引导儿童健康快乐地度过书香童年。国内知名的民间儿童阅读推广组织概况详见表7-1。

表7-1 国内知名的民间儿童阅读推广组织一览表

组织名称	成立时间	成立地点	活动形式	阅读推广模式	影响
三叶草故事家族	2008年	深圳	故事妈妈培训、社区故事会、故事讲述人研习班、主题文化沙龙、新书试读会	线上+线下+分站	全国
彩虹花公益小书房	2009年	深圳	义工培训、社区亲子故事会、彩虹花讲师团、家长沙龙、阅读扶贫计划	线上+线下+分站	深圳
蒲蒲兰绘本馆	2005年	北京	亲子分级阅读故事会、家长沙龙	线上+线下	北京

---

① 徐冬梅.2008年以来大陆民间阅读公益组织发展报告//教育蓝皮书：中国教育发展报告（2014）.北京：社会科学文献出版社，2014.

续表

组织名称	成立时间	成立地点	活动形式	阅读推广模式	影响
皮卡书屋	2006年	北京	少儿英语阅读、皮卡公益书箱	线上+线下	北京、上海
老约翰绘本馆	2010年	宁波	绘本租借、绘本出版、衍生品开发、收费绘本活动方案、绘本课程开发	线上+线下	全国
蝴蝶妈妈读书会	2012年	苏州	中英文绘本读书会、古诗词诵读会、经典国学诵读会、"阅读存折"读书积分活动、图书漂流、绘本剧演绎读书会	线下	苏州
亲近母语	2000年	扬州	儿童阅读论坛、点灯人行动、教师研习营、亲近母语公益、亲近母语学堂等	线上+线下	全国
南方分级阅读	2008年	广州	指导不同年龄段、不同年级的孩子选择合适的书籍和作品	线上+线下	华南地区
红泥巴乡村读书会俱乐部	2000年	北京	童书阅读与销售、网络读书会	线上+线上	全国

图7-2 彩虹花公益小书房深圳市龙岗区图书馆亲子读书会（彩虹花公益小书房提供）

（二）青年阅读推广类

据最新调查，目前上海已成立近百家青年读书会。这些以阅读为主题的社会组织，正在引领新的青年文化风尚。2014年上海书展期间，共青团上海市委首次通过评比，遴选出"上海十大特色青年读书会"，分别是复旦中文博士读书会、敏读会、公益书虫读书会、思学青年读书会、季风普通读者读书会、正能量读书会、长宁英文读书会、国学新知读书会、维谷通识读书会和风铃草读书会。这些读书会各具特色，日常活动既有经典导读，也有"圆桌对话"，阅读内容从中国古籍到外文原版作品等，覆盖面广。参加读书会的青年群体中，既有学生，也有白领，还有一些是常住上海的外籍人士。与传统读书会有所不同，新兴的青年读书会大多借助论坛、微博、微信等社交网络进行推广和会员交流。[①]

深圳的小津概念书房是由四位热爱电影的年轻人共同创办，店名源于日本电影大师小津安二郎的名字，而"津"也有渡口和桥梁的意思。虽然他们都有自己的工作，仍会利用业余时间来打理书店并组织各种文艺交流活动。书店的本意是希望能在深圳这样一个快节奏的城市里，努力为热爱电影、热爱读书的文艺青年提供一个慢生活、慢阅读的小驿站，搭建一个自由分享交流的平台。

（三）女性阅读类

现在，很多女性都会选择找个安静之处阅读，以书会友。雨枫书馆是国内首家会员制女性书馆，创办于2007年，它以关注、服务女性阅读生活为企业愿景，倡导做"书女"。雨枫书馆的读者群体主要是22岁到45岁的读者，其中95%是女性，包括白领、公务员、媒体人和部分全职妈妈。[②] 这类读者更关注亲密关系和心灵成长，也是读书会的主体。针对这些读者的需求，一周两三次的

---

① 上海的读书会引领新的青年文化风尚 [EB/OL].[2015-03-19]. http：//www.jfdaily.com/guonei/new/201408/t20140817_675372.html?anchor=1.
② 民间读书会在北京 [EB/OL]. [2015-03-20]. http：//news.21cn.com/caiji/roll/a/2012/0421/00/11563435.shtml.

阅读活动分为"书女学堂"和"书女沙龙"两部分，其中：书女沙龙更有公共性，突出女性作家、女性议题，关注女性生活及心灵成长；与女性生活和妆容相关的则被放入"书女学堂"。实行借阅制的雨枫书馆，能从数据里看出哪些书正在热销。受关注程度高的书会被当作沙龙话题。沙龙话题可能是应用性的育婴书与职场书，也可能是畅销的文学文艺书。严歌苓、村上春树、素黑、张德芬、身心灵、旅行，都是一度很活跃的关键词。

阅生活读书会是由漓江阅美文化传播公司及"女人 i 旅行"联合创办的，读书俱乐部以"搭建读书交流平台、推进读书分享活动、营造良好读书氛围"为宗旨。阅读的主要领域为：心灵修养、文学艺术、生活、旅行、时尚及各类经典。该俱乐部"以女性为主但不排斥以'读书'为目的而入会的男同胞"。

（四）专业学术类

搜狐读书会开始于 2010 年 4 月，关注点在社科学术的讨论。他们选择当下优秀的社科历史类作品，请作者或有独特见解者来主讲，剩下时间自由讨论。从于建嵘的《抗争性政治》到杨继绳的《中国当代阶层分析》乃至胡德平的《中国为什么改革》都会引发很深入的讨论。希望通过读书会，把社会学者们的理念和对社会的认知和建议传递出去。

Open Academy 是针对希望高端深造的读者创设的创新性社会组织，其立志成为终生求知的先锋性典范。Open Academy 以共同学习的模式，结合线上如 Coursera、edX 等学习资源，为进取的职业人士提供最高品质的顶级名校课程，并在此进程中为参与者创造高附加值、高认同感的友谊圈。Open Academy 致力于推广传播高效创新的学习与求知形态，以此提高社会的人力资本，以知识的愉悦提高社会总体福利。而且，为了让所有课程参加者收获最大化，得到更好的课程体验，Open Academy 还专门设计了严格的报名流程。①

---

① 刘志伟.民间读书会的价值与前景考察[EB/OL].[2015-03-20].http://www.cssn.cn/ts/ts_scfj/201404/t20140423_1080437.shtml.

（五）社区阅读类

民间读书会作为一种读书形态，其中不少组织的雏形就源于知识分子聚集的白领社区、志趣相投的网络小组等，它通过相近的阅读兴趣、目标、地域等因素聚集而成立。成立于 2009 年 10 月的后院读书会是一个自发的、民间的、同仁性质的阅读兴趣小组。后院名字来源于一家餐厅。最初，后院读书会的活动几乎都安排在那家餐厅的后院里进行。现在，后院则被赋予了另外的含义，后院意味着闲暇、自由、多元、低调、开放、个人和边缘。参与后院读书会的同仁主要是一些记者、编辑、设计师、广告人、律师、医生、公司白领、教师、投资人等。至今，来过后院的人已达数万，有数百位资深会员经常参加活动。2012 年，后院读书会得到了深圳市南山区粤海街道办的大力支持。2013 年 6 月 16 日，在粤海街道办提供的活动场地，后院读书会会所正式挂牌成立，并获得了资金的扶持。《国家记忆》策划人、主编章东磐、李鸿章的研究者、著名收藏家刘申宁、台湾著名导演魏德圣（作品有《海角七号》《赛德克·巴莱》）和著名经济学家秋风、高全喜、高曙光等都曾受邀来后院读书会做过专题演讲。①

图 7-3 深圳后院读书会第一届"城市萤火虫"换书大会（深圳后院读书会提供）

---

① 资料由后院读书会提供。

北京社区阅读的代表为"阅读邻居"。它是三位同住一个小区的爱书人于2011年发起的读书会，以图书和电影为载体，面对面进行茶话活动，分享每一个人独特的阅读体验。这一由学者、媒体、书店三种专业力量共同构筑的阅读邻居读书会，体现年轻知识分子的力量和公益心。"阅读邻居"的负责人时不时会在同名微博上发布信息，总结每次读书会的情况，宣布下一次的书目和主题。阅读邻居的活动新颖别致、内容深刻、影响力大，已经成为北京市知名的社科类民间读书会。

第三节 民间阅读力量的未来发展

虽然国内的民间阅读目前遍地开花，但不得不承认，大多数的民间阅读推广组织仍处在初期发展中，普遍存在组织松散、资金匮乏、场地受限、专业人员缺乏等问题。另外，国内针对民间阅读的法律政策的缺位、必要的行业规范与建设标准的缺失也摆在了现实面前。民间阅读的健康发展，离不开有关部门的关注、支持和指导。

一、民间阅读面临的困境和问题

（一）相关的法律政策缺位

虽然当前国家和不少地方法规及政策明确鼓励民间力量参与社会文化服务，共建书香社会，但多较笼统不够细化，易造成具体操作中的底气不足。目前我国仍未制定一部系统的图书馆法，立法上的滞后导致图书馆法律地位不明确，其建设规划、经费、人力资源得不到法律上的保障，严重制约了民间图书馆的发展。

（二）经费不足，持续性发展不容乐观

经费问题是民间阅读组织面临的最直接、最普遍的问题。任志强曾经一掷

千金把自己领衔的金融博物馆读书会办公楼按照"央视标准"改造为演播厅，但这样的大手笔在普通的民间阅读组织中很难复制。不少民间阅读推广组织在经过开始一段时间的热闹红火后经常被迫关门，乡村个人创办的民间图书馆这方面表现得最为突出。民间图书馆往往面临来自图书采购、人员费用、日常运营等费用压力。民间读书会经费往往视活动类型而定，费用主要由活动宣传、茶点费等构成。民间阅读组织虽然多有来自社会的捐助，但要保持阅读推广活动的持续运营，没有政府经费保障支持的民间阅读组织面临的挑战可想而知。

（三）专业人员不足，管理缺乏规范

专职人员的严重不足和专业化的阅读推广人才缺乏是制约民间公益阅读推广组织发展的重要因素。对公益阅读推广组织而言，从筹款、项目策划、执行到后期的持续性运营离不开专业人才的参与。与单纯的图书馆专业人员相比，民间阅读公益组织人员要求相对多元化，既需要了解公益项目的管理和运营，又需要有一定的阅读推广、团队建设与管理、阅读研究能力等。而民间阅读组织多强调志愿精神，专业人员十分缺乏。如民间图书馆多为投资者本人、亲友或志愿者负责管理和维护，缺乏专业的图书馆管理知识，这在一定程度上制约了其持续发展。

（四）社会认知度较低，品牌影响力不够

虽然民间阅读组织在一定范围内做得风生水起，但国内普遍缺乏对民间阅读组织的认知。对普通民众而言，鲜有了解的民间阅读推广品牌。对民间阅读组织的深入研究刚刚起步，尚处在较低水平。公共图书馆对民间阅读推广组织缺乏深入了解和专业认识，合作的广度和深度都有待深入。国内的民间阅读组织，尚处在一个自我发展的成长期，缺乏相应的推广机构和机制。以从事民间图书馆建设的公益组织为例，单从数量上来看，2008年起参与儿童阅读推广的组织近200家，总体规模不小，但各忙一摊，机构之间缺乏联动与协调，易造成浪费与重复建设，因而缺乏品牌影响力。

二、民间阅读力量的未来发展

（一）探索建立民间阅读组织的孵化与培育机制

首先要解决民间阅读组织可持续发展的资金问题。政府要在可行的条件下为民间阅读组织提供尽可能的资金支持，扶持民间阅读推广力量。另外，一套完整、系统、尽可能具有操作性的制度、法律的建设也是民间阅读力量健康发展的必备条件。

目前，国内民间阅读组织虽发展迅速，但尚处于起步阶段，缺乏必要的行业规范与建设标准，但我们可以参考民间阅读组织发展较健全地区的做法，借鉴国外的经验，我国要着眼于建立民间阅读组织的孵化与培育机制，由政府搭台，实现政府文化资源与民间阅读组织共融共生。

深圳市阅读联合会是深圳市全市联动推动全民阅读的一个成功尝试，其涵盖了学校、公共图书馆、民间读书组织及宣传媒体、出版、印刷、发行、网络阅读等行业及从事阅读研究与实践的专家学者和阅读推广人，是国内第一个阅读联合组织。通过负责深圳的阅读政策和阅读研究、阅读推广人培训和承接深圳市全民阅读示范单位、示范项目、优秀推广人评选等工作，推动了深圳书香城市建设。新加坡国家图书馆管理局专门成立了"新加坡读书会发展协会"负责协助新加坡读书会的成立和发展，主办读书会培训课程，培养读书会种子及领导人，担当新加坡读书会之间的桥梁，协助其互相联系与协作。[①]

（二）找准自己的定位，创设阅读品牌

民间阅读力量要长期健康发展，首先要明确自己在整个社会中的定位，即是在政府主导下以公共图书馆阅读推广为主的补充。另外，民间阅读推广应主打"特色"和"精品"，努力打造阅读品牌，切莫贪大求全。如民间图书馆要有自己的特色馆藏资源，并针对当地的特殊对象开展阅读服务。对民间读书会而言，就是要结合本地阅读文化氛围，打造自己擅长的阅读推广项

---

① 胡文雁. 发展中的新加坡中文读书会 [J]. 出版参考，2004(5)：31.

目。另外，需要注意的是，要善于挖掘阅读推广的盲点，慎重对待跟风现象。比如看到很多机构都在做少儿阅读推广，自己也去跟风，最后可能会造成资源和人力的浪费。

（三）发挥公共图书馆的引导作用

国内公共图书馆应立足推广阅读的基本责任与使命，依托自身优势资源，通过制定支持民间阅读组织的发展战略规划，面向民间阅读组织提供文献资源、活动空间、宣传推介、专业培训等方面的支持与协助，充分发挥其作为公共文化空间与阅读推广平台的功能，致力于成为民间阅读组织的支持与推介平台。具体包括：公共图书馆可探索依托举办面向民间阅读组织的政府公益阅读推广活动项目，通过给民间组织搭建活动平台，提供活动机会，从而促进民间阅读组织的自我提升与发展；通过提供活动场地与推介平台，协助相关社区民众及团体成立民间阅读组织；推动地区民间阅读组织发展协会的建立；依托本馆资源优势，建设相关服务馆藏，促进相关领域研究，为民间阅读组织的发展和运作提供服务与参考；邀请相关专家、学者，定期举办民间阅读组织领导人培训班，培育民间阅读组织的种子等。此外，公共图书馆还可建立促进民间阅读组织发展的奖励机制。

（四）广泛联动社会资源

除了要向以政府、公共图书馆等为代表的官方阅读推广机构靠拢，征求与其广泛深入合作外，民间阅读力量也要和其他社会机构联合，实现健康有序地发展。社会公益基金类型多样，民间阅读力量要积极争取获得其资金支持；书店、教育机构、出版社是和阅读最密切的部门，民间阅读力量要积极主动和其合作，争取他们的资源帮助、得到教育机构的态度认可；另外，和媒体、志愿者、民间阅读组织等之间如何进一步打通关节，更好地合作开展阅读推广活动，值得深入探讨。

思考题

1. 简述民间图书馆的历史、特征和主体模式。

2. 现代民间读书会的主要类型有哪些?

3. 结合实际工作,谈谈公共图书馆如何联合民间阅读推广力量共促全民阅读。

> **小贴士:**
> 更多内容见延伸阅读材料《2008年以来大陆民间阅读公益组织发展报告(节选)》。

第八讲

图书馆阅读推广活动的专业研究与论文撰写

王宗义*

阅读推广活动是当代社会文化生活中的一项重要内容。百余年来，中国社会历经多次战火劫难，长期的内忧外患给民族传统文化传承带来无数困扰。近三十多来年的改革开放，终于给中华民族带来了一段休养生息的宝贵时期，重新积累起了相当雄厚的物质基础。与此同时，人们也无不痛心地看到，中国社会传统文化的散佚已经危及了国家与民族的可持续发展前景。

在这样的社会历史背景下，全社会的阅读推广工作开始兴起，鼓励公众重拾书本，以建设"书香社会"为目标的文化活动蔚然成风，成为当代中国社会建设的一条特色风景线。图书馆作为社会文献信息资源集聚的最重要场所，图书馆员作为社会文献资源的主要管理者，理所当然地成为社会阅读推广人群中的一个重要组成部分。在十多年的全社会阅读推广活动中，图书馆人以积极的姿态全心地投入，几乎是竭尽全力地参与其中。

回顾十余年来图书馆人参与社会阅读推广的历史进程，我们收获了无数荣誉与表彰，在主流新闻媒体的曝光率也因此极大地提升。同时，我们也需要清醒地认识到，就图书馆事业整体而言，图书馆专业活动的地位并没有明显提升，

---

* 王宗义，上海图书馆，研究馆员，著有《世纪之交的中国图书馆活动》，编著《上海图书馆事业史》《上海百年文化史》等。

而且在新媒体潮流的冲击下，图书馆的社会利用更面临着被青少年群体逐渐冷落的困窘。为此，图书馆人需要开展切实的专业化研究，理清图书馆活动与社会阅读推广活动之间的关系，界定社会阅读推广中图书馆活动的位置，探索图书馆自身资源优势和专业能力如何得到更有效发挥的具体做法，这不仅是为了提高图书馆阅读推广活动的工作效益，也能够为图书馆专业活动在当代社会环境中的发展提供科学的参照。

本讲分以下两个部分。首先，简单讨论当代社会阅读推广活动中，图书馆专业活动的基本范畴界定，以及图书馆人自身能力的提升方向等专业思维建设；然后在这一前提下，对图书馆阅读推广工作的总结提炼与专业期刊论文撰写等问题提供一些思路。

第一节 图书馆阅读推广活动研究的参考建议

阅读推广是一项全社会性的文化活动，图书馆人是其中的一个重要参与群体。为此，图书馆人的阅读推广研究需要确立一个前提：立足图书馆专业活动的基础内容，明确图书馆专业活动在社会阅读推广工作中的地位，进而明确图书馆阅读推广活动发展深入的主要方向，最终提炼出图书馆阅读推广活动的专有模式或基本方法，并归纳出这一活动的基本原理，或转化为图书馆人的科学研究论文。这样的研究既是为了推动阅读推广活动的实践进步，也能为图书馆专业科学的发展提供一些与社会发展同步的新鲜内容。

首先，我们尝试从以下两个方面，初步摸索并逐步明确图书馆阅读推广活动研究的专业起点。

一、图书馆阅读推广活动的主动性思考

在社会文化生活中，图书馆活动始终以社会文献资源的集聚、整理，进而提供普遍服务的形象或角色而存在于社会公众面前。当代文献载体形态的变化，

第八讲 图书馆阅读推广活动的专业研究与论文撰写

信息发布媒介的增加，网络资讯获取的便捷等环境变化，对于社会的大部分成员而言，一般仅是在本人熟悉的特定专业等领域，其文献、信息获取便利度有了明显提高；一旦离开自己熟悉的特定范畴，面对潮涌而来的网络信息，则是更多地陷于信息沼泽之中。如实际生活中，社会或文化界长期诟病的"浅阅读"现象，众多专家、学者对此进行过探讨，或认为是阅读姿态浅薄，或以为是学习初始阶段的必然，众说纷纭，都有各自的道理。但从社会文献资源的管理者——图书馆人的视角，从开展阅读推广活动的需要出发，或许可以从另一个角度思考。

当代图书馆人在适应网络信息环境的过程中做出了努力，通过购买或自建文献信息资源数据库，利用或开发了众多数字资源的检索、获取渠道，并通过各种用户教育、现场指导等辅助方式，帮助读者迅速地找到自己需要的特定文献。当代图书馆人所做的这一切，都是在帮助读者按照各自的需求尽快获取相关文献资源，可以把这些努力归结为"主动服务"。但仔细分析一下，或许会发现此类努力与传统图书馆服务中，读者从卡片目录中摘抄书名等信息，然后由图书馆员去书库找书的模式，在本质上并无太大差异。当代图书馆服务模式中，获得增强的是读者的信息资源主动获取能力，而图书馆员的专业能力在公众面前则无形中逐渐消散。

指出这一点，对于图书馆人的阅读推广活动研究或许能有一点启示。我们看到的社会的阅读推广活动，是一种实实在在的主动性行为。从政府的行政性号召、学者的辅导报告、专家的推荐书目到社会上规模不一、形式各异的多种读书活动，其鲜明共性之一就是这些不同的组织者、行为者群体都在社会公众面前展示出了各自的"主动性"。

因此，图书馆的阅读推广研究也需要思考主动性发挥的问题，需要找出社会阅读推广活动中，图书馆人与其他社会专业人群的差异，探索如何依托自身文献资源高度集聚、整合有序的优势，主动地向各种不同的、特定的服务人群推介馆藏文献资源，通过优质文献资源供给的方式，寻求社会阅读推广中图书馆专业能力主动发挥的途径。

当代图书馆实践中，图书馆人大多是整体性推介某种资源，并提供获取特定文献方法、技能等服务。到了参与社会阅读推广活动领域，图书馆人的活动则更多地集中于活动组织、场所提供等方面，抑或是利用新媒体平台组织读者参与等，我们看到了众多图书馆人积极的姿态和艰辛的努力，只是立足于社会文献资源管理者位置，依托自身规模有序的文献资源，主动开展服务阅读推广活动的却不多见。久而久之，这一放弃自身的资源优势与特定的专业能力的行为方式，似乎在当代图书馆人的思维中形成了某种惯性。由此，具体表现就是近年来的活动规模渐次扩大，活动方式开始趋于程式化，而活动成效就自然地停留在工作总结和媒体统发稿上。

图书馆人需要也能够在社会阅读推广活动中发挥重要作用，为此需要研究如何发挥自身规模有序的文献集藏优势，包括文献信息组织的专业能力，主动地有针对性地向不同的阅读人群提供各种相关的、具体的图书文献。图书馆人需要邀请或协助专家、学者向读者推荐好书，但不能仅仅局限于为读者提供专家推荐的"好书"，更要为读者"读好"推荐图书而提供图书馆人的专业服务，这或许是图书馆阅读推广研究中的重要实践话题之一。

二、以阅读推广实践带动图书馆专业能力提升

阅读推广活动已经成为当今各级各类图书馆的日常工作之一，图书馆人的研究论述也相当踊跃。就目前已发表论文的整体状况而言，主要集中于各种读书活动的报道、网络通信技术的应用。众多新颖的活动方式或最新通信技术的应用，展示了图书馆人的努力。

除了上述图书馆阅读推广活动研究的常规话题，这一领域可以深入探讨的空间还很大，尤其是如何依托图书馆集藏文献资源的优势，提升图书馆阅读推广活动的专业能力，应该是值得长期关注的研究选项之一。充分发挥图书馆系统规模有序的文献集藏的优势，服务于社会的阅读推广活动，也应该列入当代图书馆人的专业能力发展的目标行列。

我们看到，当代社会的阅读推广活动，无不与特定图书文献紧密关联。不管是专家的推荐书目，还是文化出版机构、社交网络评选等方式提供的各种书目，就其内含的单本图书而言，都具有一定的权威性。其文献质量或有参差，但毋庸置疑，都具有一定的阅读价值。

从社会阅读成效的角度观察，或许不难发现，此类书目的真正效用有着相当大的局限。专家推荐书目中的图书，或是其他渠道推荐的文献，无论其权威性、经典性多么突出，真正完全适合的阅读人群还是比较狭窄的。就文化底蕴深厚的专家、学者而言，他们推荐的图书自然有着较高的文化内涵。而对于大部分社会成员而言，由于各自文化内涵的局限，面对同一本经典或推荐读物，他们要达到与专家、学者一样的内容领悟程度，多半是件很困难的事。图书馆为此提供了讲座、交流等多种形式，帮助公众读者理解推荐图书的内在价值，这无疑是必需的。但如俗话所言："别人嚼过的馍没味。"若读者只是通过别人的讲述，而不是通过自主阅读去领悟推荐图书的文化内涵，其效果是相当有限的。

由此，我们发现，"读书获得知识"只是一般层面上的简单描述。当公众真正面对一本专家推荐的图书时，由于各自的文化底蕴差异，真正从这一图书中获取的知识量也就有着极大的差异。因此，图书馆人需要关注的问题之一，就是推荐文献阅读与实际知识获取之间的差异和联系。

当代信息学研究提供给图书馆人的启示在于，所有文献载体内容，无论是语言文字方式还是音乐、绘画、歌舞等其他方式，均是以某种特定的信息编码系统形式，将前人的经验、思考和活动等记录下来。后人的文献阅读过程，则是基于自身文化内涵，与文献载体上的编码信息之间进行的一种交互活动。阅读过程，即读者文化内涵与文献中的编码信息，在交互过程中获得的个人领悟。这就是所谓的"获取知识"。这一研究成果，可以为图书馆阅读推广活动的深化提供一条思路，那就是如何帮助公众读者提升自身文化内涵，真正有能力"读好"专家的推荐图书等经典文献。

基于上述分析，我们或许也就看到了把图书馆阅读推广活动推向深入的一个突破口——帮助公众读者阅读和把握专家推荐图书的文化内涵。以往图书馆人组织的专家讲座、座谈交流，乃至利用当代信息平台等各种活动，很大程度上属于"场所服务"。图书馆场馆提供的是现场服务，各种当代通信技术和工具的应用平台构建，则是虚拟的场所服务。而图书馆自身的文献资源集聚优势，则处于有待进入阅读推广研究范畴的阶段。

如前所述，当代社会的多种推荐书目中，列举的文献大多具有经典和权威价值。读者阅读过程中获取知识的能力取决于其自身文化底蕴。图书馆拥有的规模系统文献集藏理应是帮助读者提高自身文化内涵的重要资源支撑,图书馆人需要把这种抽象的优势转化为具体而实在的文献服务。例如,图书馆人是否可以围绕推荐书目中列举的某一种经典图书,对馆藏文献信息资源进行主题性梳理。说得更简单一点,就是在推荐书目中选取某一著作,以其为中心,在馆藏资源中查找关于著作时代、作者生平,以及历史知识、社会背景等相关的图书资料,进而编制成阅读、理解某一推荐图书或传统经典图书的书目,并主动提供给参与阅读活动的社会公众。

收集与整理帮助公众阅读经典或推荐图书的文献资源,并以图书馆的名义向读者推介,其作用在于利用这些相关文献,帮助公众读者在各自的头脑中,构建起一个经典著述产生的"时代语境"。因为经典读物或推荐图书与当代读者之间大多有着一定的时代差异,这是公众读者阅读理解经典读物或推荐图书的主要障碍之一。图书馆若能针对性地提供相关阅读文献,就能在很大程度上帮助公众读者消除或缓解此类时代差异造成的理解和领悟障碍,有助于他们真正理解专家等各种推荐的图书的内容,对文献的思想内涵得以真切的领悟。这样的探索不仅可以直接服务于经典读物、推荐图书的阅读,也是提升社会公众文化内涵的重要途径。在这一过程中,图书馆系统有序的规模馆藏就有了用武之地,社会阅读推广活动中的图书馆专业地位和工作主动性也可能由此得到彰显。

图书馆人在这一探索与实践过程中,需要努力梳理馆藏资源中与经典读物、推荐图书的相关文献,搜索各种资源数据库乃至各类网站上的各种参考资源,从经典读物和推荐图书的阅读参考书目编制起步,逐步构建起服务社会阅读推广活动的图书馆专业工作新领域。

从某种意义上说,此类活动应该是中国传统藏书家的专业技能之一,属于"辨章学术,考镜源流"的内容范畴。只是近代机械化印刷技术掀起图书出版大潮,及西方近代书目学的顺势进入,加之近代以来百余年间莫须有的"封建藏书楼观念"等偏颇认识,让当代中国图书馆人丢失了这一传统文献集藏管理专业活动的精髓。如果当代图书馆人能够在参与社会阅读推广的过程中,重新关注和继续深化专题文献参考资料的编制能力,为社会公众的经典读物和推荐图书等阅读提供基于馆藏资源的各种系列性参考文献，其价值就不仅在于图书馆活动专业价值的社会彰显，也不止于图书馆规模系统的文献资源集藏得以更大程度地利用，最关键的是，图书馆人专业基础能力将在切实的基础上，并在具体实践中获得新的专业化提升。

第二节　阅读推广工作研究的期刊论文撰写

专业学术类期刊论文的撰写本是一个似有似无的枝节话题，但在图书馆的专业实践与研究中，我们发现这一问题很大程度上影响了众多论文作者的思维方式和发表可能。

首先，当代图书馆人中受过高等专业教育的成员比例迅速增加，在学位论文撰写过程中习惯于教学类论文框架构建与撰写模式，这原是一种基础的科学训练过程。但是，专业学术期刊的使命与高等专业教育的教学要求有一定差异，对论文的要求也因此出现了差异，这是由专业学术期刊的特性决定的。

其次，图书馆阅读推广活动的总结、提炼大多来自一线图书馆人，有丰富的实践经历是优势，而特定岗位活动的视野局限又是这一作者群体的短板。为此，需要注意扩大关注范围，广泛地了解国内外图书馆界同行的实践经验与理论探索，为自身的专业研究和论文撰写奠定理性思考的基础。

再次，专业论文写作需要注意学术研究与宣传报道的区别。在当代图书馆的阅读推广实践中，各馆的具体工作过程往往大同小异。为此，论文作者必须选择独特的研究视角，进行差异化的探索与思考。就专业学术期刊而言，寻求的是创新性的研究成果。这种创新主要不是表现在活动形式的描述上，而是更多地体现于新颖的观察视角、深入的分析思考，以及由此获得的理论成果。

一、专业学术期刊论文的特征

如前所述，当代图书馆员大多接受过高等专业教育，经历了学位论文撰写等基础训练。此类学位论文，或可以称之为教学类论文。教学类论文的格局，一般为三个部分。首先对论述主题进行历史的回溯，为此需要弄清这一话题的历史缘由，包括前人的实践业绩或研究成果，纵向地描述这一主题领域的前因后果。然后就论述主题的历史和现状进行横向的梳理，分析这一领域实践与研究的各种基本方法、理论成果和学术流派的异同，等等。最后一部分则是学生对这一主题的个人理解或创造性思考。前两个部分，往往是教授或指导老师审读学位论文的重点，因为从这些内容中可以看出学生的文献阅读数量和基础知识掌握程度，了解学生的科学分析与研究能力，进而获得各位学生的学业水平评判。而学位论文的最后一部分，或许相对不重要。毕竟作者是在实践领域知之不多的学生，只要个人观点表达上逻辑通顺，写下的理论话语能够自圆其说就足够了。若要对学位论文中的"科研成果"提出更高的要求，对于大部分学生而言，则是不合常理的事。

专业学术期刊论文的特征，与教学类论文有着较大的差异。为此，我们不妨回顾一下专业学术期刊本身的发展历史。在18、19世纪近代科学发展初始阶段，科学研究工作者主要分散在欧美各地，专业同行之间一般通过信件交流各自的研究进展或最新成果。随着通信数量的增加，人们发现这些信件的学术内涵与广泛交流的价值，遂以"学术通信集"的方式出版，以供同行学习、借鉴。之后，随着科学研究的发展和专业交流信件的增加，学术通信集逐渐从随机出版转向定期出版，遂有了今天的专业学术类刊物。

专业学术期刊的成长历史使我们明白，期刊的内容重心在于"特定学科领域的研究进展和最新成果"，这也构成了期刊论文的内在规定性之一。因此，为专业学术期刊撰写的论文，必须以作者的最新学术成果、最新实践提炼为主要内容，要把论文的主要篇幅用于"创新内涵"的表述，而与论文主题相关的历史背景、现状分析等内容，应尽可能简略。

例如，教学类论文中常见作者先引用一些权威话语，随后再延伸出作者本人的认识。这一行文方式在专业期刊论文中就没有必要。一是权威著作或论文的内涵，很难由论文作者用寥寥百十来字说清楚。如果作者对权威著述的理解与原著的本意有所偏差，反而会影响论文本身的说服力。二是业界同行中在同一话题领域的研究者，对于论文作者引用的此类权威话语也大多清楚，无须论文作者为之复述。因此，上述内容在专业期刊论文中一般是不需要的。若作者觉得有必要引经据典以强化个人观点的说服力，可以采取简化方式，即直接说明相关的权威或重要著述有哪些，通过论文的脚注、尾注等方式通报这些权威话语的原始出处。刊物论文的读者觉得有必要，可以自己去读原作，这显然比论文作者在文章中转述更具合理性。

教学类论文中关于某一主题的现状分析，大多以横向方式展开，由论文作者条分缕析后，提炼归纳出一些规律性的表述。此类文字对于学位论文来说自然是必要的，导师们可以从中看出学生的基础科学研究能力高下。但在专业期刊论文撰写中，这一部分要注意简略表述。其原因也可以从两个方面去认识。一是专业期刊论文的读者，尤其是某一特定话题领域的论文读者，多半是长期关注同一话题的同行，或是专业教学研究人员，或是业界实践研究工作者。他们在这一领域都有各自的信息和知识积累，对于新发表论文的现状分析类文字，一般只需要看看文中的小标题，就能够明白论文作者的研究思路与倾向，此类大段陈述话语对研究同行并无多大价值。二是对于新接触这一领域的论文读者，若是真正有兴趣，则需要通过大量文献的系统阅读，梳理各种历史事实，逐步建立起自己的客观判断，不可能通过一篇论文建立起个人基础判断，这也是一种真正的科学研究态度。若论文作者需要充分展示自己的思维与判断能力，则留待表述个人创新实践或创造性思维阶段时更为合适。

此外，专业学术期刊编辑对于单篇论文篇幅一般把握在7000字上下，作者若能把上述两部分的字数控制在2000字左右，也就为自己的创新实践成果记述，或创新思维展示和科学方法应用等，留出相对宽裕的文字空间。同时，这样的论文格局，也可以满足专业学术期刊揭示本学科研究进展、报道本专业活动进步的特定要求。

二、专业期刊论文写作前的基础准备

对于刚开始从事专业论文创作的作者，准确地选择论文主题是面临的第一项任务。选择合适的论文主题时，可以咨询同行和专家，也可以通过浏览专业期刊以获得参考信息，但这些都不足以保证论文选题的科学合理性。就专业期刊论文写作而言，无论是刚开始专业问题研究的尝试者，还是涉及某个新问题领域的作者，都需要有一个文献普查的基础过程。

在某种意义上，期刊论文的写作就是一个创新成果的制作过程。如同社会上认定某项研究成果是否具有创新内涵，往往需要图书情报工作依托海量文献进行"科技查新"，从而核实该研究成果的创新性。同样，为了保证拟写作论文的创新性，无论是实践创新成果记述还是新颖的思想观念表达，作者都需要在选题方向大致确定之后，具有针对性地进行一次文献普查。

在当代信息发布与传播环境中，图书馆工作者进行文献普查，有着独特的资源环境优势及信息检索技能特长，这里只是简要讨论文献普查的一般效用、对于论文选题的判断参考价值、作者科研能力的自我检验等问题。

其一，了解论文选题领域的研究历史与现状。如在此之前，需要了解图书馆同仁已经有过哪些实践，进行过怎样的提炼，以往的研究者取得了哪些共识，在哪些观念与认识上存在怎样的差异，以往的不同实践或思考中，有哪些代表性的观点，等等。

其二，把握同一主题领域的总体研究态势，前辈作者有哪些不同的研究切入角度，他们各异的应用研究方法有哪些，不同机构各自活动的统计数据、成果数据等基础资料，都需要在普查中得以解决。这些内容可以为自己开拓观察眼界，避免重复的无效研究，从而调整好自己的研究角度，思考选取合适的研究方法。

其三，检验自己在选题领域的研究能力与深入程度。在文献普查之后，作者也可以对自己在这一研究领域中的位置有一个清醒的认识。若在普查过程结束后，作者的感觉仅仅是获得了很多新信息，增长了众多新知识，此时，就需要反省自己是否具备了这一话题的深入研究能力。若作者能够清晰地看出以往众多成果中，不同研究成果之间的差异，研究者观点之间不同的认识，那就可以视为自己已经大体具备了撰写研究类论文的基础。

三、保证专业期刊论文水准的若干要点

在完成文献普查与基础分析的准备阶段之后，作者就可以比较清楚地知道

自己的实践成果或新颖思维，在图书馆阅读推广研究领域中的独特价值，明白自己论文的重点需要放在哪里，自身的实践成果与新颖思维对于图书馆界同行是否具有一定的普遍意义。换个通俗的说法，就是个人的思考或本单位的实践，对于业界是否具有行业推广价值，是否存在启发同行进一步思考的发展空间。这些正是专业期刊编者选取论文的重要标准之一。

具体而言，在论文撰写过程中需要把握好一些要点，以契合专业学术期刊的论文的特征，也是为作者的实践介绍和创造性思维争取充分的阐述空间。

（一）务必减少对前人研究成果的重复表述

理由在前文已经说明，不再赘述。

（二）注意选择研究论述的切入角度

无论是作者的岗位实践和创新举措，还是作者的新颖理念和研究感悟，在组织文字前，都要注意不与前人的表述角度重复，只要前面文献普查过程扎实，对以往这一主题的研究状况心中有底，就比较容易做到这一点。作者一旦确定了自己的独特表述角度，也就在很大程度上为自己的论文构建起了独立的空间，获得了表述和发挥的更大自由。

（三）不要浪费笔墨进行总体性的介绍与评述

对于前人的不同认识，同行间的实践差异等，建议在作者自己的论文表述中适时简单引用。为此，应注意控制好本人论文写作顺序和基础架构不被打乱。适时地插入同行的相关实践或专家的权威意见，并与本人的观点作比较分析，就能够充分地展示作者的成功实践或创新思维，客观上也能够导引读者进入作者的认识思路，最大限度地提升作者论文的说服力。

（四）争取利用他人成果支撑自己的观点

在文献普查阶段中就要注意积累统计数据和事实数据等相关资源，这些数据在论文写作中适度利用，能够起到强化论证效果的作用。尤其对于图书馆界的实践工作者而言，创新大多基于自身岗位实践而获得的新思考。在个人观点的论证过程中，若仅靠自身岗位实践的表述，论文中就只是以"孤证"的形式出现。若此时，能够适度引入业界同行的相关统计或事实数据，就能有效地增加作者的论证力度，对论文中创新观念的确立，对读者的感染力等，都会产生更好的效果。

四、期刊论文撰写需要注意的其他细节

当代中国图书馆学研究氛围相当热烈，新思维、新实践层出不穷，众多专业期刊面临众多作者投稿，大多处于应接不暇的状态。在这样的环境中，作者要让自己的论文脱颖而出，首先获得刊物编辑的青睐，就需要在论文撰写过程中把握好一些细节，及早呈现出论文的科学水准。

在这一问题范畴中，需要注意的一是要把握好表达的科学与逻辑，二是要应用专业话语表述。以下三个建议可供写作时参照。

第一，专业学术论文要求科学的、系统的表述，在表达个人观点、开展论证的过程中，要求逻辑紧密，最低要求是能够自圆其说。

就时下图书馆业界同行来稿而言，比较突出的问题是宣传报道类文风颇盛，尤其在图书馆阅读推广实践与探索范畴，文风不当的影响很大。其主要表现为在列举统计类数据或记述事实型数据之后，不再对这些客观事物进行归纳、提炼，就直接提供了作者的判断。这一表述方式的内在逻辑即所谓"事实证明……是正确的"，在当代社会的工作总结、宣传报道类文字中比较流行。这一简单化的思维模式对图书馆学应用类研究有着较大的负面影响。学术研究论文的论证依据，不能仅仅依托部分客观事实，重要的是在论证过程中提炼出论文所列举数据或事实的内在同一性，进而分析这种同一性对特定专业活动发展趋势的影响，对其可能产生正面或负面作用进行推理和分析。有了这些内容，专业学术论文与宣传报道文字的界限就比较清晰了，作者在这一领域中的努力也是本人专业研究能力提升的重要途径之一。

第二，学术论文写作要注意应用专业语词进行内容表达，即尽量使用图书馆学专业的术语来表述作者的观点。

专业术语在图书馆活动专业研究历史中逐渐提炼并积淀下来，每个专业语词有着各自特定的含义，所表达的语义有着明确的范畴界定，因而成为图书馆学研究领域学术交流的基本话语方式。应用专业术语进行论文写作，能够让作者的专业论文言简意赅，以简单的话语精确地表达出作者的真正思想，进而在与论文读者、刊物编辑之间获得更好的沟通与交流效果。为此，作者在期刊论文写作过程中，必须注意与其他类型的文章在用语、文风上拉开距离。若为了突出岗位实践的成效，错用文学化的表达方式，进行夸张的表述，就会背离严肃、认真的学术研究基本宗旨。在从事图书馆学研究，尤其是阅读推广一类大众性活动研究论文写作时，更需要注意把握这一要素。

第三，作者在论文写作实践中要锻炼用科学而合乎逻辑的方式系统表达自己的岗位实践或发展思考。

图书馆阅读推广活动有很强的实践性，强调逻辑化的表达，旨在促使作者努力对自己的岗位实践进行深入的探索，找出这些实践活动中的规律性内容。例如，通过本职岗位实践与文献普查中获得的各类相关数据，进行纵向和横向的多角度比较，寻找出具有共性的事物，并对各种事物的因果关系进行系统排序，此类事物的内在关系或规律就会慢慢地清晰起来。找到了此类规律性的事物，论文的科学价值也就不言而喻了。因此，作者应用专业语词进行观点表达的能力，也不仅仅是一个语言表达的问题，更是作者培养自身专业思维能力的一个潜移默化的升华过程，这是无法直接描述的事物，需要作者自己在学习与写作过程中逐渐地领悟。

延伸阅读

阅读：最好的时代，最坏的时代

"最好的时代，最坏的时代"是英国大文豪狄更斯的名言。在《双城记》里，狄更斯这样写道："这是最好的时代，也是最坏的时代；这是智慧的年代，也是愚蠢的年代；这是信仰的时期，也是怀疑的时期；这是光明的季节，也是黑暗的季节；这是希望之春，也是绝望之冬；我们可能拥有一切，也可能一无所有；我们正走向天堂，也正走下地狱……"狄更斯所处的维多利亚时代是社会急剧发展、各种矛盾爆发的时代，与我们今天的社会颇为相似。狄更斯的这句名言也适用于今天的阅读，尤其是图书馆阅读。

为什么说是最好的时代？套用一句陈词滥调：国内外形势一片大好。

从国际看，建立阅读社会是世界性潮流。联合国教科文组织在 1995 年创建"世界阅读日"，也叫"世界图书与版权日"，现在已成为世界性节日，在我国也是重要的节庆。许多国家出台了推动阅读的规定，如美国的"从出生就阅读"(Born to Read)、新加坡的"天生读书种，读书天伦乐" (Born to Read, Read toBond)、"思考型学校，学习型国家" (Thinking Schools, Learning Nation)、英国的"阅读起步" (Book Start)，均把阅读放到重要的位置。

从国内看，全民阅读蔚然成风。党的十八大报告发出"开展全民阅读活动"的号召。习近平总书记提出"爱读书，读好书，善读书"，并倡建"学习型人生"。《全民阅读促进条例》已列入立法日程。各级政府为主导的读书节庆活动精彩纷呈。据不完全统计，全国已经有 400 多个城市开展读书日、读书节、读书周、读书月、读书季等活动。

再看图书馆界，开展各种阅读活动已经在国内外业界形成高度共识。《公共图书馆宣言》将开展阅读活动列为图书馆的重要使命，是"公共图书馆服务的核心"。《中国图书馆服务宣言》则说得更为明确："图书馆努力促进全民阅读。图书馆为公民终身学习提供保障，促进学习型社会的建设。"2013年图书馆年会主题就是"书香中国——阅读引领未来"，表明业界对此的高度认同。

阅读"最好的时代"更为重要的表现是：各种新技术涌现，并在阅读中迅速得到应用，极大地扩大了阅读的领域，资源极大丰富，获取极大方便，检索、利用手段日新月异。这一趋势发展迅速，势不可挡，给图书馆乃至整个社会带来了深刻的变化。这是前辈图书馆人不曾遇到的大好形势和发展机遇。

然而现在也是阅读"最坏的时代"。危机是多方面的，如：社会阅读风气的萎靡、低落乃至消失；娱乐致死，"不娱乐毋宁死"；信息获取"碎片化"，缺少系统的阅读学习；以治学为主的一些知识分子急功近利，读书浅尝辄止，热衷于制造学术垃圾。为此，有人提出"伪阅读"概念，意谓许多人不是真的在读书，而是假读书，尤其是一些大部头书、古文书、外文书，不愿意下功夫，只是走捷径，浅尝辄止，或是凭借一些零星的二手资料过日子、做"学问"。

更深刻的危机同样来自各种新技术的涌现，并在阅读领域普遍得到应用。可以说新技术是一把双刃剑。

这并不是新问题。20世纪七八十年代美国著名图书馆学家兰卡斯特(F. W. Lancaster)就提出"无纸社会"(paperless society)的著名预言："我们正在迅速地不可避免地走向无纸社会"，"图书馆主要是处理机读文献资源，读者几乎没有必要再去图书馆"，"再过20年，现在的图书馆就可能完全消失"[①]。这位令人尊敬的学者已经去世。曾有一位崇拜者当面询问兰卡斯特：为什么这一预言没有如期实现？这位大牌教授的回答是：我的预言本没有错，是这个社会发展错了——典型的美国式幽默。

虽然兰卡斯特教授的预言没有如期实现，然而新技术给图书馆以及社会阅读带来的冲击是确实存在的，而且日渐明显、急迫。新技术的冲击，造成读者

---

① 兰卡斯特. 通向无纸情报系统 [M]. 庄子逸，许文霞，译. 北京：北京科学技术文献出版社，1988.

阅读习惯的改变，社会信息渠道的日益多样化，读者对图书馆依赖程度的降低甚至流失，使图书馆面临消亡的危机。近来业界出现过许多悲观的论点，甚至提出为图书馆做"尸检"(autopsy)[1]。如果说"尸检"之类的说法显得有些危言耸听，还不是迫在眉睫的话，那么一些迫切的问题，如纸本资源收藏与否，传统文献与数字文献的关系、比例等问题，就很现实地摆在图书馆面前，使我们不得不面对，不得不拿出解决的思路、方案。

在这个问题上，国内图书馆界有着截然不同的看法，并出现了一南一北两位大腕级的代表人物。一位是国家科学图书馆的张晓林馆长，他多年大力倡导"电子文献先行 (e-first)""网络先行 (i-first)"。有人开玩笑说，他恨不能将所有纸质文献请出图书馆。另一位是中山大学图书馆的程焕文馆长，他的宗旨是"保留一切有价值的纸片"，严格恪守纸质文献的核心地位。

这种分歧在社会上也广泛存在。一部分人极端地依赖各种新技术来获取信息，以致出现网络控、手机控、微博控、微信控一族人，他们几乎从不阅读传统纸质文献，这些人以年轻一代的新新人类居多。另有一部分人则极端地抵制新技术，拒绝接受任何新媒体文献，其中也不乏深具影响的大家。这里且举两个例子。

一位是王蒙先生。2012 年 11 月在东莞召开的"2012 中国图书馆年会"上，他在闭幕式上做了题为"现代性文化与阅读"的演讲。这篇演讲的结论性意见是："读书是不能替代的,不能用上网替代,不能用看 VCD 替代,不能用看 DVD 替代,不能用敲键替代,甚至也不能用手机和电子书来替代。……正是最普通的纸质的书，它表达了思想，表达了思想的魅力，表达了思想的安宁，表达了思想的专注，表达了思想的一贯。因此图书馆是一个产生思想的地方，是一个交流思想的地方，是一个深化思想的地方。"[2]

另一位是易中天先生，他的表达更为妙趣横生。当谈到数字媒体是否会代替传统出版物时，易先生激动地说："完全替代是不可能的。那种用手触摸精装

---

[1] Brian T. Sullivan. Academic Library Autopsy Report，2050[J]. The Chronicle of Higher Education，2011（1）．

[2] 王蒙．文化被消费但读书不能被代替 [EB/OL].[2012-11-24]. http：//www.sun0769 .com/subject/2012/2012tsgnh．

书籍的美好触感,电子阅读永远无法代替。经典作品还是要靠纸质媒介呈现,就像满汉全席,能用塑料盘子装吗?"[①]

两位先生的人品才学均广受敬重,但他们对现代文献尤其是图书馆收藏的各种数字资源的缺乏了解和抵制仍令人感到吃惊。在现代社会,对于治学之人,推而广之到一切利用文献为学的读书人,本是一定要学会利用数字文献的,其中主要是图书馆收藏的各种数字资源。作为一名现代学者,这已然是必不可少的基本学术功力。

我曾在各种场合多次表述这样的观点:我们之所以坚信当今已经进入数字阅读的时代,数字阅读会取代传统阅读成为社会阅读的主体(不是全部),最为重要的依据是今天的图书馆已经初步建立起系统完备的数字资源体系。与支离破碎、良莠不齐的网络信息不同,图书馆收藏和提供各种的数据库,如同图书馆的藏书一样,是经过精挑细选和专业化整理揭示的,因此是最重要、最全面、最实用、最具价值的信息资源,是最为优质的数字资源集合,而且大多是全面开放、免费提供使用的。在目前社会上,还没有其他社会机构拥有这样完备的数字资源,这样系统的数字阅读保障,这样全面无偿的服务。图书馆之所以能够如王蒙先生所说,是产生思想、交流思想、深化思想的地方,不仅仅是因为有传统的纸质藏书,当今还要有赖于这些足不出户即可坐拥天下资源的数据库集合。很难想象当今社会的治学者能够脱离图书馆的数字资源来搞科研、做学问,就是追求全面系统阅读的普通读书人,也不应忽略这一高效便捷、人皆可用的途径。不管阅读习惯如何,都没有理由说图书馆的数字资源不能"表达思想",都不能否认这些数据库集合是无比丰盛的"满汉全席",更不可无视或拒绝利用这些全体公民都有权利享用的公共资源。

那么,图书馆工作者应如何面对这个"最好的时代"和"最坏的时代"呢?或者说,张晓林和程焕文这两位大腕儿,我们到底应该听谁的呢?我历来主张两点。一是思想要激进,认识要超前;二是行动要保守,尤其是涉及破坏现有

[①] 易中天称电子书无法替代纸阅读 [EB/OL].[2011-06-05]. http: //www.chinanews.com/cul/2011/06-05/3091141.shtml.

资源和模式的一些措施一定要缓行、慢行、三思而后行。

我个人一直是图书馆现代化技术的鼓吹者，我所供职的深圳图书馆也一直走在图书馆现代化的前列。但是遇到具体问题，就一定要采取慎重的态度。例如前面所述的选择数字阅读还是纸本阅读，在个人来说是各有所好、见仁见智的事，但对图书馆就不一样了，因为涉及图书馆的馆藏模式和服务方针这样的根本大计，必须要有清醒的认识和正确的对策。对此，我们的基本思路是：图书馆数字化的发展方向是明确的，但目前图书馆的纸本文献仍然是不可缺少的。

关于图书馆数字文献和纸本文献的关系，现在有许多理论学说，可以说连篇累牍，涉及方方面面。而我们说目前图书馆的纸本文献还不可缺少，主要是基于以下两个很现实的因素，或曰"非学理"的因素：

一是社会纸本文献资源极为丰富，还没有被数字文献完全取代。图书馆有"传承文明"的社会责任，要为后人留下完整全面的文化遗产，因此不能舍弃纸本资源。

二是读者对纸质文献的需求很大，尤其是公共图书馆，我们不能忽略普通读者尤其是底层民众对传统纸本文献的现实需求。

后者涉及图书馆的人文关怀，因此必须强调。笔者举一个经历的例子。在20世纪90年代初期，笔者在北大图书馆供职，当时北大图书馆宣布取消原有的卡片目录，全部采用机读目录(MARC)。这在全国高校图书馆是首家，我们都引以为荣，当时在国内图书馆界也是一件重大的事情。不久后笔者出访美国，得知另外一个故事：在美国的一家大学，当时也曾计划取消卡片目录，但因为有几位教授从不肯使用电脑，图书馆最后决定保留卡片目录。两种做法反映了两种态度、两种考量。且不说事情本身的是非对错，毕竟现在大多数图书馆已经不再使用卡片目录了，但无疑美国这家大学的做法更具有人文关怀的精神，而不是技术至上主义，不是为技术而技术、为现代化而现代化。这正是我们所缺乏的。正是基于这种考量，深圳图书馆研制开发了"城市街区24小时自助图书馆"。对于这个项目的研制和使用，业界有不少争议，有人认为我们采用了先进的技术手段，却用于传统的纸本书刊借阅，不能体现图书馆的发展方向。对此我不敢苟同。请看两组近期的数字：2012年深圳全市自助图书馆借书1053084册，还书1217989册，预借135442册，服务读者1355270人次；2013年5月借书89686册，还书105803册，预借13201册，接待读者115927人次。内行的同仁都能看出，这样的服务量相当于一个中等以上规模的图书馆。这种利用效益就是最好的说明：社会有需要，民众有需求，就是我们的服务方向。曾有一位女市民动情地对深圳图书馆工作人员说，自己在深圳发展不顺利，考虑回老家，但使用了自助图书馆这样的便民服务设施，而其他地方没有，就改变主意，不走了，留下来做一个深圳市民。自助图书馆项目多次得到领导肯定，获得了很多奖项，包括胡锦涛同志的赞许，以及文化系统的最高奖"文化创新奖"和"群星奖"。但这位市民的夸赞却更令我们倍感荣耀，切实感受到自己做了图书馆该做的事情，尽了我们的社会责任，体现了图书馆的社会价值。对于阅读，对于图书馆，"最好的时代"和"最坏的时代"还会继续下去。不管是"好时代"还是"坏时代"，我们这一代图书馆人要做的是怎样才能无愧于这个时代，不负时代的重托，完成时代的使命。

——本文系吴晞先生于2013年11月7日在"2013中国图书馆学会年会、数字阅读论坛"上的演讲稿摘要，并于次年发表于《图书馆论坛》（2014年第8期）。

阅读推广的理论特征

从图书馆学理论角度观察图书馆阅读推广，可以看到阅读推广具有以下理论特征。

属性定位：阅读推广是图书馆服务的一种形式；

目标人群：阅读推广的重点是服务于特殊人群；

服务形式：阅读推广是活动化、碎片化的服务；

价值基础：阅读推广需要介入式服务。

由于上一节已经讨论过目标人群问题，本节对"介入式服务"的讨论也要涉及这一问题，本节不再专门讨论目标人群。

一、阅读推广是图书馆服务

研究图书馆阅读推广，首先需要将其当作一种图书馆服务。图书馆阅读推广，无论是编制导读书目还是组织读书活动，无论组织暑期阅读还是开展亲子活动，其目的与外借阅览一样，都是图书馆对于读者的阅读或学习的服务。图书馆阅读推广虽然势必对读者的阅读行为进行干预，但干预的目的是帮助读者喜欢阅读、学会阅读，而不是对读者进行价值观、品行方面的教育。

我国图书馆界有一个深入人心的认识，就是图书馆承担社会教育的职能。这一认识影响到图书馆的阅读推广服务。许多人认为阅读推广更应该体现图书馆的教育职能，要对读者进行各种教育，既包括读者利用图书馆的能力或信息素养方面的教育，也包括对读者的阅读内容教育（如读好书、读时事政治教育书籍）、阅读形式教育（如拥抱书香、远离屏幕），甚至包括对于阅读过程中个人习惯的教育（如纠正儿童阅读姿势，禁止或纠正衣着不整者进馆）。中国图书馆界执有这种教育理念有其历史的原因。杜威图书馆学信奉图书馆的教育功能，认为教化读者是图书馆人的使命。但是，这一近乎神圣的图书馆使命在1930年代以后逐渐受到质疑。人们发现没有任何证据表明图书馆员有高于其他人的道德水平，同时公共资金资助的社会服务需要保持服务的公平性，不得将具有党派教义的"教育"掺杂其中。在美国图书馆协会《图书馆权利宣言》问世后，尊重公民使用图书馆权利的观念逐步确立，教化公民的观念逐步被放弃。西方图书馆学进入中国之时，正是杜威图书馆学时代，教化的观点影响了一代人。当西方图书馆学教化观念开始变革后，中国图书馆学却中断了对西方图书馆学的了解。直到21世纪初中国图书馆人开始研究"图书馆权利"，人们才更多地了解服务读者是比教育读者更重要、更根本的图书馆职能。当然受到社会环境的影响，这种认识还远未成为我国图书馆人的共识。

比较国际图联《公共图书馆宣言》的变化可以看到国际图书馆界对于公共图书馆教育职能认识的变化。1949年版的《公共图书馆宣言》相信公共图书馆可以直接参与对公民的教育，宣言中设有"公共图书馆是民主的教育机构""人民的大学"[①]这样的小标题，可见它对于教育的重视。1994年《公共图书馆宣言》修订版中仍然强调公共图书馆是开展教育的有力工具，但基本精神已经不再将公共图书馆当成从事教育的"机构"或"大学"，而是提供平等服务的"通向知识之门"。

对于图书馆服务与教育功能认识的滞后，在一定程度上影响到阅读推广理论的发展。由于阅读推广在很多方面具有与教育类似的特点，人们很容易将阅读推广当作教育读者而不是服务读者的图书馆活动。具体误读表现为两个方面。一个是将阅读指导(reading instruction)当成阅读推广(reading promotion)，例如，中图学会阅读推广委员会的前称为"科普与阅读指导委员会"。阅读指导也可译为阅读教育，一般是学校语文教学的辅助，图书馆员在辅助学校教育中常常需要进行阅读指导，是人们将其误读为阅读推广的重要原因。另一个是将阅读经验分享当作阅读推广。不少图书馆做阅读推广就想到请名人，特别是文化名人讲座，分享他们的阅读经验。名人的号召力对于推动阅读的确有

---

① UNESCO public library manifesto[J]. The library assciation record，1949，51(9):267-268.

实效，但名人讲座服务的人群并非图书馆阅读推广的重点目标人群，许多图书馆将大量资源投放于此而忽略其他阅读推广服务，是不了解阅读推广是一种服务的表现。

二、阅读推广是活动化的服务

图书馆阅读推广作为一种服务，与传统图书馆服务的形态具有较大差异。这种差异可归纳为服务活动化和服务碎片化。活动化、碎片化的服务给图书馆管理与服务提出新的课题。

服务活动化是现代图书馆服务的新特征，也是一个重要趋势。以活动形式出现的图书馆服务不仅有讲座和展览等在专门场所和特定时间开展的活动，还更多地表现为在儿童阅读推广和其他特殊人群的阅读推广中，以活动化的服务取代传统外借阅读服务，即在原有借阅场所借阅时间中开展服务活动。在很长一段时间里，图书馆是一个幽静的场所。图书馆提供的服务，首先是外借阅读。外借阅读服务中，图书馆需要创造一个宁静的、不受他人打扰的阅读环境。现代图书馆还包括参考咨询类服务，这类服务往往比外借阅读服务有更多的对话，但由于对话规模不大，基本能够保持图书馆的宁静。但阅读推广服务则颠覆了原有图书馆服务的环境。读书会、故事会、抢答式竞赛、各种行为艺术在服务时间、服务场所出现，说话声、欢笑声甚至歌舞音乐声破坏了图书馆原有的宁静。美国新泽西州立图书馆介绍的公共图书馆十大创意活动，包括了扮演童话角色早餐、烹饪、探宝、模拟面试、街舞等[1]。更具有颠覆性的事例是近年美国奈特基金会将音乐、演唱和歌舞带进图书馆，直接在阅览室进行歌舞表演，从资料看，图书馆和读者都乐于接受，活动也吸引路人进入图书馆[2]。服务活动化在我国引起部分读者抱怨，他们习惯了图书馆高雅、舒适、宁静的阅读环境，难以适应服务活动化带来的变化，许多图书馆人也对阅读推广活动是否属于图书馆服务

---

[1] Ten great event ideas for your public library [EB/OL]. [2014 – 06 – 15]. http://www.njstatelib.org/blog/uncategorized/2014/ten-great-event-ideas-public-library.

[2] Mcantor. Library acts of culture: West Boulevard Library [EB/OL].[2014 – 06 – 15]. http://www.knightarts.org/community/charlotte/library-acts-of-culture-west-boulevard-library.

心生疑虑。如何改变这些观念，使图书馆管理与服务能够适应服务活动化，是图书馆学理论面临的新挑战之一。

　　无论服务活动化面临多少质疑，它逐渐成为公共图书馆主流服务的趋势不变。不但 IFLA 公共图书馆服务的各种宣言、指南中频频出现"活动"字样，阅读推广活动成为公共图书馆服务的新的指标也是这种趋势的标志之一。吴建中是国内学者中较早关注阅读推广活动作为图书馆服务新指标的学者。他在 2012 年中国图书馆年会主旨报告中介绍了国际图联大都市图书馆委员会一份调研报告，该报告提出影响图书馆未来发展的四个新指标中，第一个就是"推广活动"[①]。图书馆服务活动化的趋势也影响到我国的图书馆评估，2013 年文化部组织的第五次公共图书馆评估定级指标中增加了"阅读推广活动"的指标。

　　图书馆服务活动化直接导致服务的碎片化。传统图书馆服务是整体感很强的服务，图书阅览室的书籍按知识体系组织，图书馆的整体布局和书籍位置许多年不变。在这种具有整体感的环境中，读者在本馆或其他馆形成的经验可以方便地帮助他们阅读，图书馆员只要进行少许知识更新就可以长期胜任图书馆服务工作。图书馆的馆长或部门主管可以通过主导图书馆的布局和设计，基本实现对服务的管理。

　　但是阅读推广服务不一样。例如，在同一个儿童阅览室中，尽管阅览室布局没有大的变化，但它在学期中和暑期的活动不一样，每周周一到周末的活动不一样，每天上午和下午的活动可能不一样，甚至有些图书馆阅览室在半天内可以安排两场活动。这种服务活动化必然导致服务的碎片化，并给图书馆的管理带来新的问题，从以往图书馆馆长可以主导的服务，变成需要各个岗位上的图书馆员不断设计、构思主题、策划活动、解决服务资源的服务。一般而言，图书馆员无力独自承担如此多变的服务，只能将服务主体扩大到全社会，通过志愿者服务解决碎片化服务所需人力资源问题，而图书馆员的角色也由服务的直接提供者转型为服务的组织者。

[①] 吴建中. 新常态新指标新方向(2012 中国图书馆年会主旨报告)[J]. 图书馆杂志, 2012(12):2−6, 67.

三、阅读推广需要介入式服务

图书馆服务受人赞美，并被人提到维护社会民主制度的高度，不仅是因为图书馆能够为用户提供大量的知识与信息，还因为它在提供知识与信息时保持服务价值的中立性。最能体现图书馆服务价值中立性的是文献借阅服务。图书馆将百科全书式的知识按门类有序组织，将目录与文献全部对读者开放。读者根据自己的需要委托取用或自行取用，图书馆员仅仅承担传递文献或咨询服务，不介入读者挑选文献的过程，不指导读者阅读，将知识与信息的选择权完全交给读者，甚至保守读者秘密，不让他人知道读者阅读的内容。在图书馆参考咨询服务中，图书馆员对问题的解答中可能加入自己对于知识与信息的理解，但问题的来源属于读者，大部分问题的答案也是取自现有文献。

尽管图书馆服务价值中立的原则不可避免地受到意识形态或政治、文化因素的挑战，但国际图书馆界对此原则是有共识的。2012年国际图联公布的《图书馆员及其他信息工作者的伦理准则》中有"中立、个人操守和专业技能"条款，该条款称："在馆藏发展、信息获取和服务等方面，图书馆员和其他信息工作者应当严守中立和无偏见的立场。中立才能建设最为平衡的馆藏，并为公众提供最为平衡的信息获取渠道。""图书馆员和其他信息工作者应区分其个人信仰和专业职责。他们不应因为私人利益和个人信仰而损害其职业的中立性。"[①]

从服务形态看，图书馆阅读推广对于读者阅读的介入程度远大于其他图书馆服务。在阅读推广时，图书馆员深度地介入读者的阅读过程。图书馆员不但直接介入从文献选择到内容解读的整个阅读过程，还通过各种措施鼓励读者阅读他们指定或推荐的读物。例如，在某些奖品丰厚的知识竞赛中，图书馆员明确告诉读者竞赛题的答案出自某几本读物，相当于明确指定了读者的阅读内容。介入式的阅读推广服务并不一定违背中立性原则。某些图书馆依据读者的阅读记录制作新书推荐书目，就是一种比较遵循中立性的阅读推广。但在更为一般的情况下，图书馆员需要依据自己的主观判断选择文献进行推广。因此，阅读

---

① IFLA. 图书馆员及其他信息工作者的伦理准则[EB/OL]. [2014－06－15]. http://www.ifla.org/files/assets/faife/codesofethics/chinesecodeofethicsfull.pdf.

推广服务的中立性受到人们的质疑。

在图书馆阅读推广服务中，表面上看图书馆员的立场是矛盾的。一方面，他们应该恪守服务价值中立原则，不介入读者阅读过程；另一方面，不能确保中立性的介入式阅读推广服务又在图书馆得到充分发展。解释这一矛盾依然要回到特殊人群服务问题。图书馆阅读推广的重要对象是特殊人群。由于特殊人群无法正常利用图书馆，如果图书馆员缺少深度介入的主动精神，这一人群不可能像普通读者一样接受图书馆服务，甚至可能完全被排斥在图书馆服务对象之外。因此，在"平等服务"和"价值中立"理论引导下的非介入式服务在20世纪90年代后期受到许多理论家的批评。英国图书馆和信息委员会的一份研究报告甚至认为，早期的"公共图书馆运动的核心逻辑仍然建立在继续推动普遍均等的公共服务，反映的是中产阶级白人的价值观"。所以该报告主张，"公共图书馆应该成为一个更加主动的，具有干涉精神的公共机构，肩负着平等、教育和社会正义的核心使命。唯有如此，才有可能让边缘化的被排斥的群体回归到社会主流之中，也只有这个时候，公共图书馆才实现了真正的开放和平等"[1]。

表面上看介入式的阅读推广服务可能违背图书馆的职业准则，实际上它正是对普遍均等服务的补充。是公共图书馆"成为一个更加主动的，具有干涉精神的公共机构"所必须迈出的一步。当然，阅读推广的介入式服务也应该尽可能遵从价值中立，这是阅读推广理论和实践中需要进一步探讨的问题。

——摘自《阅读推广与图书馆学：基础理论问题分析》，范并思著，《中国图书馆学报》，2014年9月。本文有所删改。

---

[1] Muddiman D，Durrani S，Dutch M，et al. Open to all? The public library and social exclusion [EB/OL]. [2014-06-15]. http://eprints.rclis.org/6283/1/lic084.pdf.

阅读推广研究的主要内容

阅读推广需要图书馆学理论的支撑,不是说现有图书馆学理论框架就可以承担起理论支撑的角色。相反,阅读推广是近年兴起的新型图书馆服务,以往的图书馆学理论对这一服务的关注与研究不多,难以形成对阅读推广的理论支撑。首先,在经典图书馆学理论框架中,我们很难找到阅读推广的理论位置。例如,1923年杨昭悊先生的《图书馆学》[1]提出了一个图书馆学理论体系框架,首次将图书馆学分为"纯正的"和"应用的"两大类,前者包括图书馆史、图书馆教育等,后者包括分类编目、组织管理等。在这个体系所列举的30多个分支学科中,没有出现与阅读、学习有关的分支学科。1935年,李景新先生发表《图书馆学能成一独立的科学吗?》[2],其中所列图书馆学科框架影响极大。该体系将图书馆学分为"历史的"和"系统的",系统的图书馆学再分为理论的和实际的,实际的图书馆学分为行政论、经营论和形式论。该体系所列50余个分支学科中,也没有出现阅读或学习类学科。进入1980年代后,图书馆学基础教材成批出版,但教材中仍没有阅读推广的位置。仅在黄宗忠先生《图书馆学导论》[3]中,在技术图书馆学——图书馆读者学下面,出现了"读者阅读学"。从该分支学科的位置看,它与阅读推广并非同一含义。其次,从现有图书馆学研究看,近年来阅读推广的研究论文发文数有迅速增长的趋势,2014年8月对于CNKI的检索结果如下图,增长趋势非常明显。但就论文内容看,更多的文章是介绍一馆一事的服务做法,以及阅读推广的现状与发展,而对于阅读推广的价值、目标、类型、服务特点等理论问题研究极少,甚至对于我国图书馆学十分喜好的概念研究也很少涉及。

---

[1] 杨昭悊.图书馆学[M].北京:商务印书馆,1923.
[2] 李景新.图书馆学能成一独立的科学吗? [J].文华图书馆学校季刊,1935(2).
[3] 黄宗忠.图书馆学导论[M].武汉:武汉大学出版社,1988.

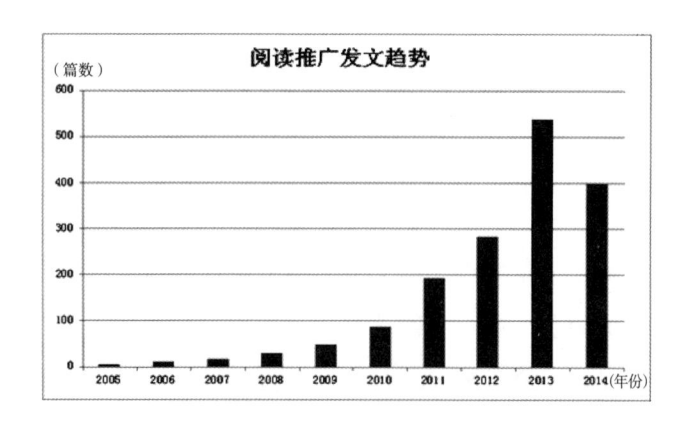

从目前阅读推广的理论与实践看，走向理论自觉的阅读推广还有很多理论问题需要图书馆人大力研究。

一、阅读、阅读行为和阅读文化的研究

阅读是与图书馆息息相关的大课题，值得图书馆学认真研究。这类问题包括阅读的目的与意义，阅读的类型与特点，各种不同群体的阅读行为特征，等等。在图书馆学理论史上，阅读研究对图书馆学的科学化发展曾起到重要作用。于良芝教授曾介绍过美国芝加哥图书馆学研究生院的阅读行为研究，包括韦普尔本人通过实证研究提出的社会群体与阅读兴趣之间关系的理论[1]。黄纯元教授介绍过芝加哥学派主张通过对"读书行为和读书习惯"的研究来探讨图书馆的社会功能[2]。芝加哥学派注重从社会、历史、文化的角度发现人类图书馆活动的基本原理，他们试图通过对于阅读的研究揭示阅读的本质，进而发现图书馆的社会价值。

对于现代图书馆学，阅读、阅读行为和阅读文化的研究能够帮助图书馆人更好地认识阅读的社会意义和基本规律，为图书馆开展阅读推广服务提供基本理论的支撑。这类研究在西方图书馆学早期研究中较为普遍。

---

[1] 于良芝. 图书馆学导论 [M]. 北京：科学出版社，2003: 138.
[2] 黄纯元. 论芝加哥学派（下）[J]. 图书馆，1998（1）: 6-9.

二、阅读推广基础理论问题研究

阅读推广是一个应用性领域，但与其他应用领域一样，阅读推广领域存在许多基础理论问题。这类问题包括阅读推广"是什么""为什么"的问题，以及阅读推广服务的目标和方向问题，对这些问题的研究，将奠定阅读推广理论自觉的基础。例如，目前亟待研究的理论问题有以下四个方面。

（一）阅读与阅读推广的关系

尽管在许多社会性的阅读推广活动中，阅读和阅读推广是混为一谈的，但图书馆学有理由对它们进行区分。阅读是个人行为，而阅读推广则是公益性的社会服务，是公共服务。在公共服务中如何维护公民阅读权利，尊重公民阅读自由，还有许多理论问题需要研究。

（二）阅读推广的基本概念

阅读推广是一个新的领域，它的基本概念需要讨论和界定。阅读推广和素养（literacy）、终身学习（lifelong learning）、非正式学习（informal learning）等概念之间关系；阅读推广和图书馆宣传推广、阅读指导等概念之间的关系。讨论这些概念并非学究式研究，而是帮助图书馆人正确地进行阅读推广的服务定位。

（三）阅读推广与现代图书馆理念

阅读推广作为一种图书馆服务，在服务形态上与已有图书馆服务理念是有冲突的。表达现代图书馆服务理念的图书馆学原理、图书馆核心价值、图书馆员职业道德中都强调图书馆服务的价值中立和非干预性。而阅读推广服务不但推荐甚至指定读者的阅读内容，甚至干预读者对阅读内容的解读。这就需要对于阅读推广的服务性质进行重新界定。

（四）阅读推广的理论目标

阅读推广为什么的问题实际是阅读推广的服务目标问题，我曾经将阅读推广的理论目标定位于：①引导缺乏阅读意愿的人阅读，②训练有阅读意愿而不善于阅读的人阅读，③帮助阅读困难人群阅读，④为具有较好阅读能力的人提供阅读服务。[①] 对于阅读推广目标的讨论将引导阅读推广走向理论自觉。

三、阅读推广的实践问题研究

阅读推广实践源于导读或新书推荐，然后发展为多种多样的读者活动，如读书会、亲子阅读或知识竞赛。但是，迄今为止，图书馆人对这些阅读推广服务的研究主要仍停留在经验的或感性的层面，如推荐书目的产生主要靠学者或馆员的经验而非科学的分析，而新书推荐方法介绍则主要是一馆一事的活动介绍，对于荐书活动所达到的服务效果拿不出具有说服力的研究成果。这样的研究成果对于阅读推广的启动与普及是有价值的，但是与现代图书馆服务对阅读推广的要求还有较大距离。阅读推广实践领域存在大量"怎么做""怎么做得更好"的理论问题，例如以下各个方面的问题。

（一）阅读推广的类型与特点研究

阅读推广包括静态的服务，如通过张贴书目进行新书推荐，但更多是活动化的服务。活动化的服务种类繁多，不同类型的阅读推广对图书馆资源的需求有很大差异，因此需要对阅读推广的类型与特点进行研究，以便进行科学的管理，提供有效的服务。

（二）各类人群阅读推广的服务定位与服务策略研究

阅读推广面向的目标人群主要是有特殊阅读需求的人群，包括儿童和家长。不同的目标人群对于图书馆阅读推广有不同的需求，即使同为儿童读者，不同年龄段的儿童也可能有完全不同的服务需求。这就需要图书馆进行不同类型人群阅读推广的服务定位与服务策略研究。

（三）图书馆阅读环境设计和服务资源配置研究

阅读推广对于图书馆阅读环境需求不同于传统图书馆服务，服务的活动化

[①] 范并思. 阅读推广为什么 [J]. 公共图书馆, 2013（3）：4.

与碎片化对阅读环境设计与服务资源配置提出了新的要求。当前国内外图书馆的空间创新令人目不暇接，大部分都是适应阅读推广服务对环境的需求所致。对这一领域的研究，也是传统图书馆学所忽略的。

（四）阅读推广活动的策划、组织与实施研究

阅读推广主要是活动化的服务，好的活动需要好的创意或策划，需要科学的组织与实施。图书馆学家在这一领域已有系统的研究成果，如《公共图书馆宣传推广与阅读促进》[①]，但面对类型多样、形态多变的图书馆阅读推广服务，还需要更多的理论研究。

（五）阅读推广人力资源研究

阅读推广对于图书馆员的要求远远高于外借阅读等图书馆服务。一位缺乏主动精神或创造力的馆员可以按规章制度完成阅览室管理或文献借阅，但不可能做好一场儿童绘本阅读活动。中国图书馆学会阅读推广委员会即将推出的"阅读推广人"制度是一个很好的想法。阅读推广馆员的素质要求则需要阅读推广理论研究的支撑。

（六）阅读推广项目评估研究

当前我国图书馆阅读推广活动中存在的最大问题，就是图书馆员只关注项目的开展，不关注项目评估及其研究。忽略项目评估及其研究的后果是无从了解项目实施的价值。例如，有些图书馆以超过10万元的经费请名家讲座，从名家的身价来讲的确需要花费这么多钱，但如果不进行科学测评，不了解讲座的服务实效，就可能导致公共资源的大量浪费。

——摘自《阅读推广的理论自觉》，范并思著，《国家图书馆学刊》，2014年第6期。本文略有删改。

---

① 李超平.公共图书馆写信推广与阅读促进[M].北京：北京师范大学出版社，2013.

图书馆阅读推广——循证图书馆学（EBL）的典型领域

一、引言

图书馆阅读推广（reading promotion）也被称为阅读促进。虽然图书馆界很少明确界定阅读推广的含义（例如，很少有图书馆学专业辞典[1][2][3]将这个概念列为词条），但根据图书馆界从事阅读推广的经验，它主要指以培养一般阅读习惯或特定阅读兴趣为目标而开展的图书宣传推介或读者活动。"培养阅读习惯或兴趣"这一目标决定，阅读推广试图影响的通常是休闲阅读行为（reading for pleasure)，即与工作或学习任务无关的阅读行为。这是因为与工作或学习任务相关的阅读，其目标是解决工作或学习中的问题，它既然主要受任务驱动，便不易受阅读推广的影响。如果从图书馆职业开始直面"公共图书馆是否应该鼓励小说阅读"的问题[4]算起，阅读推广研究的历史可以追溯到19世纪后半叶。

与阅读推广问题相比，"循证图书馆学"（Evidence-based Librarianship，EBL，也称循证图书馆事业）却是LIS领域的新兴概念，起源于循证医学运动。20世纪80年代，医学领域兴起的循证运动，强调临床实践必须有充分、可靠的科学证据作为诊断和治疗的依据，而当时,医学图书馆员恰是检索和提供这些"证据"的专家。受此契机和相关理念影响，循证图书馆学逐渐产生，于1997年被

---

[1] Young H. The ALA glossary of library and information science[M]. Chicago: The American Library Association, 1983.

[2] Feather J, Sturges P. International encyclopedia of information and library science[M]. London: Routledge, 1997.

[3] 丘东江. 新编图书馆学情报学辞典[M]. 北京：科学技术文献出版社，2006.

[4] Ross C, McKechnie L, Rothbauer P. Reading matters: what the research reveals about reading, libraries, and community[M]. Westport, Conn: Libraries Unltd Incorporate, 2006.

正式提出[1]。尽管有关EBL的概念有不同版本[2],但这些表述所传达的核心观点十分一致。总结来说,EBL强调图书馆工作的问题解决方案同样应建立在证据的收集、评估和整合基础上,从而提高专业判断的可靠性。根据Eldredge的阐释,EBL大致分为五个实施步骤:第一,提出和界定问题;第二,检索已发表和未发表的文献以及与问题有关的资源作为备用证据;第三,严格评价所获取证据的有效性(真实程度)和相关性;第四,应用高质量的证据;第五,评估实践的效果[3]。可以说,EBL是将研究与实践紧密结合在一起的理念及方法。它首先是一种实践模式,要求图书馆工作中面临的具体问题要以证据作为支撑(是否可行、效果将如何、怎样开展)形成解决方案;另外它也可被视作一种研究模式,鼓励开展与实践紧密相关的研究活动。

从EBL的主张反观图书馆阅读推广,不难发现,这个领域具备若干天然适合EBL的特点。首先,其研究旨趣与实践需要一直联系密切,很多研究事实上就是围绕特定的阅读推广项目(如著名的"阅读起步走"项目)而展开;其次,从19世纪末至今,阅读推广研究兴趣经久不衰,已经积累了丰富的研究发现,可以作为实践的证据;再次,策划和组织阅读推广活动常常意味着不菲的成本,在经费有限的条件下,馆员需要明确这一活动是否值得投入、能产生哪些效果,即他们需要寻找足够的证据证明特定推广活动的必要性和正当性;此外,阅读推广活动可被理解为是对用户阅读习惯/行为进行"干预"的活动,馆员必须确知什么样的活动能够产生积极正面的"干预"效果(如激发阅读兴趣),而非相反(如抑制阅读兴趣),即他们需要寻找足够的证据证明其选定的推广方式的有效性。显然,图书馆阅读推广是一个有能力,也有需要尝试EBL的领域,与EBL精神之间具有天然的契合。

本文的写作目的就是从EBL的角度审视阅读推广研究的证据性及实践价值。为此,本研究首先概述阅读推广研究的主要领域,例示性地介绍这些领域曾经

---

[1] Eldredge J. Evidence-Based Librarianship[J]. Hypothesis, 1997, 11(3): 4-7.

[2] 倪虹. 循证图书馆事业初探[J]. 图书馆学研究, 2006(2):6-8.

[3] Eldredge J. Evidence-Based Librarianship: An Overview[J]. BullMed Libr Assoc, 2000,88(4): 289-302.

产生的经典或典型研究，然后讨论这些研究如何为实践提供证据。通过这样的讨论分析，本文希望向图书馆实践者展示阅读推广研究的实践价值，同时向图书馆学研究者展示"证据性"研究结果需要经历的研究过程，进而向双方展示按 EBL 原则沟通阅读推广研究和实践的可能性。本文对研究结果"证据性"的关注并不否定相关研究结果的知识创新价值：严谨可靠的阅读推广研究除了为实践提供证据，也同时为人类知识体系贡献有关阅读现象的新知。

二、阅读推广研究的主要领域

如前所述，图书馆阅读推广通常是图书馆以培养一般阅读习惯或特定阅读兴趣为目标而开展的图书宣传推介或其他读者活动。按照这样的理解，图书馆阅读推广涉及以下要素：推广或促进活动、被宣传或推介的图书、公众及其阅读活动。其中图书馆的推广活动可以有很多形式，例如，图书展览、推荐书目、阅读俱乐部或读书会、故事会、亲子阅读，等等。被宣传推介的图书也可以划分为很多种类，如小说与非小说类，经典与通俗类等。公众同样可以从不同角度进行细分，例如，按年龄划分为成年读者和未成年读者，再按阅读喜好划分为没有阅读兴趣者、兴趣单一者和兴趣广泛者。阅读推广活动的效果主要体现为公

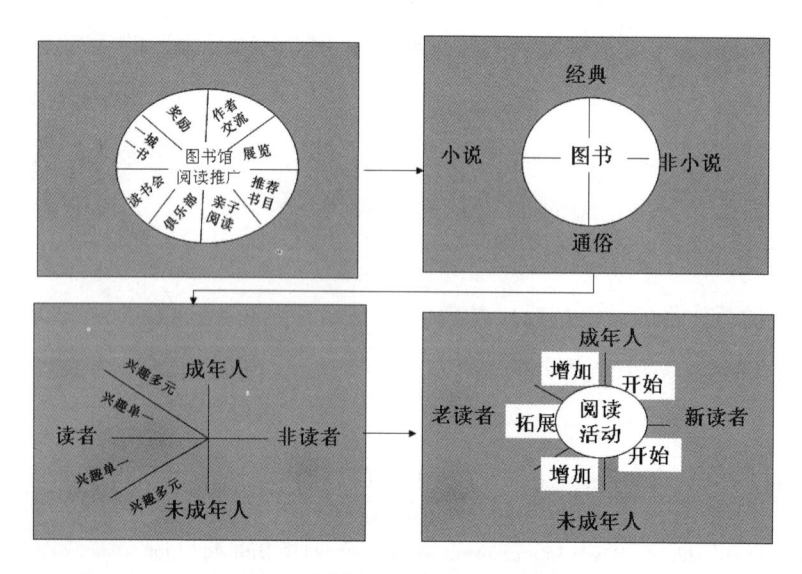

图 1 图书馆阅读推广涉及的要素

众阅读行为和阅读量的改变。理想的阅读推广活动效果包括：无阅读兴趣者培养出阅读兴趣，阅读兴趣单一者拓展阅读范围并增加阅读量，阅读兴趣广泛者增加阅读量。如此理解的阅读推广活动及其效果可以表达为如图1所示的关系。

图书馆阅读推广活动的有效性需要建立在对图1所有要素及其相互关系的理解之上。也就是说，从事阅读推广活动的人需要对各个要素及其相互关系拥有足够的认知，才有可能设计出有效的阅读推广活动。例如，他们需要了解社会公众当前拥有怎样的阅读兴趣或习惯、阅读兴趣或习惯的形成遵循哪些规律、图书馆职业已经积累了哪些有效的阅读推广方式，等等。为了科学地提供这类问题的答案，为阅读推广活动提供科学依据，图1的每个部分都可能独立地或与其他部分关联地构成阅读推广研究的内容，从而形成若干阅读推广研究领域，如阅读推广活动方式及其效果研究、阅读推广材料及其效果研究、读者类型及其阅读兴趣/习惯研究等，如图2所示。

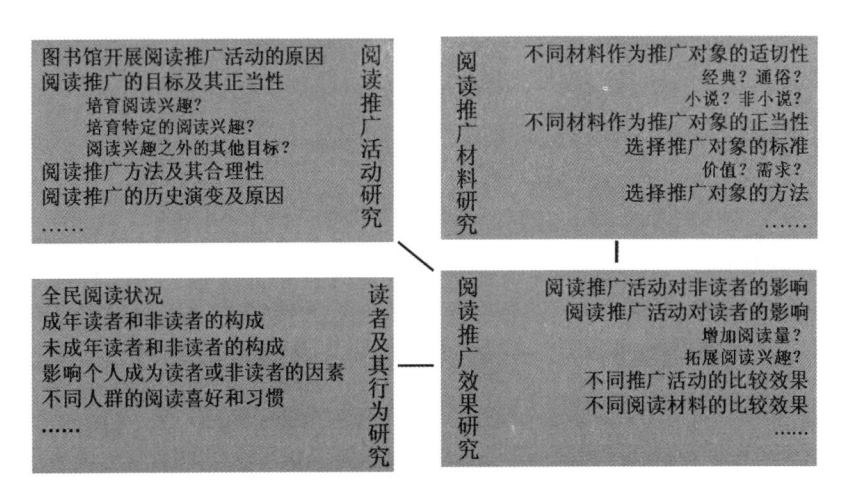

阅读推广活动研究	阅读推广材料研究
图书馆开展阅读推广活动的原因 阅读推广的目标及其正当性 　　培育阅读兴趣？ 　　培育特定的阅读兴趣？ 　　阅读兴趣之外的其他目标？ 阅读推广方法及其合理性 阅读推广的历史演变及原因 ……	不同材料作为推广对象的适切性 　　经典？通俗？ 　　小说？非小说？ 不同材料作为推广对象的正当性 选择推广对象的标准 　　价值？需求？ 选择推广对象的方法 ……

读者及其行为研究	阅读推广效果研究
全民阅读状况 成年读者和非读者的构成 未成年读者和非读者的构成 影响个人成为读者或非读者的因素 不同人群的阅读喜好和习惯 ……	阅读推广活动对非读者的影响 阅读推广活动对读者的影响 　　增加阅读量？ 　　拓展阅读兴趣？ 不同推广活动的比较效果 不同阅读材料的比较效果 ……

图2 图书馆阅读推广研究领域

三、阅读推广活动效果研究

阅读推广活动效果研究是针对不同形式的阅读推广活动对不同人群的阅读习惯/兴趣/阅读量所产生的效果的研究，是阅读推广研究的核心领域之一。由于这类研究的主要目标是确认阅读推广活动对已有习惯的"干预"效果，研究过程必须能够排除其他因素的影响，在"干预"与效果之间建立起确定的因果关系，因此很多相关研究都采用实验研究设计，以控制可能引发噪音的影响因素。

英国图书馆界配合开展的"阅读起步走"实验研究（研究的主要发起者其实是教育领域的学者）可以视作这一领域的经典研究。这项历时近十年的实验研究旨在考察向低龄儿童（0~4岁）免费赠送阅读礼包的活动对婴幼儿阅读习惯、语言能力及学习能力的影响。在此之前，很多其他领域的研究已经发现，儿童的家庭学习环境对其语言及认知能力的发展具有关键作用[1][2]，而父母与孩子共度阅读时光（亲子阅读）是优化家庭学习环境的有效方式[3][4]；另有研究发现，亲子阅读活动对6个月龄左右的婴幼儿就能产生影响，可显著改善婴幼儿的语言能力、注意力及想象力等[5][6][7]。尽管如此，英国社会却有很多家庭（特别是社会经济地位低的家庭）缺乏阅读氛围。有鉴于此，项目组设计了通过对婴幼儿免费赠送阅读礼包来鼓励亲子阅读、鼓励图书接触的实验研究。该项目选择300个新出生的伯明翰儿童，在他们9个月时，趁他们到健康部门例行体检之机，向其发放了事先准备好的阅读礼包。每个礼包都包含以下组合：一封介绍"阅读起步走"项目的信函、一本适合零岁儿童阅读的图书、一张诗歌卡、一封来自当地图书馆的邀请函、一份推荐书目、一张海报、一张书签、一份有关当地

---

① Justice L, Ezell H. Enhancing children's print and word awareness through home-based parent intervention[J]. American Journal of Speech-Language Pathology, 2000（9）: 257-269.

② Kelly Y, Sacker A, Del Bono E, et al. What role for the home learning environment and parenting in reducing the socioeconomic gradient in child development? Findings from the Millennium Cohort Study[J]. Archives of disease in childhood，2011, 96(9): 832-837.

③ Hannon P, James S. Parents' and teachers' perspectives on pre-school literacy development[J]. British Educational Research Journal，1990, 16(3): 259–272.

④ Bus A, Van Ijzendoorn M. Mothers reading to their 3-year-olds: The role of mother-child attachment security in becoming literate[J]. Reading Research Quarterly，1995, 30(4):998-1015.

⑤ Locke J L. Why do infants begin to talk? Language as an unintended consequence[J]. Journal of Child Language，1996, 23(2): 251–268.

⑥ Bus A, van IJzendoorn M, Pellegrini A. Joint book reading makes for success in learning to read: A meta-analysis on intergenerational transmission of literacy[J]. Review of Educational Research，1995, 65(1): 1-21.

⑦ Wade B, Moore M. A sure start with books[J]. Early Years, 2000, 20(2): 39-46.

书店和其他涉书组织的介绍[1]。在发放礼包的同时,来自伯明翰大学的研究团队还邀请孩子的父母或监护人填写一份问卷,了解他们开展亲子阅读、购书以及利用图书馆的习惯。在礼包发放六个月后,该团队对受赠家庭进行了第二次问卷调查,考察他们的习惯是否因获赠礼包而发生了变化。此后,该研究团队又分别在受赠儿童2.5岁、5岁(入学之时)、7.5岁(小学一年级结束时)对他们进行了跟踪调查[2][3]。其中"2.5岁调研"将随机抽取的29名受赠儿童与另外29名匹配型普通儿童进行对比(所谓匹配型普通儿童指未接受过礼包,但其他人口学特征与受赠样本基本一致的儿童),重点考察他们在兴趣点、注意力、"阅读"行为等方面的差异;"5岁调研"将随机抽取的41名受赠儿童与41名匹配型普通儿童进行对比,重点考察他们在入学考试成绩上的差别(入学考试涉及英语和数学两个科目各三大项);"7.5岁调研"将随机抽取的另外41名受赠儿童与41名匹配型普通儿童进行对比,重点考察他们在一年级学业考试(SATs)成绩和老师评价上的差别。

该项目通过历时数年的研究过程,最终从多个角度显示,免费赠送阅读礼包的婴幼儿阅读推广活动显著提高了受赠家庭的阅读和学习兴趣,促进了受赠家庭的亲子阅读活动,激发了受赠父母为孩子购书的行为及对图书馆的利用。例如,两岁半时的调研显示,与普通儿童相比,更多的"阅读起步走"受赠儿童把"看书"作为最喜爱的活动(68%比21%),对文字表现出兴趣(100%比34%),经常指认文字(68%比21%),经常翻看书页(54%比10%),参与故事讲叙(82%比31%),提出问题(61%比21%)[4]。研究同时发现,免费赠送阅读礼包的婴幼儿阅读推广活动对受赠儿童的语言和认知能力也有显著的效果[5]。该

---

[1] Wade B, Moore M. Bookstart in Birmingham: a description and evaluation of an exploratory British project to encourage sharing books with babies[M]. London: Book Trust, 1993: 8.
[2] Wade B, Moore M. An Early Start with Books: literacy and mathematical evidence from a longitudinal study[J]. Educational Review, 1998, 50(2): 135-145.
[3] Wade B, Moore M. A sure start with books[J]. Early Years, 2000, 20(2): 39-46.
[4] Wade B, Moore M. A gift for life: Bookstart: the first five years: A description and evaluation of an exploratory British project to encourage sharing books with babies[M]. London: Book Trust, 1998.
[5] Moore M, Wade B. Bookstart: A qualitative evaluation[J]. Educational Review, 2003, 55(1): 3-13.

实验研究由此得出的结论是：在婴幼儿成长的早期（0岁，6月龄左右）开展亲子阅读活动是培养儿童读写能力、认知能力和阅读习惯的有效途径。

另外一组堪称经典的"阅读推广活动效果"研究是美国学者 Goldhor 在 20 世纪七八十年代针对不同阅读推广形式（图书展览和推荐书目）而开展的系列研究[①]。该研究旨在考察基于用户浏览行为的图书馆阅读推广方式能够在多大程度上提高被推荐图书的流通量。Goldhor 之所以要开展这组研究是因为，在此之前，已有很多研究发现，对公共图书馆的成人用户而言，无目标的馆藏浏览（browse，对应的是有目标的目录查询，search）是其选择图书的主要方式。Goldhor 认为，根据这些研究发现，可以形成以下理论上的推断：那些有助于读者浏览馆藏的阅读推广方式能够显著提高图书借阅率，那些妨碍浏览的方式会降低图书借阅率，而对浏览不产生影响的推广方式对图书借阅率没有影响。Goldhor 将上述推断转化成统计意义上可以检验的假设，然后设计了一组实验研究来验证这些假设。实验以某图书馆馆藏中的 114 本传记图书作为样本，分前试（pre-test）、实验和后试（post-test）三个阶段。在前试阶段（持续三个月），图书馆员不对这些图书做任何处理（让它们在正常的书架位置上正常流通），但记录它们在原来位置上的流通数据。在实验阶段，图书馆员将这些图书分成三组：将第一组（共 66 本）放置在一个专门的展览架上，并在展览架的醒目位置上放置了一个"你可能错过的好书"标牌；将第二组（共 39 本）保留在原来的普通书架位置上，但三个月之内为它们发放了 1000 份推荐书目；将第三组（另外 39 本）保留在原来的普通书架位置上，不对它们做任何形式的宣传推介；图书馆员同时记录这三组图书的流通数据。在后试阶段，所有的图书都返回原来的位置继续观测其流通情况。根据前述理论推断和假设，Goldhor 预期只有第一组图书的流通量能得到显著提高，因为展览架和标牌方便了读者的浏览，其他两组图书的处理由于不影响浏览，因而不会显著影响其流通量。通过近 9 个月的实验过程，这项研究发现，图书展览和推荐书目都显著提高了被试图书的流

---

① Goldhor H. Experimental effects on the choice of books borrowed by public library adult patrons[J]. The Library Quarterly, 1981: 253-268.

通率，并且显著提高了它们被借阅的可能性。Goldhor据此将原来的理论推断修正为：在公共图书馆中，任何能够将成人读者从海量馆藏引导到小范围值得阅读的有趣图书的服务都能显著提高这些图书的借阅率；任何妨碍这种引导功能（guidance）的服务将导致相关图书借阅率的下降；任何与引导功能无关或对引导没有帮助的服务对借阅率没有影响。

除了严格设计的实验研究，很多经过复杂策划的大型阅读推广项目，也都不同程度地融入了评价研究的成分，在项目进展的不同阶段，通过流通统计分析、访谈、问卷调研等方式，监测项目效果。与严格的实验研究相比，这类研究多以整个项目为调研对象，对项目涉及的不同因素（如管理因素、合作者因素、不同推广形式、推广材料的类型和质量）的效果缺乏分解和控制，因而很难将观察到的效果准确归因于不同的因素，但它们至少能支持针对整个项目的概括性结论。20世纪80年代末英国围绕"值得一读"（Well Worth Reading）和近年来美国围绕"一书一社区"（One Book, One Community）、英国和爱尔兰围绕"激励读者"（Inspiring Readers）等阅读推广活动而开展的研究，都属于这类研究。"值得一读"是上世纪八十年代末英国南部三个郡的公共图书馆与英国南部艺术发展署（Southern Arts）联合发起的、为期两年的阅读推广活动，旨在促进人们对当代文学类小说的阅读兴趣。这一活动首先确定了若干文学主题（如成长的痛苦、爱情、地域感等），然后针对选定的主题确定推荐书目，接着通过展览、海报、简讯、书签、书评等方式，立体地宣传推介选定的书目。每推出一个主题，三个郡的图书馆都同时启动推广活动。围绕这一活动开展的研究[1][2]主要聚焦其经验总结和效果评价。研究发现，被推广图书的流通率比其推广之前的流通率都有显著提高，提高幅度最大的一组图书从推广前的1~2次/两月提高到推广期的7次/两月。"一书一社区"（One Book, One Community）是20世纪90年代末由美国西雅图公共图书馆率先发起，随后被美国和世界其他地区

---

[1] Barrie K. "Well worth reading": An experiment in fiction promotion[J]. New Library World, New Library World, 1989, 90(2):25-26.
[2] McKearney M, Baverstock A. Well worth reading: an experiment in fiction promotion[M]. Winchester: Well Worth Reading, 1990.

纷纷采纳的阅读推广活动，旨在鼓励阅读和基于共同阅读体验的讨论。其中的社区可以是一个城市、一个州、一个县或其他区域；在西雅图之后，很多中小学、社区学院和大学也采纳了这种阅读推广方式，因而，社区也可能是一所学校、学院、大学或其他机构。这一推广活动的主要特色是在特定时间推出专门选定的一本图书，鼓励整个社区同时阅读，同时配以各种以该书为主题的活动（讨论、表演、电影放映、作者见面会等）。围绕"一书一社区"开展的研究活动主要聚焦其实施经验和效果[1][2][3]。例如，Bowron[4] 2005年的文章旨在考察印第安纳波利斯地区"一书一城"项目的效果、操作方式、成功经验等，为其他地区提供启示。作者通过访谈及其他辅助研究过程显示，印第安纳波利斯地区项目成功的最主要原因是植入社区，与当地居民的需求相结合，开发出了符合本社区状况的、独具特色的模式。印第安纳波利斯主要通过两种手段实现与社区的互动：一是发动社区居民全面参与图书选择；二是利用项目网页作为互动平台，从技术上支持公众的选书行动。这一做法使"一书一城"由图书馆的项目转变成社区共同的项目，从而得到当地企业、博物馆、民众等组织和个人的热烈参与和人、财、物支持。"激励读者"（Inspiring readers）是2004—2006年，由爱尔兰共和国和北爱尔兰的两个图书馆当局共同发起的阅读促进活动，其宗旨是鼓励阅读和基于共同阅读体验的讨论，以此在这两个国家的冲突频发地区促进社会和谐。推广活动主要采纳了"一书一社区""读书会"等形式。针对这一活动而实施的第三方评价[5]采用了焦点访谈、问卷调研等研究方法，对推广活动的组织者和公众

---

[1] Liza P, Elizabeth P. Grassroots Collaboration: Growing Community with the "One Book, One Community" Program[J]. Technical Services Quarterly,2007,24(3):51-65.

[2] Trott B, Elliott J. Academic Libraries and Extracurricular Reading Promotion[J]. Reference & User Services Quarterly, 2007,46(3):34-43.

[3] Colleen B, Robert S, Carol L, et al. Building uncommon community with a common book: The role of librarians as collaborators and contributors to campus reading programs[J]. Research Strategies,2005,20(4):271–283.

[4] Bowron P, Buck K, Micheel R, et al. The one book, one city program in Indianapolis[J]. Indiana Libraries, 2003,24(1): 7-12.

[5] Peoples A, Ward T. "Inspiring Readers": A cross border reader development project[J]. New library world, 2007, 108(5/6): 218-228.

进行了调研，结果显示，在鼓励阅读方面，项目确实带来了图书流通量的增长和阅读兴趣的多样化，至少有一部分接受访谈的读者报告，他们在项目开展期间尝试阅读了固有兴趣之外的内容，并增加了继续尝试新内容的信心。

四、阅读推广材料研究

如前所述，图书馆阅读推广活动的重要环节是选择合适的阅读材料，作为阅读推广活动的推广对象。在这个过程中，阅读推广活动的组织者不可避免地要回答选择什么及如何选择的问题。针对阅读材料开展的研究旨在改善人们对阅读材料的认知并支持上述决策。20世纪50年代美国学者Goldhor关于需求与价值的对比研究[1]、21世纪英国学者Maynard有关诗歌可推广性及分级阅读正当性的研究[2][3]都可以视作这一领域的典型研究。

Goldhor的研究旨在考察所谓"公认的最好图书"与阅读量最多的图书之间的吻合程度，即价值与需求的关联程度。研究以美国埃文斯维尔公共图书馆的612-613.9类（杜威十进分类法）图书为样本（共计317种741册），根据这些图书的书评将其分为三组：A为获得3份或3份以上正面评论的图书（120种），B组为获得1～2份正面书评的图书（120种），C为没有获得书评或获得负面书评的图书（77种），然后统计和计算了每本图书的年均流通次数。该研究的结果展示，三组图书的年均流通率不存在统计意义上的显著差别。

Maynard有关诗歌可推广性的研究是以学校教育遭遇的诗歌教育困境为背景的。很多研究发现诗歌在培养儿童和青少年的语言学习、阅读及写作能力、口头交流技能、韵律素养等方面独具优势。在学校教育中，诗歌却深受学生排斥。一些教育工作者为此寄希望于公共图书馆的阅读推广作用，认为公共图书馆是培养学生文学素养的天然场所。既然诗歌是公共图书馆馆藏的重要部分，那么

---

[1] Goldhor H. Are the best books the most read? [J]. Library Quarterly, 1959:251-255.
[2] Maynard S, Mackay S, Smyth F. A survey of young people's reading in England: Borrowing and choosing books[J]. Journal of librarianship and information science, 2005,40(4):239-253.
[3] Warren C, Maynard S. Age banding and its impact on children and their reading[J].Journal of librarianship and information science, 2011,44(2): 129-136.

在公共图书馆已开展的推广活动中，是否存在以培育儿童对诗歌的兴趣为目标的推广活动？儿童馆员是否也经历着教育工作者经常面临的困难？馆员对诗歌推广的态度和观点如何？为考察上述问题，Maynard 对 8 位资深儿童馆员进行了半结构化访谈。这项研究发现，在文学推广活动中，诗歌这一类型是馆员经常关注的对象，并且他们十分确定在图书馆开展的诗歌推广活动中，学生的阅读经历是愉悦的。在这些馆员看来，正是由于诗歌简短、易记忆，因而更容易被阅读贫乏者和抵触者接受；此外，由于图书馆提供了轻松的氛围，并常常将诗歌学习与游戏、朗诵、表演、歌唱等活动糅合在一起，再加上这里并不存在后续的测试压力（学校教育常有的压力），因此诗歌是儿童用户十分喜欢的文学形式。

在图书馆界、教育界及出版界，分级阅读一向是富有争议的问题。支持者认为，在儿童读物上注明其适用年龄，可以帮助家长和儿童迅速选定图书，以此引导购书行为和阅读行为。反对者则认为，分级阅读有若干潜在的危险。首先，负责分级的人往往没有足够的知识和资质来实施这一行为，因此可能造成误导；其次，儿童读者即使年龄相仿，也有其兴趣和能力差异，这一做法可能粗暴地处理了作品与年龄之间的复杂关系。Warren & Maynard 的研究旨在倾听儿童群体特别是相对大龄儿童对这一争议的立场。这项研究以焦点访谈的方法调研了一组 11～13 岁儿童，结果显示，这个年龄段的儿童认为分级阅读主要服务于成人的需要，例如，帮助馆员及书店工作人员更系统地展示这类图书，帮助父母判断哪些适合自己的孩子阅读；但是对儿童自身来说，这使得他们经常处在阅读兴趣和父母意愿的矛盾之中。他们同时认为，这一做法有利于保护年龄更小的孩子远离不当言论，但是对他们而言，分级阅读由于忽视了不同孩子阅读兴趣的多变性，从而抹杀了他们的个性并限制了选择图书的自主权。总的来看，该研究的 11～13 岁儿童认为，尽管分级阅读有一些潜在功能，但并不是帮助他们选择图书的有用工具，他们也不认可这一行为。

五、阅读推广研究的证据性

如前所述，图书馆的阅读推广活动本质上是图书馆馆员对其用户的阅读行为（或潜在用户的非阅读行为）进行专业化干预的过程。一般的阅读推广目标是吸引更多的人在更广泛的领域阅读更多的图书；针对特定内容、体裁、风格等的专门推广则旨在吸引更多的人更经常地阅读相应的内容、体裁和风格。与其他专业化职业一样，图书馆职业希望自己的干预——无论是一般的还是专门的——能够给被干预者带来福祉，而且干预有效。"产生福祉"的前提是干预过程合乎伦理，即具有伦理意义上的正当性，"产生效果"的前提是干预过程合乎科学，即具有研究意义上的合理性。这两者共同体现着图书馆职业对读者/非读者行为进行"干预"的专业化水平。随着世界各国竞相建设阅读国家和阅读社会，图书馆职业的专业化干预显得益发重要。

根据 EBL 的思想，"合乎科学"不仅意味着阅读推广活动需要有理论的指导，即建立在推广活动组织者对图书馆使命、阅读的价值、阅读推广活动、阅读材料、读者及其行为等的认知与理解之上，而且意味着阅读推广活动的策划必须有直接的证据支持。这进一步意味着，阅读推广活动的策划不能建立在直观感觉、传统做法、流行做法之上，除非传统和他人的做法已经被证明有效；也不能建立在单纯的理论推断之上，除非理论推断经过了研究的验证。例如，当我们把培育阅读习惯作为推广活动的目标时，是否可以采用竞赛型推广方式（如读后感竞赛、相关知识竞赛）和说教型阅读材料，就不能建立在直观感觉或流行做法之上。

回顾本文第三、四节介绍的研究案例，一些研究确实显示，直观感觉和单纯的理论推导都不可靠。例如，很多人直观地认为，诗歌不适合作为阅读推广材料，但 Maynard 的研究发现，诗歌的简短和易记忆特点恰好适合阅读抵触者。也有很多人直观地认为，零岁儿童不具有阅读能力，因而不适合作为阅读推广的对象，"阅读起步走"实验研究却证实，6 个月龄左右的儿童已经可以接受阅读推广干预；以赠送阅读礼包的形式进行的干预不仅使受赠儿童比其他儿童更可能把"阅读"和图书视作最爱，而且使他们比其他儿童具有更好的认字能力和学业成绩。此外，人们从直观上倾向于期待"公认的最好图书"成为借阅量最大的图书，但 Goldhor 的研究显示，书的所谓"好坏"与借阅量之间的关联并不显著。理论推断失败的例子也见于 Goldhor 的另一项研究。如前所述，20

世纪 80 年代，Goldhor 根据已有研究的发现推断，在公共图书馆中，阅读推广的有效方式是那些能够帮助读者浏览馆藏的方式，他本人开展的研究却发现，有些方式虽然无助于馆藏浏览，但因为其有"引导"作用，也能提高图书的流通率。

EBL 所强调的正是研究发现作为实践证据的优越性和唯一可靠性。EBL 并不否认研究过程也经常存在误差，而这种误差必然影响研究发现作为证据的可靠性。正因为如此，ELB 强调，同类研究成果的证据价值存在等级之别；一项研究发现作为实践证据的价值取决于其研究设计及研究过程的规范性和严谨性。例如，在本研究提及的研究发现中，有的来自实验研究、有的来自定性研究、有的来自描述性调查，它们在 EBL 阐释的证据等级中分列不同位置。EBL 要求实践者对证据进行评价、判断、选择和整合。

六、结语

阅读推广，既是图书馆职业在实现专业化（19 世纪末）以后最早开展的实践领域之一，也是其最早开展的研究领域之一。迄今为止，相关研究活动已经形成了若干核心研究专题，积累了丰富的研究发现。仅本文介绍的研究案例就提供了诸如以下研究发现：①图书馆针对婴幼儿的阅读推广活动，在其 6 个月龄左右已经可以实施，早期阅读推广不仅有助于培养婴幼儿的阅读习惯，而且对其认字能力、学习能力都能产生显著的影响；②凡是能够将读者的注意力从海量馆藏引导到小范围的、有吸引力的图书的推广方式，都有可能提高图书的流通量；③相对年长的儿童更倾向于自己选择阅读材料，他们对分级阅读持否定态度；④"公认的最好读书"与借阅量最高的图书之间不存在显著关联性；⑤诗歌作为简短易记的体裁同样适合作为阅读推广的材料。

在 EBL 视野中，上述及其他研究发现应该取代直观感觉、传统、流行做法等，成为图书馆阅读推广活动的唯一可靠证据；图书馆阅读推广活动的策划、实施及员工的相关培训内容，都应该建立在实践者对现有研究发现的检索、比较、评估、整合之上。显然，EBL 所强调的基于研究证据的实践模式正在赋予阅读推广研究以新的价值。如果 EBL 能够帮助阅读推广的实践者告别直观和盲目，更多关注阅读推广研究对实践的支撑作用，更积极主动地通过自身的研究充实和改善这个领域的证据，它也必定带来阅读推广实践的转型。作为对读者/非读者的行为进行"干预"的专业活动，图书馆阅读推广实践无疑非常需要这样的转型。不管怎样，鉴于这一领域的实践和研究之间不可分割的联系、它们各自在职业活动和研究中占据的重要位置，以及全民阅读在社会经济发展中所受到的普遍关注，图书馆阅读推广都适合成为率先接受 EBL 影响的领域。

——原文刊载于《国家图书馆学刊》，2014 年第 6 期，于良芝、于斌斌著。本文有所删改。

台湾地区的阅读推广活动考察分析

阅读是人们学习知识、接受教育、发展智力、获得教养的最基本途径，不仅关乎个人修身养性，更攸关国民素质与竞争力。台湾地区在"阅读就是竞争力"的理念推进下，政府机构及社会团体都重视营造社会阅读风气，不断推出各种形式的阅读活动，各项活动推进得有声有色。政府机构主导的阅读推广活动系统而细致，其中较大规模或持续性的阅读推广活动都由行政主导或经费挹注，包括"行政院"下属的文化建设委员会、"教育部"或各市县直管的图书馆、文化馆都开展了丰富多样的活动。

一、台湾阅读推广活动基础平台建设

（一）注重推动阅读推广重要基地——图书馆建设，图书馆数量显著增长

图书馆是阅读推广和倡导阅读风气的根据地。台湾地区 2001 年颁布的《台湾图书馆法》规定："政府机关、学校应视实际需要普设图书馆，或鼓励个人、法人、团体设立之。"[①]台湾地区行政部门注重图书馆建设，特别是公共图书馆的建设。从纵向来看，以公共图书馆为例，1981—2007 年，公共图书馆数量由 135 个发展到 547 个，增长了 3.05 倍，1950—2007 年台湾公立公共图书馆变动情况（见图 1）清晰展现了台湾公立公共图书馆数量增长变动趋势；就分布情况来说，以台湾地区设 311 个乡镇和 50 个市区[②]计，每个乡镇平均有 1.5 个公立公共图书馆。

---

① "台湾图书馆法"[EB/OL].[2012-05-08].http://www.chinabaike.com/law/got/tw/1379295.html.
② 台湾各乡镇地名之由来[EB/OL].[2012-05-30].http://home.educities.edu.tw/nkhs9323005/AAAA2000.htm.

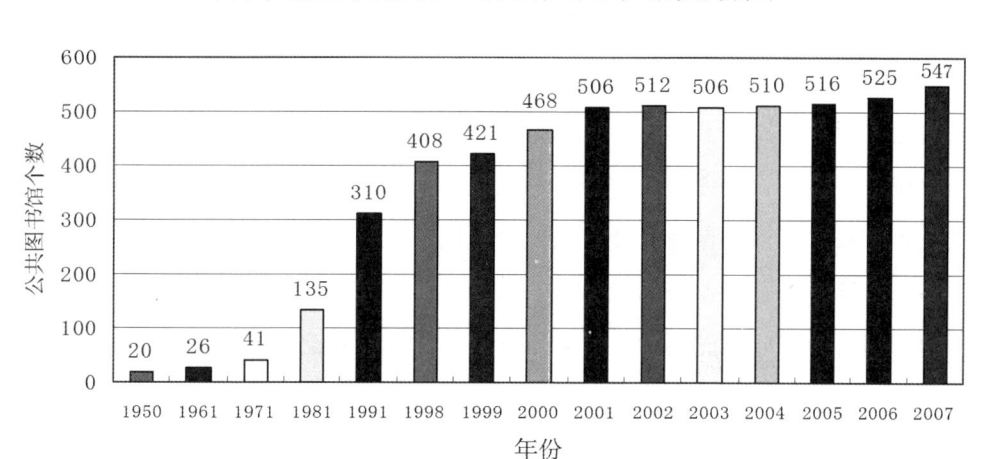

台湾地区政府设立的公共图书馆变动图

图1 1950—2007年台湾公立公共图书馆变动情况

数据来源：台北"中央"通讯社出版、欧俊麟主编《世界年鉴2009》

年份	公共图书馆个数
1950	20
1961	26
1971	41
1981	135
1991	310
1998	408
1999	421
2000	468
2001	506
2002	512
2003	506
2004	510
2005	516
2006	525
2007	547

以2004年为例，台湾地区有公立、私立和民间团体设立的各类型图书馆5291个。其中包括：公共图书馆637个，大专校院图书馆167个，高中高职图书馆497个，中学图书馆723个，小学图书馆2646个，专门图书馆621个。以台湾地区当时2269万人口折算，一个图书馆平均服务约0.43万人口，一个公共图书馆平均服务3.56万人，大大超过国际图联颁布的"公共图书馆标准（1873—1977）"要求的5万人应有一所公共图书馆的目标[①]。

（二）实施图书馆空间和阅读环境改善计划，阅读环境与氛围得到显著改善

图书馆的整体改造，可以赋予图书馆新的生命，吸引更多的民众进馆，甚至可以改善社区的风气，正如英国伦敦市Tower Hamlets区在2002年起以一种结合地方购物中心、成人教育、图书馆、才艺活动中心等功能的复合式公共空

---

① 吴建中.21世纪图书馆新论[M].上海：上海科学技术出版社，2003：142.

间"点子商店"（Idea Store）再造公共图书馆，提升地方的活力与形象一样，台湾地区也非常重视优质阅读环境的提供。

2003和2004年度，"行政院"文建委与教育部门推出了"公共图书馆空间及营运改善计划"，该计划项目投入经费约11亿新台币，目的是鼓励乡镇（市、区）图书馆发挥创意，颠覆图书馆经营的刻板印象，打破传统被动服务方式，改以主动积极服务，营造良好及高品质阅读氛围，创造现代化的网络及多媒体视听服务，让图书馆成为民众流连忘返的"好所在"，该计划项目实际补助299个馆，在展示项目执行后的成果时，台湾当时的行政负责人致词说："改造后的图书馆可以做为每户人家的书房、当做诚品书店一样来使用"[1]。

2008年，为了刺激台湾经济，台行政部门推出了"加强地方建设扩大内需方案"，其中包括补助各县市地方公共建设583亿台币，各县市立图书馆及文化局也利用此方案，通过县市政府提出空间和设备改造需求，高雄市立图书馆、台中文化局图书馆及各区馆等都获得了数百万至数千万新台币的补助[2]。"教育部"推出《阅读植根与空间改造：2009—2012年（中华民国98—101年）图书馆创新服务发展计划——公共图书馆活力再造计划》及《补助推动阅读植根与空间改造计划作业原则》，目的是：①建立以读者为本的阅读环境；②营造温馨有趣的阅读氛围；③设置便捷周全的资讯化空间；④结合及活化社区本地资源；⑤以成为本地终身学习中心为发展目标。2009年度阅读环境部分，共计补助47馆，补助金额最多1100万新台币、最少100万新台币。2010年阅读环境部分，共计补助45馆，补助金额最多600万新台币、最少150万新台币。此外，还有图书馆自行编列预算或争取补助进行的图书馆改善计划[3]。

同时推动辅导乡镇图书馆扩增"生活学习功能"，从组织架构重建、空间功能强化、生活学习功能改进等方面，将图书馆打造为集阅读、网络资讯、展演场所、终身学习活动为一体的多功能文化学习中心。南投埔里镇图书馆是获得2008年

---

[1] 曾淑贤.国内外公共图书馆建筑及空间改善之探讨[J].台湾图书馆管理季刊，2010，（10）：18.
[2] 曾淑贤.国内外公共图书馆建筑及空间改善之探讨[J].台湾图书馆管理季刊，2010，（10）：19.
[3] 曾淑贤.国内外公共图书馆建筑及空间改善之探讨[J].台湾图书馆管理季刊，2010，（10）：19-20.

台湾图书馆绩优奖"金圕奖"的图书馆,从该馆的获奖描述可见空间营运改善的效果:"埔里镇图书馆经过空间改造后,窗明几净,像'阅读花园',民众可在室内或户外树下、花香中阅读,还有驻馆作家、画家与音乐家,充满人文气息"[①]。空间改善使埔里镇图书馆成为书香与人文交织的桃花源,增强了图书馆对民众的亲和力,也大大提升了图书馆阅读环境。

二、台湾地区行政主导开展的阅读推广活动

(一)台北国际书展

台湾地区在国际上影响最大的阅读推广活动首推台北国际书展。台北书展由台湾地区行政部门"新闻局"主办,主要目的是增进国际出版品之交流,每年春季举办。第一届于1987年12月15日举行,截至2012年,已成功办理20届,展览规模大幅增加,已成为号称亚洲第一、世界第四大国际级图书专业展览[②]。

台北国际书展对于台湾人来说,是一场最重要的知识盛会。主办单位每年会策划邀请不同国家地区的出版机构参加,让以华文媒体为主流的台北书展不断迈向国际化。其中最受欢迎的是作家论坛与见面会,举办签书会,分享阅读的喜悦。书展力求以精彩的主题、多元的规划、丰富的活动,与读者、出版人共同开展新的"阅读生活",使书展成为每年一度,激发鼓舞民众阅读热情、提升阅读层次、开展各种新形态阅读的嘉年华。历届书展主题宣言(见表1)体现了书展推动阅读的热情,使书展成为最具阅读推广效益的大型盛会。在参加人数上,2008年第十六届台北书展在"阅读生活"方面,参观人潮创下44万人次的纪录,可见场面之宏大。

---

① 台湾颁发2008年度绩优公共图书馆奖[EB/OL].[2009-03-19].http://www.publishing.com.hk/pubnews/NewsDetail.asp?NewsID=20090319004.
② 台北国际书展[EB/OL].[2012-04-22].http://zh.wikipedia.org/wiki/%E5%8F%B0%E5%8C%97%E5%9C%8B%E9%9A%9B%E6%9B%B8%E5%B1%95.

表1 历届台北国际书展宣言

举办时间（年）	届次	台北国际书展宣言或主题
1992	第三届	传承历史文化、开拓国际视野
1994	第四届	出版事业在台湾地区之演进
1996	第五届	当东方遇见西方
1998	第六届	在亚洲与世界之间
1999	第七届	放眼亚洲，阅读世界
2000	第八届	人文与科技的对话
2001	第九届	书香e世纪，出版新创意
2002	第十届	品味东方，博览世界
2003	第十一届	亚洲与世界沟通的桥梁
2004	第十二届	阅读城市、悠游台北
2005	第十三届	阅读与出版的嘉年华会
2006	第十四届	阅读与出版的嘉年华会
2007	第十五届	阅读，幸福的海洋
2008	第十六届	阅读与出版的嘉年华会
2009	第十七届	阅读与出版的嘉年华会
2010	第十八届	阅读，创意的奏鸣与交响
2011	第十九届	阅读，幸福进行式
2012	第二十届	阅读，启动绿色未来

注：资料来源于维基百科"台北国际书展"条目和台北国际书展网站。

（二）好书交换活动

台湾好书交换活动，1992年由台中市图书馆率先举办，后由台湾地区文化建设委员会每年6—7月与公共图书馆、民间公益团体等联手推动，活动目的："一、透过捐书、换书活动，让民众在挖宝的氛围中，重拾阅读的乐趣；二、借由好书交流，分享阅读资源，同享知识的喜悦，营造书香社会。"台中图书馆于2004年开始承担主办常态性全台湾好书交换活动，当年首次全台活动，获得

261个公共图书馆响应，总计募得27万余册图书，2005年再度扩大举办，在全台设置350个好书交换地点，举办各地方县市捐书竞赛，并结合出版业者、公益团体、基金会、地方人士参与捐书，进一步增加图书交换资源，提供一个平台让民众可将读过的书捐出，换得想读的书，又可以让需要图书资源的居民、弱势团体获得好看的书，展现书的生命力，倡导人文环保的理念，强化阅读经验分享，邀集全民共享好书，共同参与。好书交换活动每年一个主题，所选主题"千书万换，好书相伴""阅换阅快乐""换换书唤唤爱，爱书爱地球"等念起来朗朗上口，特别贴近活动内涵，又让民众感觉很亲切，对活动推动的促进特别给力，使好书交换活动成为每年一度的全台书香盛会，近年每年参与人数都在16万人次以上，交换书数量在38万册以上（见表2）。

表2 中国台湾地区2007—2011年好书交换活动开展情况表

年度	日期	主题	全台好书交换年度数据		
			总收书量（册）	交换书量（册）	参与人数（人次）
2011	收书：7月15日 换书：7月16日	千书万换，好书相伴	532847	392769	160265
2010	7月17日	挖宝找好书，阅读换幽默	588767	421530	201610
2009	7月19日	好书不厌百回读，书中自有黄金屋	583300	417595	224786
2008	7月12日	换换书唤唤爱，爱书爱地球	565054	408472	178189
2007	7月22日	阅换阅快乐		388515	167950

(三)阅读文学地景活动

阅读文学地景活动是台湾"文化建设委员会"为提升社会阅读风气,以"反映乡土关怀、在地自然环境地理与具特色生活圈之优秀文学作品"为主轴,期待通过与土地、与生活关系极为密切的文学作品,唤起民众对家乡的感情记忆,了解台湾土地变迁的轨迹,进而喜爱阅读台湾本土文学作品的一项阅读推广计划[①],活动内容包含:

1. 出版作品专集

由"文化建设委员会"主办,作品通过民众、各县市文化局推荐,再由评选委员推荐及评选,共选出台湾本土文学"阅读文学地景"作品259篇,其中新诗103篇、散文104篇、小说52篇,出版新诗、散文各1册及小说2册的套书,堪称台湾第一套最完整、深入的地志文学选集。2008年4月由联合出版社出版。

2. 建置专属网站(readingu.cca.gov.tw)

民众可从网站阅读地志文学作品,方便习惯网络阅读的青少年浏览,民众可以读者与作家对话,让民众在浏览网站时,就如同阅读一本书一样的感受,并提供相关活动资讯。网站于2008年4月开通。

3. 开展系列推广

包括"阅读文学地景系列讲座""作家揪团GO阅读—发现文学地景之旅"及"全民疯故乡-图文征选活动"等。有到各公共图书馆与中小学校的"与文学作家相见欢"巡回讲座,有作家亲自导览的"作家带领寻访地景"活动,有"人人游故乡""人人写故乡""人人拍故乡"等竞赛活动,活动总奖金达100万新台币,通过阅读心得、游记书写、地景摄影、网络博客等形式的征选活动,扩大民众的参与度并借此拓增"阅读文学地景"专集的阅读人口,提升全民阅读风气,创造新一波的阅读新美学。

[①] 一部文学选集的诞生,一部足以典藏传承的《阅读文学地景》[N/OL].[2008–05–15].http://paper.udn.com/udnpaper/PIM0002/137099/web/#news.

（四）校园阅读推广活动

儿童是推动阅读的主要对象，在台湾，"国民小学"是推动儿童阅读、推广阅读风气的主力之一。据相关资料显示，2003 学年台湾"国民小学"图书馆藏书总数 2371 万册，生均 12.4 册，年均图书资料借阅 5.96 人次，生均年借阅图书资料 10.9 册。

台湾地区教育部门 2001—2003 年所推动的全台儿童阅读计划，就充实"国民小学"及幼稚园图书资源、营造阅读环境、培训种子教师、补助市县政府及民间团体推动阅读计划等，投注很大的心力与物力资源。为延续该计划的成效，2004 年再度拟订了"焦点三百——'国民小学'儿童阅读推动计划"，以帮助弱势地区学校的学童提升阅读环境。这项计划从 2004 年 9 月至 2008 年 8 月，历时 4 年，选定 300 所文化资源不利的焦点学校，投入经费估计超 2 亿新台币。

台北市教育局 2003 年起，推动台北市"国民小学"推动儿童深耕阅读四年计划，以"深耕阅读，阅读生根"为主旨，设立"儿童深耕阅读教育网"，举办推动儿童深耕阅读成果展；配合"4·23"世界阅读日，举办温馨的"鸣阅读钟"活动，每日上午在全台北市"国小"鸣阅读钟，为期 1 周的时间，所有班级的老师（或家长）停下手边的工作，为孩子朗读 10 分钟。根据 2004 年台北市教育局阅读成果调查，参与深耕阅读计划中心学校的学生，年平均阅读数量为 34 册，较台北市"国小"学生平均阅读量 27 册高 7 册，较上年平均阅读量 22 本高 12 册。目前已在进行 2011—2014 台北市"国民小学"推动儿童深耕阅读四年计划。

（五）基层市县阅读推广活动

在地区政府主推的各项活动之外，各基层市县也开展多种阅读活动：台北市图书馆、高雄市图书馆、嘉义县图书馆等都推出"书香宅急便——图书宅配到府服务"，方便远途利用者或无法于图书馆开馆时间到馆借书的读者借阅和归还图书资料，民众可通过网络、电话、亲自到馆等方式申请图书宅配，拓展阅读；台北市图书馆举办"读书乐在台湾"活动，2007 年 10 月与法国在台协会合办，活动主题"一座城市一部作品",内容包括所有与城市相关的法国经典文学作品,以拓展市民国际化的阅读视野,举办讲座、网络阅读马拉松、阅读法国大乐透、法国电影欣赏等活动;高雄市注重推动城市阅读运动,举办了"高雄好读书""送书香到教室""高雄市早读运动——爱上图书馆运动",市立图书馆推动"一人一书,幸福高雄",带动提升城市阅读风气;南投县推动一乡镇一个"爱的书库"建置工作,建置速度全台第一,认养书箱最多、可借图书最多。花莲举办"送书去旅行"活动,在花莲的速食店、火车站等地放置好书,免费供旅客索阅,看完后再寄会图书馆;台中县大安乡立图书馆采用特殊方式经营,每年年初为捐款认养期刊或购书民众在图书馆内点一盏灯,相当受欢迎,当地只有 2 万人,但一年借书量多达 9 万册,等等①。

三、台湾地区行政主导下阅读推广活动的特点

(一)推广阅读已成为台湾社会的共识,阅读推广活动组织系统、细致

台湾地区行政主导的阅读推广活动中,台北国际书展始于1987年,已历经25年举办了20届活动;好书交换活动从1992年首次举办开始,已经历了20年,以2004年台中市图书馆开始承办常态化一年一度活动,算到2012年也是第九个年头了。这些活动的组织者倾注了大量的心血,每届活动尽管形式保持延续性,但内容上都力求有新意,台北书展每届变化不同的国家主题馆,书展主题也应时有变,好书交换活动宣传形象设计、主题每届都有不同,以保持活动新鲜度,吸引民众参与。活动热度的保持,也体现了民众对阅读活动的重视和认同。

地区及市县行政负责人的积极参与,对阅读推广起了良好的推动作用。台"文建委"前主任黄碧端曾表示,"阅读"是长期以来各界都觉得需要被推广的事,而在推广阅读这件事上,不论是在文化界或是在教育界,亦都被视为极重要的事。事实上,一些台湾行政负责人对阅读推广也是身体力行。2008 年 9 月 17 日,台湾地区行政负责人刘兆玄参加"国家书店"松江门市揭幕,致词中希望该书店

---

① 台北国际书展[EB/OL].[2012-04-22].http://zh.wikipedia.org/wiki/%E5%8F%B0%E5%8C%97%E5%9C%8B%E9%9A%9B%E6%9B%B8%E5%B1%95.

开幕能建立台湾新的文化地标,成为社会大众的心灵补给站,并特别说明"政府"在新年度大幅提升教科文预算,推广阅读①。高雄市图书馆举办"与市长读书——开心菊读书会"活动,2007年,市长陈菊规划举办了4场次活动,与原住民儿童、阳明中学学生、高雄妇女团体以及身心障碍者280多人,分别共读了《山猪·飞鼠·撒可努》《一个钢琴师的故事》《女农讨山志》《蓝约翰——多重障碍的生命勇士》4本书,与民众分享阅读心得与喜悦,引领市民进入阅读殿堂,共同分享阅读的兴趣与经验;此外,高雄市还举办"与局长读书"活动,2007年,文化局长王志诚亲自选书,3月起深入各级学校教职员、学生以及家长读书会,举办9场活动。2010年10月,台北教育局长康宗虎亲赴教育广播电台,和10位台北市新生代表分享喜爱的绘本;桃园市长苏家明偕同妻子亲自主持"书畅e夏系列活动小博士竞赛"典礼,以此期勉家长能多抽出时间来亲子共读。行政负责人阅读引领示范,进一步带动提升城市阅读风气。

(二)把阅读推广视作社会教育和文化建设的重要组成部分进行推动

阅读推广被看作台湾推进社会教育的重要部分。2008年7月期《台湾图书馆管理季刊》中的"2008推动阅读系列活动报导"一文中提到,"推动阅读,可以使台湾成为温和有礼、终身学习的书香社会"②;"阅读是一切学习的基础,儿童除了可藉由阅读吸取知识、促进学习与成长外,并可透过阅读获得兴趣,丰富生活;及早进行阅读,更有助于脑力的开发,语言的发展,并可启发个体想象,增进创造并充分展现多元智慧"。儿童的阅读能力是学习能力的基础和核心,中小学校、公共图书馆成为台湾阅读推广的两大基地。2000年台"教育部"把该年定为"儿童阅读年",投入了很大精力和经费在推广儿童阅读上,把提高学生的阅读能力作为教育改革的一项重要内容。台北为了从小养成儿童阅读习惯,很早就推广"Bookstart阅读起步走"计划,2010年更配合教育行政部门推行"小一新生阅读计划",除了9月份刚入学的小学新生能获得适龄图书一本之外,家

---

① 欧俊麟. 世界年鉴2009 [M]. 台北:台北"中央"通讯社出版,2008:512.
② 编辑部汇编.2008推动阅读系列活动报导 [J].台湾图书馆管理季刊,2008,(3):1-8.

长和老师也有《亲子共读手册》以指导如何带领小朋友体验阅读乐趣[①]；前所述的台教育行政部门推行的全台儿童阅读计划、焦点三百——"国民小学"儿童阅读推动计划，台北市教育局推动的台北市"国民小学"推动儿童深耕阅读四年计划等等，都围绕儿童、青少年阅读推广开展具体工作。

台湾也把阅读推广视为文化建设与文化传承的重要部分。在"阅读文学地景"活动中，举办阅读文学地景系列讲座、"作家揪团 GO 阅读—发现文学地景之旅"等，期望通过阅读地景的过程展现文学的无限创造力、品位及深度，进一步推展台湾丰富地方文化；"文字方阵—文学著作推广计划"是 2008 年台"文建委"推动台湾文化建设的 5 项中程计划之一，"文建委"主委黄碧端于 2008 年 6 月 18 日提出台湾文化建设未来的施政方向时表示，"文字方阵——文学著作推广计划"将整合、诠释、保存、形塑具主体特点的台湾文化，将具有创意与感情的文字，转化成感动人力的作品与影像，传输到岛内外，以文化"软力量"深耕台湾地区，走入国际，达到"阅读文字，呈现台湾，展现世界"的目标。[②]文字、文学、文化有着天然联系，文学作品是阅读推广主要部分，可以看出，台湾阅读推广活动与文化建设结合紧密。

（三）关注民众阅读需求，注重阅读推广活动的亲和力设计，吸引民众参与阅读推广活动

每届好书推广活动的不同主题，"千书万换，好书相伴""阅换阅快乐""换换书唤唤爱，爱书爱地球""挖宝找好书，阅读换幽默""好书不厌百回读，书中自有黄金屋"，与"书"密切关联，读起来朗朗上口，每一届的 LOGO 设计形象生动，很好地体现了活动形象推广的诉求。其他阅读活动，如阅读活动重要形式读书会的命名也注重清新、直观的风格，彰化县有文馨读书会、康乃馨读书会、茉莉花读书会、了凡读书会、山水读书会、生活家读书会等，茉莉花读书会阅读研究生活、手札、小说、医疗类书籍，文馨读书会阅读研究所有类别

[①] 林静娴. 台推"新阅读文化运动"[EB/OL].[2010-10-13].http://epaper.taihainet.com/html/20101013/hxdb279273.html.

[②] 欧俊麟. 世界年鉴 2009[M]. 台北：台北"中央"通讯社出版，2008: 507.

图书。台湾成立最久的读书会之一的袋鼠妈妈读书会，顾名思义，就是像袋鼠一样，可以把孩子装在身上的口袋里到处趴趴走[①]，是一个可以带孩子一起参加活动的社团，命名设计上非常形象，吸引民众的参与。

举办民众喜闻乐见的趣味性阅读活动。台北市图书馆为让儿童及青少年对中国经典故事有所认识，与澳门民政署、香港小童群益会及广州市少年宫联合举办2007中国少年儿童"阅读经典三国"阅读计划，以《三国演义》为主题，举行一连串的阅读活动和比赛，借此让儿童及青少年从阅读三国故事中，提高阅读经典文学的兴趣，内容有童讲三国故事、写给三国人物的信、三国与我写作、三国故事绘本创作等。注重阅读活动的趣味性设计，吸引人们参与。

注重阅读活动一整套环节设计。以桃园县2007年度"一书一桃园"阅读推广活动为例，桃园县文化局先挑选出一本书推荐给民众阅读，使阅读成为全县民众共同参与的休闲活动，再由初选委员选出30本书，票选团（约500人）复选出票数最高的15本书作为复选书单，最后由5位评审就该书单选出《美的觉醒》为2007年"桃园之书"及《风之影》等11本推荐书，"桃园之书"确定后接着举行专题讲座，邀请获选书《美的觉醒》作者——美学大师蒋勋就"2007桃园之书"进行导读，带领读者一起阅读、讨论，并利用2~3个月时间，到县内10所学校办理10场"一书一桃园"校园巡回导读专题演讲，扩大阅读推广活动效果。2010年的"一书一桃园"活动，桃园文化局又与敦煌书局合作，在县域几所大学的书局内开辟"一书一桃园"专区，展示"桃园之书"及推荐书，并实施购书优惠措施，让阅读书香盈满校园。[②]"一书一桃园"活动经过精心的组织，2003—2011年，每年分别选出了《天使走过人间》《苏西的世界》《少年时》《李淳阳昆虫记》《美的觉醒》《福尔摩沙植物记》《我们，移动与劳动的生命记事》《11元的铁道旅行》[③]及《俎豆同荣》等代表性图书,使"一书一桃园"活动成为全台有指标性意义的阅读推广活动。

---

① 曹桂平. 台湾地区读书会面面观 [J]. 图书馆学研究，2009,（10）：67–70.
② 一书一校园　书香满校园 [EB/OL].[2010-12-29].http://www.ncu.edu.tw/ch/clip/9326.
③ 一书一桃园　征文比赛得奖人喜阅 [EB/OL].[2010-12-12].http://tw.sports.yahoo.com/article/aurl/d/a/101212/35/66m2.html.

（四）注重阅读基地建设、阅读推广活动开展、阅读方法指导多位一体整体推进

台湾阅读推广活动开展如前所述，于此不多赘言。台湾阅读基地建设除了加强图书馆建设与改造外，"文建委"成立有承担台湾文学发展与研究、文学阅读推广等职责的台湾文学馆，经常性举办文学教育推广活动，2008年接待超25万人次。文学馆依据申请审查结果，价购一定数量著作分送图书馆、学校等单位，供编目推广，开展文学好书推荐专案活动，协助文学好书出版，推广文学作品阅读。出版《台湾年鉴》，报导评论年度文学大事，提升阅读风气。

阅读方法指导上，编写阅读方法指导用书。2010年1月，"文建委"策划发表了《经典解码——文学作品读法系列丛书》，费时5～6年筹划完成，动员18位学者，从文学阅读的不同流派、不同角度规划，以浅显的语言阐述各类文学的阅读方法，除理论说明外，也选读许多经典文学以相互配合，共13册，论述西方重要的文学流派与批评方法，藉由理论导读以及作品选篇相互配合，让读者了解理论、创作与阅读三者之间的关系，执笔者深入浅出的撰写方式，以及丰富多样的作品分析，让年轻朋友深入阅读文学作品，激发对文学作品内在意义的进一步思考并充实文学背景知识[1]。办理有点字电子有声书计划，协助制作盲人点字书及有声书，出版盲人读物，举办盲人有声书读书会，推动视障人士阅读，全面提升读书风气。

基层单位如新竹市图书馆等，编印《说故事宝典》图书，汇整成说故事教案，经严格筛选，整理其中优良作品成书，作为"说故事"的范本，推广至该市各小学，希望借由说故事，提升儿童阅读能力、培养儿童阅读习惯。

注重阅读指导队伍的建设与培训。台湾"国家图书馆"与各县市文化局举办的远距教学资源网研讨会的课程包括有阅读方法等内容，2004年台中图书馆于各县市举办了8场次的社区读书会带头人及女性读书会领导人读书会活动，培训阅读指导工作者素质。

---

[1] 文讯杂志社. 文讯大事记 2006-2010[EB/OL]. [2011-07-29]. http://www.wenhsun.com.tw/.

四、结 语

台湾地区行政主导的阅读推广活动在"文建委"书香满宝岛文化植根计划总体框架下，以每年举办的台北书展、好书交换、儿童阅读、阅读终身教育系列活动为抓手，地区层面、市县乡镇的文化机构、教育机构联动推进，每年都举办呈现了丰富多彩、生动扎实的阅读推广活动。从数据上看，台湾地区2007年度各县市暨乡镇图书馆推广活动65107场次/518.37万人次，图书借阅1194.17万人次/4169.74万册次，与之对应的台湾地区2004年度各县市立公共图书馆读者服务267万人次，推广服务3596场次形成显著的变化对比，尽管阅读推广活动也存在一些问题，比如推动青壮年人群的阅读及引导网络阅读的问题，[①]但应该看到，台湾被称为M型阅读社会，即儿童与老人是主要的阅读群。中国古语有说"三岁看老"，台湾地区重视儿童阅读活动的推进，让儿童广泛参与进行阅读体验，注重儿童阅读推广，本身就抓住了阅读最基础的人群。其次，对网络阅读引导的问题，在一些学者如台湾出版人郝明义等看来，网络是被书籍阅读压抑了的精神需求的一种释放，是"企图摆脱文字和书籍阅读的限制，这是一种历史的必然"[②]，从这种认知来说，引导网络阅读也不成为一个问题。城市的阅读人口是衡量文化内涵的重要指标，阅读习惯的养成更是塑造学习型社会的基础，台湾作为一个地区，在联合国"人类发展指数（HDI）"排名中一直位居亚洲领先地位和世界前列，也体现了包括阅读推广在内文化教育活动的建设成果和成效。

近年我们对阅读推广活动有了更高度的重视，中共中央十七届六中全会提出了深化文化体制改革推动社会主义文化大发展大繁荣若干重大问题的决定，以科学发展为主题，重点研究和解决"文化水平与综合国力不适应；文化发展与经济增长不适应；文化发展与国民素质要求不适应"问题。从台湾地区社会发展推崇"阅读就是竞争力"的理念和"推动阅读，可以使台湾成为温和有礼、

---

① 曹桂平.关于台湾地区阅读推广活动的思考[J].图书馆建设，2010，（3）：82.
② 钱理群.《越读者》试读：序言[EB/OL].[2008-10-13].http://book.douban.com/reading/10602535/.

终身学习的书香社会"等的实践看，坚持不懈重视系统推进全民阅读推广活动是解决"三个不适应"问题的一个有效途径。进一步推动阅读推广服务中的行政主导，把阅读推广活动作为社会教育、文化建设、国家经济社会可持续发展的一个根本，广泛引导全民自觉参与到阅读活动中，可以期待把我国建成一个文明有礼、国富民强的和谐社会。

——原文系浙江省高等教育学会"十二五"高等教育科学研究规划重点项目《大学图书馆开展阅读疗法实践研究》、国家社科基金一般项目《图书馆的阅读推广活动调查研究》研究成果之一，刊载于《图书与情报》，2013年第5期，作者郎杰斌。本文有所删改。

我国公共图书馆视障阅读推广案例精选

一、中国盲文图书馆视障阅读推广

中国盲文图书馆大力开展丰富有效的一站式综合性公共文化服务，努力提高面向北京市区盲人的综合性、示范性公共文化服务能力。

阅读推广——组织"读悦书吧"和"陶然读书会"等系列阅读推广活动31期，开展送书送服务到社区活动，建立香山、北新桥、海淀曙光等6个街道盲人文化服务联系站。

社会教育——每周定时开展乐器、文学写作、定向行走、按摩、电脑、手工等各类社会教育和技能培训，全年馆内举办825场次教育培训，直接服务盲人19279人次。

文化活动——开展朗诵、音乐、文学等文化沙龙79次，"青春有约"视障者文化联谊会5次，邀请周国平、老鬼等著名作家做客名家讲堂，承办首届全国助残美术作品展、"带盲童看祖国"等公益活动。完成口述电影现场讲解和片段体验98场，接待观众3952人次。

各种主题日活动——开展学雷锋日"文化助盲志愿服务演出"助残日"一样的人生、异样的精彩"活动、国际儿童节"亲子阅读会"、爱眼日义诊和视功能康复咨询、国庆节"光明行文艺演出"等主题日活动15次。

文化助盲——中国残联和相关部委领导多次参加我社志愿者活动，强化了文化助盲的价值和影响力。全年举办18期志愿者培训班，新发展志愿者632人，实名登记志愿者总数达2022人，志愿服务队32个，累计开展教育培训、励志分享、到馆接送等志愿服务1.1万小时。

同时，与各地公共图书馆、残联、盲协、盲校和社会组织广泛合作，联合开展阅读推广和各种文化活动，为全国城乡盲人提供便利的公共文化服务，大幅提高受益面。

①与中国盲协联合开展全国盲人阅读推广经验交流与典型推广活动；

②与文化部全国公共文化发展中心合作开办"全国文化信息资源共享工程残疾人公共数字文化服务培训班"；

③举办全国盲校图书馆建设与阅读推广研讨会；

④参加"安徽省市县盲人阅览室建设现场会"，为安徽省6万名一、二级盲人提供听书收音机和相关公共文化服务；

⑤实施"中央企业集善工程·盲人电脑教室"项目，继续开展"我送盲童一本书"活动，为贵州、青海等边远省市8所盲校574位盲生捐赠助学文化产品。

2015年中国盲文图书馆与各地公共图书馆、残联、盲协、盲校合作，开展了大型的联合行动计划。

活动类型	活动日期	活动项目
大型联合行动活动	3月4—5日 学雷锋日	"文化助盲·共享阳光"——志愿助残联合行动
	4月20—23日 世界读书日	全国盲人百科知识竞赛启动
	5月16—17日 全国助残日	全国盲人百科知识竞赛
	6月6日 爱眼日	全国盲人数字阅读推广活动
	7—8月	全国盲人讲故事大赛暨盲童夏令营活动
	10月14—15日 国际盲人节	全国盲人盲文基础能力竞赛
	10月下旬	全国盲人计算机综合技能大赛
日常联合行动活动	各界名家巡回讲座	
	眼科专家爱眼讲座	
	盲人阅读培训与指导	
	新书、新资源推荐活动	
	盲人才艺展示及相关活动	
	进社区、进学校、进家庭拓展读者	
	盲文、电脑、文学、朗诵、按摩、音乐等各类教育培训	

二、深圳图书馆视障读者阅读推广

深圳图书馆一直致力于开展全民阅读推广活动，尤其关注视障群体的阅读需求，依托该馆丰富的资源优势，注重打造视障个性化阅读推广品牌。

（一）开展电脑培训，培养阅读技能

为帮助视障人士提升阅读技能，深圳图书馆从 2006 年开始开展盲人电脑免费培训，至今已培训读者 5000 余人次，毕业学员 300 多人。工作人员总结培训经验，于 2009 年出版了国内图书馆界第一本盲文学习电脑教材《盲人初级电脑培训教程》，已免费赠送国内有需要的视障读者和服务机构近百本，颇受好评。

（二）"4·23"视障阅读专题

为使视障读者增长知识，开阔视野，深圳图书馆在每年"4·23"世界读书日都会组织丰富多彩的阅读活动，与视障读者共享阅读带来的快乐。活动类型涵盖诗文朗诵会、阅读分享会、图书馆之旅、知识竞赛、征文比赛等。

（三）你听我讲，共享精彩——深圳视障公益影院

深圳图书馆与深圳市残联合作，于 2009 年国际盲人节成立"深圳视障公益影院"，通过招募和培训志愿者，采取"固定场地"和"送电影到视障读者身边"等灵活形式，为视障读者开展讲电影活动。至今，已为视障读者举办 78 场讲电影活动，服务 3000 余人次。

（四）国际盲人节文化专题

在每年的国际盲人节，深圳图书馆都会根据视障读者的特点，举办相关文化活动：2010 和 2011 年国际盲人节举办了两届深圳视障人士电脑比赛；2012 年国际盲人节举办"闪亮自我，激情飞扬"深圳视障人士才艺展；2013 年第 30 届国际盲人节，携手深圳博物馆共同主办了"点亮视界，欣赏世界"视障人士走

进博物馆活动。同时，与博物馆联手打造"深圳视障人士文化活动共建基地"，从多层面丰富视障人士的文化生活；2014年国际盲人节开展"品华夏文化，共筑中国梦"的文化主题活动，走进深圳锦绣中华民俗村，带视障读者近距离感受祖国的山山水水、学习祖国悠久的历史文化。

（五）组织沙龙，丰富生活——"视障家园"

"视障家园"是为视障读者量身定做的视障文化沙龙专题活动，活动关注视障朋友的人际交往、仪表形象、心理健康和文化交流和法律等问题，已举办"有效沟通的力量""打开人际交往的第一扇窗"和"让法律的光芒铺洒视障读者的生活之路"等主题的视障文化沙龙。视障读者在轻松愉悦的环境中进行了心灵的对话，深受其喜爱。

（六）呼唤美好，传递温暖——爱的足迹

深圳图书馆除了组织视障文化专题活动外，还积极参加各种爱心活动，用行动呼唤美好，传递温暖。2008年5月11日，组织参与了第18届助残日"让世界充满爱"第二届深港手语歌会，用手语传递温暖。祝愿《好人好梦》，获得"优秀节目奖"；2013年3月2日，参与由深圳关爱办和深圳晚报主办的"共享阳光·爱心大穿越"活动，关爱的是视障朋友的健康状况和心灵成长，带50名视障读者在龙济医院进行了爱心体检；2011年，深圳图书馆与港铁（深圳）集团联合开展"打通最后一公里"活动后，实现了从地铁到图书馆之间接送视障读者的无缝衔接；2015年全国助残日打造"假如给我三小时黑暗"视障生活体验活动，呼吁更多的人关爱视障读者。

三、苏州图书馆视障读者阅读推广

（一）盲人读书会

盲人读书会活动从2011年2月开始，每周二固定举办一次。最初由文化志愿者史琳老师主讲《红楼梦》。从2013年上半年起，盲人读书会又相继增设"民俗专家乐当志愿者　为盲人读者解读吴文化"系列，先后组织志愿者为盲人朋友

讲解《李公提》《沧浪亭》《观前往事》主题沙龙活动。盲人读书会开讲近三年来，累计活动次数达到百余次，参与活动人数逾三千人。这些名著的热爱者，风雨无阻，每期必到。活动场面热烈，深受盲人朋友的喜爱。

（二）盲人爱心电影

活动通过用声音解说、视觉讲述和参与式的方式，为视障人士开展影视欣赏。通过工作人员解说的语言和电影音效的完美结合，平实且富有感染力地还原作品，从而达到和普通人一样欣赏电影的效果。自2010年5月开始，"盲人爱心电影"项目先后播放了15部影片，累计观影盲人读者达750余人。

（三）苏州大讲坛·阳光讲坛

活动聘请专家学者通过座谈、讲座等形式与残疾人面对面交流，旨在更好地为视障读者提供精品化的文化服务。2013年12月5日苏州大讲坛·阳光讲坛首场讲座，由著名评话演员、国家一级演员王池良先生主讲《康熙皇帝》，王池良先生在评话中生动地引用了苏州地方方言的有趣例子，他精彩的演绎博得现场观众的朗朗笑声和阵阵掌声。

（四）特殊群体帮教服务

苏州图书馆与苏州公安局收容所结为共建单位，每年联合苏州市盲人协会，组织帮教活动。视障读者用自己的人生经历和人生感悟进行现场演讲，不仅给收教人员树立标尺，还深深地触动了他们，增强了生活自信。

（五）结合"全国助残日""国际残疾人日"活动主题，举办演讲会

在每年的"全国助残日""国际残疾人日"，结合活动主题，举办盲人知识竞赛、征文演讲比赛、赛诗会、赛歌会、文艺表演、主题报告会、演讲等，向社会各界充分展示新时代盲人的健康形象，深刻演绎出盲人朋友热爱生活、积极向上的拼搏精神。

（六）走向户外、触摸世界

为帮助盲人读者拓展活动领域，触摸现实世界，更好地融入社会，苏州图书馆联合社会志愿者，组织盲人读者参观了苏州博物馆、苏州市盲人植物园、苏州光福机场、嘉兴南湖和常熟沙家浜等地。

（七）视障读者系列培训——帮助视障人群提高学习能力和就业能力

根据盲人读者的需求，苏州图书馆为盲人读者举办了盲文培训、计算机和盲用软件培训、推拿按摩英语及日语培训等各类免费培训，帮助他们获得一技之长，融入社会。

（八）成立苏州市残疾人阅读指导委员会

2013年苏州图书馆和市残联联手成立苏州市残疾人阅读指导委员会，组织残疾人积极参加图书馆、文化馆等公共文化机构举办的各类讲座、报告、培训等活动；组织志愿者为行动不便的残疾人送书上门或为盲人开展"面对面朗读"；举办读书交流、演讲和主题征文活动；聘请专家学者通过座谈、讲座等形式与残疾人面对面交流；组织出版机构和社会各界为残疾人捐书赠书；发挥网站和数字资源便民优势，组织开展残疾人读书会活动；向残疾人推荐优秀图书。

四、浦东新区图书馆视障读者的阅读推广

自2001年起，浦东新区图书馆面向视力残疾人提供公益性服务，时至今日一直开展以盲人电脑培训为首，盲人读书会为腹，主题活动和上门送书为侧翼的一整套盲人阅读推广工作。

（一）盲人电脑培训

2002年浦东新区图书馆、浦东新区盲人协会接受中华基督教00青年会全国协会申请的世界银行援助资金，开办了第1期、第2期盲人电脑培训班。如今，浦东新区图书馆已设立残疾人服务专项资金，聘请培训老师，提供计算机和网

络设备在盲人阅览室持续开展盲人免费电脑培训班。

（二）盲人读书会

经过盲人电脑培训的成员，在三个多月的学习中不仅习得计算机和网络使用技能，且其心理和情绪产生明显的改善，与其他学员、培训老师和图书馆员相互信赖、结识成友，对图书馆产生强烈的依恋感。浦东新区图书馆与浦东新区盲人协会合作，将结业盲人吸纳为读书会成员，每月开展读书交流活动，提高盲人听书读网、写作、朗诵等多方面素养。

（三）每月开展盲人读者主题活动。

如盲人"看"电影、盲人英语、盲人诗歌征文等活动。

（四）盲人延伸服务

为由于主客观条件不能到馆借书、参加活动的盲人送书上门。

五、浙江图书馆视障读者阅读推广

（一）以书化人、以书育人，开展阅读推广活动

浙江图书馆每年以"4·23世界读书日"、全国助残日、图书馆宣传服务周为契机，引导视障人士走进图书馆，让他们能有更多的机会享受读书的快乐。开展的阅读活动有"让春天在阅读中绽放"摸读朗诵会、"我的阅读生活"演讲比赛、"游白堤 品诗歌"主题活动、"崇德向善 触动我心"主题阅读交流等。2015年创建视障读者"心阅"读书会，16位视障读者成为首批会员。

（二）组织开展各类培训，提升视障读者技能

开展"电脑基础知识系列培训课"、"盲用阅读机操作系列培训课"、以及朗诵、乐器、手工艺等技能培训的"爱生活系列课"等，还鼓励操作技能突出的视障读者作为讲师，上台授课。

（三）开展口述电影，丰富视障读者业余生活

浙江图书馆从 2012 年 10 月起开展为视障读者口述电影服务 2015 年视障中心与杭州市盲人协会联合推出"幸福影院"进社区，至今，已为视障读者播放无障碍电影 47 场、口述电影 27 场，服务 2000 余人次。

（四）国际盲人节举办大型公益主题活动

2010 起开始组织大型广场活动，"携手同行·走向光明——2010 年浙江图书馆国际盲人节大型活动"让来自全省各地的 300 余名视障者和他们的亲属、志愿者一起，度过了难忘的一天。2011 — 2014 分别举办了"自强 超越 共赢""关爱分享 互相成长""心手相连，同享光源""追逐梦想 点亮心灯"主题公益活动，视障读者用自己独特的方式，展示了自强、自立、自爱的风采。

（五）自制点字书、有声读物，充实馆藏盲用资源

2010 年开始，视障中心组织志愿者开展盲文书制作，目前已完成盲汉校对 1200 万字，打印、装订盲文书 60 余种 1200 余册。2014 年推出"我为盲人捐声"活动，面向社会公众呼吁，把文字转换为声音，受到社会各界的广泛关注和大力支持，短短一个月时间就通过邮箱、微博、QQ 等渠道收到有声读物 68 件 2.7GB。

——以上内容分别由中国盲文图书馆、深圳图书馆、苏州图书馆、浦东新区图书馆、浙江图书馆提供。

2008年以来大陆民间阅读公益组织发展报告（节选）

亲近母语研究院　徐冬梅

1. 民间公益阅读机构数量迅速增加，各种类型和服务个性的民间阅读组织纷纷涌现

有人将 2008 年称为中国的慈善元年。"5·12"汶川大地震全面激发了国民的公益意识，同时，企业社会责任意识、企业公益意识的全面觉醒，为民间公益的发展提供了必要的前提。最近三四年以来比较活跃的一些民间公益阅读组织大多诞生在此之后，或者从那之后逐渐将主要方向定位在阅读。心平公益基金会 2008 年 9 月获民政部批准设立。2007 年，真爱梦想首先在香港注册，但比较有规模的运营还是在 2008 年 8 月 14 日，经上海市民政局批准，上海真爱梦想公益基金会正式成立之后。

2008 年以来，民间公益阅读组织发展迅速。据致力于成为民间阅读公益事业平台的心平公益基金会秘书长伍松粗略估计，这四五年以来，重点从事儿童阅读推广的公益机构，并且一直在坚持做的，有 200 多家。其中比较活跃的有 60~80 家。主要针对学校推广的机构有：真爱梦想基金会、天下溪公益图书平台、立人乡村图书馆、担当者行动、新教育基金会、中国滋根乡村教育与发展促进会、海外中国教育基金会、微笑图书室、六和公益、爱心点灯、蒲公英乡村图书馆、心教育社区青少年发展中心、益博公益、亲近母语研究院、西部阳光农村发展基金会、萤火公益事业发展中心、益微青年公益发展中心、满天星青少年公益发展中心、美丽中国（Teach for China）、圆梦的手教育助学促进会、山城志愿者服务总队、梦想行动国际、纯山教育基金会、明德书馆、灯塔计划、为中国而教（Teach future China）、陈一心家族基金会、天图教育基金会、青树教育基金会、新公民计划、授渔公益、川越公益、鹿溪青少年公益发展中心、创启公益、多背一公斤等。主要致力于社区推广的有：希望社工服务中心、同心源社会工作服务中心等。主要一致力于亲子阅读公益领域的有：公益小书房、深圳三叶草等。主要借助于网络平台实现的有：一公斤捐书网、扬帆计划、彩蝶计划等。

这些民间公益的项目点分布广泛，几乎覆盖全国版图。但更多集中在西部贫困地区，主要分布在乡村和城市中的打工子弟学校。尤其集中在四川、云南、贵州、广西、甘肃、宁夏等地区。

由于创始人、理事背景、定位、宗旨等各方面的原因，各民间公益组织呈现出完全不同的服务个性。

2. 推进儿童阅读成为近四五年民间公益阅读的主要阵地

阅读本来是一个可以服务于各种人群的公益领域。按照年龄，我们可以比较细致地将人生阶段分为：0～3岁的婴幼儿、3～6岁的幼儿、6～12岁的小学生，12～15岁的初中生、15～18岁的高中生、18～22岁的大学生，22～30岁的初就业和刚刚组建家庭的人群，30～40岁的面临工作和家庭双重压力的人群，40～60岁的壮年，60岁以上的老年。可以说，各个不同的人生阶段都需要阅读的伴随。公益组织可以根据自身的优势选择为不同的人群服务。

但2008年以来，民间公益组织不约而同选择儿童阅读（主要在3～12岁阶段，有些覆盖到初高中阶段）作为资助和策划项目的重点。这不是一个偶然现象。而是21世纪以来儿童阅读推广事业发展的自然结果，是公益发展和儿童阅读的自然融合。从21世纪初开始的儿童阅读推广理念的普及、不断丰富的童书、各种阅读书目、丰富的阅读推广实践的积累和儿童阅读专业机构和团队的形成，为民间公益介入儿童阅读准备好了充分的条件。

对2008年前的大陆儿童阅读推广的过程做一个简单梳理，更容易让我们看到民间公益组织在2008年以后，深度参与儿童阅读推广的背景和功绩。

20世纪末的语文教学大讨论后，21世纪初国家启动第八次基础教育课程改革，2001年新中国成立后第一个语文课程标准颁布，第一次明确规定义务制教育阶段，学生的阅读量必须达到400万字。但如何才能确保儿童阅读的量和质？对语文教育的反思，对中小学语文教材的批判，对国际儿童阅读的吸收和借鉴，使得大陆的儿童阅读逐渐兴起。各种身份的儿童阅读推广人纷纷涌现。

> 延伸阅读

以梅子涵、曹文轩、朱自强、方卫平老师为代表的儿童文学研究者和创作者，一直在大学开设儿童文学课，努力推动儿童文学创作和儿童文学研究，他们都以巨大的热情投入到儿童阅读推广中来。

2002年4月红泥巴读书俱乐部创办，创办者阿甲和萝卜探长兄弟，是中国儿童阅读推广的草创者之一，红泥巴的诞生意味着中国有了真正意义上的儿童阅读推广机构，他们用高度的热情、专业的精神，主要凭借网络平台，在亲子共读和儿童阅读专业咨询和推广领域做出了巨大贡献。在红泥巴创办之后，全国出现了众多以亲子阅读为业务核心的公益机构，其中公益小书房、快乐小陶子、深圳三叶草是其中杰出的代表。

在学校推广领域，新教育实验和亲近母语实验是儿童阅读的重要推动力量。2003年两会期间，朱永新首次提出了"书香校园"的概念。在朱永新老师倡导下，新教育实验迅猛发展，其中建设书香校园是核心项目。2006年8月，新教育实验"毛虫和蝴蝶"儿童阶梯阅读项目创立。他们注重田野研究，希望为每一个儿童寻找到他此时此刻最适宜的童书。新教育基金会、以书目研发为核心业务的新阅读研究所、以亲子阅读为核心的萤火虫亲子会都是在新教育实验基础上发展而来。

2000年亲近母语课题组成立，亲近母语从对小学语文教学的反思出发，积极将儿童文学资源引入小学语文教育，致力于儿童阅读推广和儿童母语教育课程改革。2004年9月由亲近母语策划并主办的第一届中国儿童阅读论坛在扬州成功举办。这是大陆第一个关于儿童阅读推广的专业论坛。也是儿童创作界、儿童文学评论界、儿童读物出版界、语文教育界、阅读理论界的第一次对话。论坛发表了《中国儿童阅读宣言和行动纲领》。系统地勾画了在不同的场域推广儿童阅读的思路，论坛还展开了海峡两岸儿童阅读推广的对话。迄今这个论坛已成功举办九届。亲近母语以其十多年来在儿童阅读方面的深耕，而成为民间公益机构在儿童阅读课程建设和阅读师资培训方面的重要合作伙伴。

少儿图书出版机构也是重要的儿童阅读推广者。2003年以后，尤其是以21世纪出版社、接力出版社、信谊基金会等为代表的少儿出版机构，以当当网、江浙新华书店为代表的图书发行力量，各自以自己的力量参与和介入儿童阅读推广。经过最初的阅读推广，童书出版获得了前所未有的发展机遇，2006年以后，图画书、文字的儿童文学、儿童科学读物、儿童人文等各种童书出版量大增，这就为民间公益组织采购更有质量的童书提供了物质基础。同时，基于研究和实践的各种儿童阅读推荐书目的出现，也为公益阅读机构提供优质图书提供了良好的基础条件。中国大陆与中国台湾、中国内地与中国香港、中国与马来西亚等国家的华语地区，以及国际之间的儿童阅读交流也日益频繁。

随着儿童阅读推广的不断深入，中国大陆越来越多的小学语文教师、幼儿园、家长被图画书、童书中所蕴含的真实的人性和纯真的童心所打动，越来越成为儿童阅读推广的主力军。2007年以后，各地以儿童阅读推广为主题的论坛和聚会达到了前所未有的密集度。民间公益组织机构的一些核心人物出现在各种儿童阅读推广的聚会中，陈一心家族基金会在设立了丰子恺图画书奖后，将资助项目更多地投向了儿童阅读领域，心平公益基金会更是直接将核心项目定位在图书阅读项目，为更多从事儿童阅读推广的公益机构提供资金支持。担当者行动也将"班班有个图书角"作为核心项目来运营。

近三四年来比较活跃的从事阅读推广的机构，几乎都是将3～12岁，尤其是6～12岁，也就是小学阶段儿童的阅读作为项目策划和开展的重点，因为公益机构的朋友们越来越认识到儿童阶段是培养阅读兴趣和阅读习惯的关键时期，同时幼儿园、小学生的升学压力要远远小于初高中，阅读推广因而具有较大的发展空间。

3. 从捐赠图书到促进阅读、教育革新和社会重建。

彩蝶计划的执行人曾经将儿童公益的链条概括为：让孩子们"吃上饭—穿上衣—有人爱—远疾患—去上学—有书读—上好学—读好书"。

2008年以前的民间公益组织，大多在关注"吃上饭—穿上衣—有人爱—远疾患—去上学"这些基础性的环节，也有不少机构关注于让孩子们"有书读"，并将工作重点放在捐赠图书、帮助学校建设图书馆等方面，例如，海外中国教育基金会、天下溪、滋根基金会、心教育社区智慧之舟项目等。但总的来说，在2008年以前的阅读项目没有规模，捐赠的童书缺乏质量，也缺乏相应的阅读支持。

> 延伸阅读

2008年以后，更多的公益机构纷纷将目光凝聚在儿童阅读上，并把项目重点放在大量捐建图书馆、图书室、图书角上。其中比较突出的有真爱梦想、滋根基金会、担当者行动、海外中国教育基金会、微笑图书室、一公斤捐书网等。但他们和以往一般意义上的捐书有着很大的不同。首先是这些民间公益机构在发展过程中、在和儿童阅读机构交流的过程中，逐渐确立了儿童阅读的理念，其次是由于有了相对比较成熟的阅读书目，捐赠的图书相比以前有了较好的改善，2010年1月，"公益图书采购中盘"项目由心平公益基金会和北京天下溪教育咨询中心共同发起，并指定北京书乡墨林出版顾问有限责任公司为项目运营单位。

随着儿童阅读公益项目的深入，如何更好地帮助各图书阅读项目点运营，更大地发挥图书的作用，如何培养更专业的志愿者和阅读种子教师的问题显得越来越迫切。白岩松将2011年称之为公益制度元年，对于民间公益阅读机构而言，怎样在图书馆、图书室等硬件建设的基础上，建立更完善的图书使用和阅读机制成了越来越重要的问题。绝大多数公益机构都不约而同地选择了在捐赠图书的同时，建设阅读支持系统来更好地发挥图书的作用。包括让儿童参与图书日常管理、开展丰富多彩的阅读活动，阅读志愿者和教师的培训，等等。

中国滋根乡村教育与发展促进会，他们成立之初，资助方向比较多元，而且重点支持的内容是满足基础教育、成人教育、医疗卫生、环境保护等方面的基础需求，尤其注重妇女和女童平等受教育。2007年前，滋根也捐了不少图书。但从2007年开始，滋根从台湾地区引进了"爱的书库"阅读推广项目。这一项目是由教师引导的班级集体阅读，全班同学一起阅读同一本书，在共读的基础上融入绘画、表演、讨论等活动，让阅读变得更有趣。滋根还鼓励和支持教师参与亲近母语研究院以及心平公益基金会举办的各种专业的阅读培训以提高指导阅读的能力。滋根的班级图书角的项目鼓励二年级以上的孩子参与班级图书角的日常管理工作，例如书目编号、借阅登记等，以培养孩子的责任心和管理能力。以班级图书角为载体，该项目也鼓励和支持学校开展各种多样的阅读活动，例如故事比赛、书本剧表演等，营造"书香校园"的氛围。

海外中国教育基金会（OCEF）于1992年在美国注册，其发展初期，重点项目是资助贫困儿童上学读书。海外中国教育基金会的图书项目始于2003年，算是民间公益组织中启动阅读项目较早的机构。其初期，重点也在募集新旧图书送达乡村。截至2010年底，OCEF图书项目组共建立图书室368个，募集新旧图书338705本。从2010年开始，OCEF图书阅读项目开始不仅捐助图书，同时致力于推进阅读，建立阅读支持系统。他们与上海微笑图书室合作，开始"样板图书室"项目——以阅读推广为主线，配合教师培训、专家讲座、志愿者下乡、阅读夏令营等多种形式，帮助学校打造阅读环境，让老师和学生们爱上阅读。2011年下半年，样板图书室的项目主要集中在宁夏海原的7所学校。这7所学校同时也是北京师范大学的跨越式教育的研究示范点。2011年以后，他们在心平公益基金会的资助下，更多地组织教师参加亲近母语、新教育基金会的儿童阅读种子教师培训，并邀请薛瑞萍等阅读专家进行专门的阅读培训。

绝大多数民间公益阅读机构都走过了同样的历程，阅读活动的开展，乡村教师的被唤醒极大地提高了捐助图书的使用效率，焕发了儿童阅读项目的活力，使得民间公益阅读机构呈现出越来越大的影响力。

民间公益阅读推广找到了一个良好的促进乡村教育的途径，童书以其直抵人心的感动及儿童阅读以其简单便于操作、教师和儿童参与性高、受益面广泛成为乡村教育改革的一个良好起点。从童年开始，以真善美为基本价值，回归教育的常道，回归基本的人性，唤醒乡村教师的教育热情，乡村儿童阅读以其独有的姿态和价值参与到对教育的切实改变和乡村以及社区的建设中去。

后记

图书馆阅读推广本是一项偏重实务性的业务工作，但并不意味着可以因此而轻视或忽略相关的理论研究。实际上，一个学科是否成熟，一项专业工作是否可以深入、持久地发展，很大程度上取决于它的理论研究是否到位、是否跟得上发展、是否能发挥引领作用。图书馆阅读推广也不例外，没有坚实理论基础的阅读推广工作不会是卓有成效的工作，缺乏扎实理论功底的阅读推广工作人员也不会是高水平的从业人员。

基于这种信念，在2015年3月中国图书馆学会于深圳召开的"阅读推广人培育计划"系列教材编撰会议上，我提出了编撰一本"基础理论教程"作为图书馆阅读推广培训基础性教材的想法（原来编委会的计划是将理论培训作为高等级提高班的课程而不是基础教材）。我的这一设想得到了本系列教材总主编王余光教授和编撰委员会全体成员的一致认可，并委托我与王媛牵头成立编写组编写，于是就有了这本《阅读推广人系列教材：图书馆阅读推广基础理论》。

本书成书的基础是我领衔的国家社科基金课题项目"公共图书馆开展全民阅读活动与建设学习型社会研究"及该课题的研究报告（初稿）。该课题于2013年立项，我和徐雁为课题负责人，2014年下半年完成了课题研究报告的初稿（2015年4月，由于我到龄退休，课题改由王冰负责）。

该课题报告（初稿）由引论、八个分报告、三个附录构成，报告各部分名称及人员分工如下：

引论：全民阅读时代和公共图书馆阅读推广。吴晞撰写。

分报告一：相关研究文献综述。刘哲、张盈芳、冯睿撰写。

分报告二：阅读文化与公共图书馆阅读推广理论。徐雁、李海燕撰写。

分报告三：国内外公共图书馆阅读推广的历史、现状及发展。窦英杰撰写。

分报告四：公共图书馆面向未成年人的阅读服务。吕梅、冯睿撰写。

分报告五：公共图书馆面向残障群体的阅读服务。陈艳伟撰写。

分报告六：公共图书馆对特殊群体的人文关怀。陈艳伟撰写。

分报告七：民间阅读组织和图书馆阅读推广。高小军撰写。

分报告八：公共图书馆数字阅读服务。茆意宏撰写。

附录收录了部分相关的图表数据及其分析。刘哲、张盈芳、吕梅编撰。

报告整体框架由吴晞、徐雁拟定。文稿的整理审定和统稿工作由吴晞、张盈芳完成。

本书的篇章结构及编写组人员分工如下：

第一讲：全民阅读与图书馆阅读推广导论。吴晞撰写。

第二讲：国内图书馆阅读推广研究举要。张盈芳撰写。

第三讲：国外及中国港澳台地区图书馆阅读推广的历史与现状。张盈芳、张章撰写。

第四讲：我国图书馆阅读推广的历史、现状与发展。窦英杰撰写。

第五讲：阅读立法综述。蔡箐撰写。

第六讲：残障群体的阅读推广。陈艳伟撰写。

第七讲：阅读推广的民间力量。陈艳伟撰写。

第八讲：图书馆阅读推广活动的专业研究与论文撰写。王宗义撰写。

全书由王媛统稿，吴晞审校。

本书包括原课题报告（初稿）的诸多内容，因此课题报告原作者虽未全部署名，也是对此做出了贡献的。某些涉及到图书馆阅读推广基础理论的重要领域，如少儿阅读、经典阅读、数字阅读等，因为在系列教程中已有专书论述，本书不再置喙。按照教材的统一要求，每讲后面设立思考题，并附加了延伸阅读。

而今全书的编撰工作业已全部完成，参加编撰的各位同仁，包括此前课题报告的编撰者，为此付出了辛勤的劳动，展现了高水平的专业素质，我对他们出色的工作表示由衷赞赏，并借此致以深切的感谢之情。

作为主编，我并不认为本书已经很好地解决了图书馆阅读推广的基础理论问题。本书所阐述的大多偏于"理论认识"，而不是"理论研究"，多为图书馆阅读推广工作涉及的一些理念、认识和工作规律，缺乏更多"形而上"的理论思考。我知道，本书作为教材，要做的不是体现主编及编撰者独到的思想，而是要述而不作、集大成地反映业界现有的研究成果。因此，本书的缺憾实际上也是业界研究成果不足的体现。这些遗憾只能在今后的研究和实践中逐步弥补了。愿与业界同仁共勉。

吴　晞

2015年夏至于深圳前海月亮湾畔